JAMEL DEBBOUZE,
LA VÉRITÉ

MARIE JOCHER
ALAIN KERAMOAL

JAMEL DEBBOUZE, LA VÉRITÉ

ÉDITIONS DU SEUIL
27, rue Jacob, Paris VIe

ISBN 978-2-02-097194-2

www.seuil.com

« Ton arme, c'est ta détermination, ta volonté. »

Les Pierres bleues du désert
(premier film avec Jamel Debbouze).

À Sévane et Mahon

Avertissement

Jamel Debbouze n'a pas souhaité s'investir personnellement dans la réalisation de cette biographie. Mais, à défaut de participer lui-même à cet ouvrage, il nous a facilité des contacts : témoignages de membres de sa famille, d'amis intimes et de proches. Ceux-ci figurent parmi les dizaines de personnes que nous avons rencontrées en France et au Maroc au cours d'une enquête minutieuse, la plus exhaustive possible, guidés par un constant souci de vérité. Les citations de Jamel viennent de ces témoignages ou sont tirées d'interviews parues dans la presse. Nous remercions vivement à la fin de cet ouvrage tous ceux qui nous ont apporté leur concours.

1

Barbès

Jamel Debbouze a déjà deux vies. La troisième, il ne sait pas. Il ne sait pas si, plus tard, il ira au paradis d'Allah auquel il adresse trois prières par jour (sa mère en dit cinq). Il se demande si la joie de l'au-delà sera pour lui encore plus belle que le bonheur d'ici-bas, mais ce dont il est sûr, c'est qu'il est né deux fois.

La première, pour l'état civil : le 18 juin 1975 à 5 heures 40, à l'hôpital Lariboisière, dans le Xe arrondissement de Paris. La deuxième fois le 17 janvier 1990, à 20 heures 6, à la gare SNCF de Trappes, dans les Yvelines, où deux adolescents sont happés par un train. L'accident coûte la vie à l'un d'eux, décapité. L'autre est un miraculé…

À la mairie du Xe arrondissement, l'acte d'état civil de 1975 mentionne ceci :

« R. 831 N° 1086 : 1975. À 5 heures 40 est né Debbouz Jamel, 2, rue Ambroise-Paré [l'adresse de l'hôpital Lariboisière, *NDA*], de Ahmed, né à Taza (Maroc) en 1950, ouvrier,

et de Fatima Ben Mohamed, née à Bani-Mohyau (Maroc) en 1953, sans profession, son épouse.

Domiciliés à Paris XVIIIe, 5, rue de la Charbonnière[1]. »

1. Dans la marge, un rectificatif daté du 24 novembre 1976 : « Par décision de Monsieur le Procureur de la République près le Tribunal de Grande Instance de Paris n° 4234, D/NF en date du 17 novembre 1976, le nom patronymique du père et de l'enfant sera DEBBOUZE et non « DEBBOUZ ».

Quatorze ans et six mois plus tard, le 17 janvier 1990, une dépêche de l'Agence France Presse (AFP) tombe à 23 heures 48 sur les téléscripteurs :

« DEUX ADOLESCENTS HAPPÉS PAR UN TRAIN EN GARE DE TRAPPES : UN MORT. Un adolescent de quinze ans a été tué et un autre grièvement blessé, mercredi soir, après avoir été happés par un train en gare de Trappes (Yvelines), apprend-on auprès de la police. L'identité des deux victimes n'a pas été communiquée. À la suite de l'accident, qui s'est produit aux environs de 20 heures 30, le trafic ferroviaire a été interrompu pendant une heure trente et n'a été rétabli que vers 22 heures. »

La première naissance est celle du premier enfant d'une famille marocaine à voir le jour sur la terre de France. Des youyous s'élèvent à Barbès, dans le XVIIIe arrondissement de Paris, rue de la Charbonnière, là où le grand-père Mohamed est venu installer les siens au début des années soixante. Une immense joie. Un petit enfant français, né dans un hôpital français, la maternité de Lariboisière où l'on s'extasie devant ce bébé d'à peine trois kilos, prénommé par ses parents Jamel.

La naissance est enregistrée le 19 juin à 12 heures 15, deux jours avant le début de l'été 1975, au service de l'état civil installé au rez-de-chaussée de l'hôtel de ville du Xe arrondissement, rue du Faubourg-Saint-Martin, un bâtiment d'une solennité impressionnante avec ses colonnes élevées à la gloire de la République. Cette année-là, un mois plus tôt, le Festival de Cannes a décerné sa Palme d'or à un réalisateur algérien, Mohamed Lakhdar Hamina, pour *Chronique des années de braise*, alors que Gérard Lenormand chante *La Ballade des gens heureux*. Cette année-là aussi, un président de la République française, Valéry Giscard d'Estaing, se rend en visite officielle en Algérie pour la première fois depuis 1962, avec la volonté de normaliser les relations entre les deux pays.

L'Hexagone atteint le nombre symbolique d'un million de chômeurs et le gouvernement s'apprête à offrir des primes pour inciter les immigrés, notamment maghrébins, à retourner de l'autre côté de la Méditerranée. En effet, la période de croissance économique des « trente glorieuses » s'achève tandis que se font ressentir les effets du premier choc pétrolier. La main-d'œuvre étrangère, longtemps sollicitée pour accomplir les tâches les plus pénibles et les moins bien rétribuées dans l'industrie automobile, la sidérurgie, le bâtiment, les travaux publics et les services domestiques, n'est plus souhaitée officiellement. Fonder un foyer en France risque de devenir un rêve illusoire pour un jeune ménage marocain, et les Debbouze se demandent s'ils doivent aller retrouver leur pays d'origine. Le grand-père Mohamed décide en effet de partir avec sa femme et ses plus jeunes enfants, laissant sa fille aînée Fatima, son mari Ahmed et leur petit Jamel tenter leur chance en terre de France. On est en 1976. Il est temps pour le patriarche de céder ses trois épiceries de Barbès pour monter de nouvelles affaires au pays du Rif.

Il y a de plus en plus d'immigrés installés autour de Barbès. Les Maghrébins doivent partager la place avec les Africains, les Tamouls, les Asiatiques… Le quartier de la Goutte d'Or est surpeuplé, la population comprend quarante-huit ethnies, dont une trentaine d'origine africaine, au sein d'un tissu urbain en désagrégation. Mais on s'y croit toujours au seuil de l'Orient grâce aux bazars qui débordent, jusque sur le trottoir, de valises, de malles, de cantines en fer et autres objets évoquant les voyages, les retours ou les départs. Aux yeux d'un enfant, c'est un pays des Mille et Une Nuits, avec ses boutiques aux entassements de tissus pailletés, de mousselines, de soieries et de lamés, de ceintures et de colliers surchargés de perles et de mains de Fatima.

La famille Debbouze s'agrandit et s'installe au 56, boulevard de la Chapelle, à l'angle de la rue de Tombouctou et de la rue de Chartres, au-dessus des mosaïques bleu ciel du hammam El Baraka. De là, on aperçoit en face, à travers le métro aérien, entre les rames qui passent et derrière les poutrelles d'acier, les fenêtres de l'hôpital Lariboisière où Jamel est né quatre ans plus tôt. Mais ce temps est déjà loin, car Jamel est désormais l'aîné de Mohamed, dit « Momo », né le 11 juillet 1976, de Karim, son deuxième frère, né le 21 décembre 1978, et bientôt de leur sœur Hayat, qui voit le jour le 22 décembre 1979. Tous sont nés à la maternité de Lariboisière.

Le petit Jamel est inscrit à l'école publique Saint-Luc, au 3 de la rue du même nom, dans le XVIIIe arrondissement, une maternelle d'une dizaine de classes installée dans un bâtiment vieillot situé derrière l'église Saint-Bernard, au bout de la rue de la Goutte-d'Or. Il y arrive en cours d'année scolaire, au début de 1979, inscrit en petite section sous le numéro d'ordre 180. Ses frères Mohamed et Karim le rejoindront aux rentrées de 1979 et 1982.

En septembre 1981, Jamel entre au cours préparatoire, dans le groupe scolaire du 6, rue Jean-François-Lépine. À peine 150 mètres séparent la maternelle de la grande école. Au-delà du pont enjambant les voies ferrées de la gare du Nord, Jean-François-Lépine est un bâtiment de l'époque de Jules Ferry, un archétype de la vénérable école de la République avec ses plafonds hauts et ses larges escaliers aux marches de bois cirées que les enfants dévalent bruyamment. Le jeune Debbouze, même s'il se montre particulièrement éveillé, n'est pas plus turbulent que les autres. Il séduit autant par sa frimousse et ses mimiques que par sa farouche volonté d'apprendre. Unique dérapage : il met tout le monde en émoi le jour où il se coince le zizi dans la fermeture Éclair de son pantalon…

Son père Ahmed a trouvé du travail dans une société de nettoyage, la Comatec, chargée de l'entretien des rames et des couloirs du métro pour la RATP. Il balaie et lessive chaque jour, huit heures durant, stations et wagons, contre un salaire qui atteindra, quand il deviendra responsable d'équipe, les 7 500 francs mensuels. Sa mère, Fatima, est employée comme femme de ménage dans l'entreprise Bouygues à raison de 4 000 francs par mois. Durant leur absence, Jamel court les rues avec ses potes du quartier.

Il élargit son terrain de jeu au-delà des stocks d'huiles et de semoule, des étalages de dattes, d'épices et de menthe. Il rôde autour des prostituées en porte-jarretelles car les filles au grand cœur offrent des friandises aux enfants, il organise des bagarres entre copains avec les cylindres en carton des rouleaux de tissus récupérés dans les poubelles des magasins Tati, il pousse jusqu'à Stalingrad, joue au foot dans les squares de la Chapelle en shootant dans des bidons de plastique, regarde passer les trains du haut des ponts enjambant les voies ferrées de la gare du Nord et de la gare de l'Est, il se sent chez lui dans Paris, dans ce quartier de Barbès si unique en son genre, où le Maghreb rencontre la France. Il se sent autant français que marocain. Il ne cherche pas à savoir s'il est d'ici ou d'ailleurs, il ne sait pas le sens des mots « immigration », « discrimination », « intégration », il ne se pose pas de questions sur l'identité d'autrui, la culture ou la couleur de la peau. Même si des cousins originaires d'Oujda disent qu'on est mieux entre gens du pays, dans la « colonie marocaine » de Trappes, ville située dans les Yvelines à moins de trois quarts d'heure de Paris.

Les appartements y sont plus grands et moins chers qu'à Barbès, plus modernes aussi, avec le chauffage central, il y a des cuisines équipées d'éviers en inox, des sols en Gerflex, des chambres pour les enfants, des W.-C. dans l'appartement et non sur le palier, et de vraies salles de bains avec eau chaude et froide, sans compter les aides au logement : voilà ce que promettent les cousins d'Oujda. Alors les parents ont décidé : on ira vivre à Trappes, entre Marocains. Toute la famille quitte Barbès au printemps 1983. Jamel interrompt son année scolaire à l'école Jean-François-Lépine, au grand regret de son institutrice du CE1, Agathe Poinga, qui apprécie la curiosité toujours en éveil de l'aîné des Debbouze.

2

Trappes

Par la route, on accède à Trappes en prenant la RN 10. Elle traverse l'agglomération en la coupant en deux, comme une immense saignée grillagée au débit ininterrompu, sans le moindre passage piétonnier ni feux rouges. Le flot incessant de la circulation atteint les 80 000 véhicules par jour, provoquant de nombreux accidents. Beaucoup de victimes sont des piétons. On raconte que dix voitures sont passées sur le corps du coiffeur « Toto » Sauvage, personnage très populaire… On imagine ce que fut ici le temps de la « Seine-et-Oise » (le département devenu celui des Yvelines en 1964), avec les gentilles maisons en meulière et leurs jardinets où il faisait bon vivre. Maintenant, les séismes de l'urbanisation du début des années soixante ont tout métamorphosé et l'autoroute est venue desservir des grands ensembles et des « barres » de béton – qui pourtant, parmi des espaces verts miraculeusement sauvegardés, alternent parfois avec des alignements de petites maisons collées les unes aux autres… À l'aube des années quatre-vingt, la ZUP (Zone d'urbanisation prioritaire) multiplie par dix les chiffres démographiques d'après-guerre. Une population d'exode aux faibles moyens, exclue de l'attraction de la capitale et de sa proche banlieue. Parmi les nouveaux arrivants, la famille Debbouze. Elle s'installe dans un lotissement – le premier réalisé dans la cité –, au 19, rue du Moulin-de-la-Galette, à deux pas du square Van-Gogh, face à la plaine de Neauphle ; c'est un ensemble de maisons mitoyennes en accession à la propriété, autour d'un petit rond-point pavé, paisible et convivial, planté d'arbustes.

Une habitation pimpante flambant neuve, tout confort : rien à voir avec les immeubles souvent insalubres du quartier HLM des Merisiers, pourtant si proches. Ici, pas de blattes, pas d'escaliers malodorants, nul risque de panne d'ascenseur, puisque les habitations individualisées ne comportent qu'un seul étage. Au rez-de-chaussée, après le hall d'entrée, une salle de séjour ouvrant sur un petit jardin situé à l'arrière de la maison, une cuisine intégrée et une chambre. À l'étage, trois chambres dont le plafond haut permet l'installation d'une mezzanine. Une salle de bains avec baignoire, plus une salle d'eau avec douche et W-C séparés. Le tout sur 100 mètres carrés habitables, équipé d'un chauffage central au gaz, recouvert de moquette et Dalami (revêtement plastifié de type ballatum destiné aux pièces d'eau), sans oublier un garage. Son prix : 450 000 francs payables en vingt ans grâce à l'aide personnalisée au logement particulièrement avantageuse pour les ménages aux revenus modestes. Ce qui permet aux Debbouze de réaliser leur rêve : devenir propriétaires.

La maison du bonheur pour une famille nombreuse, qui comptera bientôt six enfants avec la naissance de Rachid le 10 mars 1985, à la maternité du Centre hospitalier régional de Versailles, puis de Nawal, le 3 novembre 1988, également à Versailles ; sous le même toit vit, à partir de 1982, l'oncle Hamed, jeune frère de Fatima Debbouze, venu poursuivre sa scolarité en France. Mais les grands canapés du living accueillent aussi cousins et cousines, ainsi que les copains du quartier. Même quand ils sont quinze ou vingt gamins, ils trouvent toujours table ouverte autour des gâteaux faits maison, parmi lesquels de croustillantes « météorites à la farine », ainsi baptisées par Jamel qui les préfère à toutes les autres, y compris aux fameuses cornes de gazelle. Avec leur forme hérissée d'astéroïdes tombés du ciel, elles sont un pur produit de l'imagination fertile de sa mère.

Plus tard, la propriété se révélera aussi un refuge idéal pour l'élevage lucratif de pitt-bulls, lâchés dans le jardin ou dans le parc de la plaine de Neauphle, à seulement un jet de pierre, n'en déplaise à des voisins peu rassurés par les molosses en vadrouille. La nuit, les cinq ou six chiens enfermés dans un cabanon manifestent certes parfois bruyamment leur existence, mais pour les Debbouze ce commerce à la mode permet d'arrondir les fins de mois ; du reste, aucune loi n'en interdit la pratique.

Autour du coquet lotissement du Moulin-de-la-Galette s'étend à perte de vue un paysage verdoyant où, il n'y a pas si longtemps, des cultures de betteraves et de petits pois recouvraient les champs. Aujourd'hui, malgré les immeubles qui ont poussé comme le chiendent, reste une zone encore arborée dont le calme est seulement rompu, certains soirs, quand le vent vient du sud, par le vacarme des trains rapides sur la voie ferrée Paris-Le Mans, qui passe non loin de là.

La gare de Trappes fut longtemps le deuxième centre ferroviaire de France. Selon les heures de la journée, il faut trente à quarante minutes en train jusqu'à Paris-Montparnasse. Pas moins de quatre voies équipent le ballast qui s'élargit en axes névralgiques de triage et de délestage. Jusqu'en 1970, en moyenne quatre-vingt-dix convois de marchandises transitaient par là toutes les vingt-quatre heures. Désormais passent souvent des trains qui ne s'arrêtent pas. Ils traversent la petite gare et ses quais dans un fracas infernal. Un présage de mort pour ceux qui franchissent les rails sans emprunter l'unique passage souterrain.

3

Les Merisiers

Le centre-ville de Trappes, formé autour des vestiges du vieux village, se situe, par rapport à la maison des Debbouze, de l'autre côté de la RN 10, entre la voie express et le chemin de fer. La configuration urbaine est celle de la plupart des banlieues : ici le centre-ville, là-bas les grands ensembles. Du square Van-Gogh, qui jouxte le quartier HLM des Merisiers, implanté au nord de l'agglomération, on regarde toujours vers le centre-ville, son cinéma Jean-Renoir – un seul grand écran pour 30000 habitants –, ses cafés au décor sans âme, ses enseignes lumineuses, ses salons de coiffure, ses banques. Afin d'y accéder, les occupants des HLM – ceux qui ne sont pas « centre-villistes » – doivent prendre le bus. Des Merisiers, il faut prendre le 417B pour aller au ciné, se retrouver dans un bar ou rejoindre la gare.

Chaque matin, un millier d'habitants se presse dans les Sqybus (nom attribué aux navettes de transport de la communauté urbaine de la ville nouvelle de Saint-Quentin-en-Yvelines) pour se rendre à la gare SNCF et prendre le train pour la capitale. Le soir, ils retrouvent la cité-dortoir et ceux dont le quotidien se limite à l'univers de la cité. Notamment ceux qui, loin du centre-ville et loin de Paris, en sont réduits à « zoner » au fil des rues, des allées et des avenues de la ZUP. Dès l'âge de huit ans, quand Jamel atterrit à Trappes, il est condamné à cette vie partagée par les jeunes de tant de banlieues. Parce qu'il n'y a souvent rien à faire à la maison, sinon, quand les parents sont au travail, s'occuper des petits frères et sœurs, essayer de faire ses devoirs dans le remue-ménage incessant de la marmaille. On sort aussi parce qu'il n'y a rien d'intéressant à la télé – quand elle veut bien marcher – et que les copains sont également dehors. L'appel de la cité. On a le choix : jouer au foot, courir après les chats pour les attraper et les peindre en vert, taguer les murs, se « faire courser » par les gardiennes d'HLM, aller à la chasse aux taupes dans les champs de la plaine de Neauphle, faucher des cerises au printemps dans les jardins, des épis de maïs en automne dans les cultures. Lorsqu'il pleut ou qu'il fait froid, on se réfugie dans les halls d'immeuble ou les cages d'escalier pour discuter entre potes, s'envoyer des vannes, blaguer, bref, pratiquer la tchatche.

Fini les odeurs d'épices et de menthe des boutiques de Barbès : l'horizon de Jamel a désormais pour toile de fond le décor d'un ghetto de banlieue, avec ses terrains vagues, ses barres d'immeubles, son enclavement. Avec soixante-douze pour cent de logements sociaux, un taux de chômage oscillant entre quinze et vingt pour cent de la population active, plus de cinquante pour cent de revenus minimaux, Trappes connaît des chiffres de délinquance et de criminalité parmi les plus élevés des Yvelines.

Dans un tel univers, le destin se dessine sans beaucoup d'espoir de recours. Il y a certes l'école primaire Auguste-Renoir de l'autre côté de la rue, puis le collège Gustave-Courbet pour décrocher le brevet. Ensuite, le lycée technique. Il s'agit, si possible, d'y parvenir pour avoir un avenir professionnel. Un métier. Une vie meilleure que celle du père et de la mère. « Je les voyais rentrer fatigués, se souvient Jamel. Je ne voulais pas devenir comme eux. » Aller peut-être ailleurs. Car on ne débarque pas ici pour y rester toute la vie, laissent espérer les parents. À condition de bien apprendre à l'école, d'écouter au lieu de jouer et de bavarder sans arrêt.

Jamel, lui, voudrait devenir footballeur, comme le petit Anelka, un voisin de la rue du Moulin-de-la-Galette, qui habite quatre maisons plus loin autour du rond-point. Mais avec le bagout qu'il a, Jamel, s'il travaille sérieusement, réussira plutôt dans le commerce. Peut-être vendeur au centre commercial, au supermarché Suma des Merisiers ou, mieux, à l'Euromarché de Saint-Quentin-en-Yvelines, chef de rayon, responsable de tête de gondole... À condition de savoir se tenir et bien obéir en classe.

Le groupe scolaire Auguste-Renoir est un ensemble de blocs préfabriqués de forme cubique, témoignant de l'esthétisme architectural du début des années quatre-vingt. Au cours élémentaire, Jamel Debbouze n'est ni bon ni mauvais élève ; il se distingue plutôt dans la cour de récréation, où se bousculent bruyamment des enfants de toutes origines, principalement du Maghreb ou d'Afrique noire ; mais il y a aussi des Portugais et des « Français de souche ». Ils se prénomment Amadou, Paulo, Amin ou Arnaud ; elles s'appellent Soumia, Yanaël, Fatima ou Virginie. Le petit Jamel grandit dans cet ensemble contrasté où les cultures se croisent. Tous mélangés, ils représentent « la diversité », selon le terme consacré des sociologues. Un *melting-pot* où le gamin de Barbès affirme cependant l'individualisme d'un gavroche de banlieue au regard à la fois pétillant et charbonneux, avec un corps chétif et un caractère espiègle, quoique parfois teigneux. À la récré, il tire les cheveux des filles ; en classe, il fait le guignol pendant les exercices de lecture à haute voix, masquant ses difficultés pour lire en usant de son imagination : il invente des mots inexistants dans le texte, en ajoute d'autres, raconte l'histoire à sa façon, à mille lieues du livre scolaire et du programme. « Au CE2, à chaque fois que c'était à mon tour de lire, ça partait en couilles et tout le monde rigolait. » Ce qui lui vaut ses premiers zéros, ses punitions à signer par les parents et quelques corrections en rentrant à la maison. « Pas grave. Pour ce prix-là, j'étais gagnant car je réussissais à faire marrer mes potes. » Le besoin de se distinguer en déclenchant les rires autour de lui : tel est Jamel. C'est aussi une manière de s'affirmer. « J'ai toujours adoré attirer l'attention.

J'étais deux fois plus petit que les autres et, dans le quartier comme à l'école, la seule façon de se démarquer était soit d'être fort, soit d'avoir une grande gueule. Moi, j'avais la grande gueule. »

À la maison, le petit caïd de la cour de récré a plutôt intérêt à filer doux. Le père, fatigué de sa journée de travail, refuse de se laisser déborder par sa smala. Silhouette massive, cheveu dru et moustache imposante, regard dur et sombre, il n'a pas la patience d'écouter ni de discuter : il n'hésite pas, s'il le faut, à enlever sa ceinture. Les injures pleuvent, toujours en arabe. Car, passé le seuil du domicile, les enfants Debbouze se retrouvent au Maroc. « C'est tout juste s'il ne fallait pas tamponner son passeport. Mon père avait même acheté une parabole pour nous coller face aux programmes de la télévision marocaine. Grâce à ses méthodes, j'ai toujours été porteur d'une double culture. »

De son appartenance à la France, Ahmed Debbouze ne retient que ses nuits à courber l'échine dans les souterrains parisiens comme agent d'entretien pour la RATP. « Mon père faisait le ménage dans le métro où son chef de service était un enculé de sa race, un vrai bâtard. Il l'a fait chier toute sa vie à lui filer des boulots pas possibles, les stations les plus dures à nettoyer, et mon père ne disait rien, il se disait qu'il n'était pas chez lui en France et qu'il devait fermer sa gueule. Et ça, pour moi, c'est une sale injustice. » Les humiliations quotidiennes subies par Ahmed Debbouze trouvent sans doute un exutoire dans la cellule familiale. L'homme, bien que d'apparence solide, a les nerfs fragiles, il est prématurément usé par son travail. Plus d'une fois, il craque. Il faut parfois l'hospitaliser, jusqu'au jour où il doit rester définitivement à la maison.

Jamel trouve un refuge auprès de sa mère. De ses six enfants, Fatima Debbouze a toujours considéré l'aîné, le plus fragile, comme son préféré. Tous deux ont beaucoup de points communs : ils partagent la même sensibilité et souffrent de fréquentes crises d'asthme. « Maman me couvait. Elle voulait absolument que, plus tard, quand je serais grand, je trouve un travail tranquille dans un bureau douillet auprès d'un radiateur pour que je n'aie jamais froid. L'idée que j'atterrisse dehors sur un chantier, comme les premiers immigrés, lui faisait horreur. Elle savait de quoi elle parlait, ma mère a fait le travail de dix hommes : pendant des années, elle s'est levée à quatre heures du mat' pour ne rentrer à la maison qu'à vingt et une heures après avoir cumulé plusieurs emplois. Elle voulait à tout prix nous convaincre que nous n'étions pas des pauvres. Mais, parfois, la réalité nous revenait en pleine gueule avec la venue des huissiers. J'étais derrière la porte à les guetter car maman me confiait ses secrets. Elle me demandait de cacher en vitesse certains objets qu'elle ne voulait pas voir embarquer, sachant que j'avais mes planques, des coins introuvables. »

4

Taza

La grisaille quotidienne est parfois rompue par les soleils de grands moments de fête. Des repas réunissent toute la famille, parents et grands-parents, enfants, oncles et tantes, cousins et cousines, qui viennent profiter de l'espace agréable et chaleureux du 19, rue du Moulin-de-la-Galette. Fatima Debbouze déploie des trésors d'ingéniosité pour faire oublier les problèmes d'argent : table abondamment garnie avec les spécialités culinaires dont elle a le secret, et qu'elle accompagne de toutes sortes de galettes et crêpes, sans oublier le pain marocain qu'elle confectionne elle-même et dont son fils aîné chéri raffole. Son plat préféré est la *harira*, soupe marocaine à base de tomates, farine, lentilles, pois chiches et viande. Clou de la fête : le numéro de Jamel, qui ne peut s'empêcher de faire le clown pour tout le monde. On voit alors Ahmed Debbouze, le père, se détendre en riant bruyamment des bouffonneries de son fils. Les dimanches ordinaires, c'est le goûter des enfants devant la télévision avec le fameux pain maison bien chaud et le thé à la menthe. « Tout en regardant *L'École des fans* et Jacques Martin, on se faisait des tartines, mes frères et moi, avec du beurre et du sel, ou du beurre mélangé avec du Benco ; c'était notre Nutella à nous, qu'on avait surnommé "Mutella". »

Chaque année, une fois par an, l'horizon de béton s'élargit pour faire apparaître la Méditerranée. Toute la famille s'entasse dans la Peugeot 305 break du père – oncles et cousins suivent dans deux autres voitures – pour se rendre au pays, au Maroc. Un paradis, le temps des grandes vacances. L'occasion aussi, pour Ahmed Debbouze, de dégainer sa blague préférée :

– Devinez où vous allez aller cet été ? demande-t-il.

– Au parc Disneyland, en Floride ! répond-on en chœur.

– Non, au parc de votre grand-mère !

Le parc en question est d'abord celui de la grand-mère du côté paternel, à Taza, à 220 kilomètres à l'ouest du chef-lieu, Oujda. Entre le Rif et le Moyen Atlas, c'est le berceau de la famille Debbouze. Ahmed est natif de Taza, Fatima d'un minuscule village du désert rifain, Bani-Mohyau, si petit qu'il ne figure sur aucune carte. Ici, « Debbouze » est un patronyme très répandu. Il vient de *dabbouza*, qui désigne un bâton de bois se terminant par un renflement naturel en forme de poing, dont les Rifains se servent pour se défendre. Le tout est d'une seule pièce, lourde et noueuse, très efficace pour fracasser le crâne des indésirables. Car les peuples du Rif, jaloux de leur territoire, ont derrière eux une longue tradition de rébellion. Comme on dit là-bas, ce sont des « bonshommes ».

Taza est au cœur d'une région agricole verdoyante, dont l'une des spécialités est l'huile d'olive. Les grands-parents paternels y vivent du commerce d'un petit bazar qui vend colifichets, vaisselle, objets d'artisanat. Les habitants sont des gens plutôt taiseux et rudes, solides comme les pierres sèches écrasées par la chaleur, mais généreux. Chaque maison perdue cache des trésors d'hospitalité. Les tables sont toujours fraîches et bien garnies malgré la rigueur du climat. Dès qu'on s'écarte de la vallée, c'est le désert avec le soleil de la montagne qui vous matraque.

Jamel et ses frères y trouvent leur jardin extraordinaire : « C'était la misère de chez misère, mais on kiffait grave quand même. Là aussi il y avait des taupes à la pelle, pareil que dans la plaine de Neauphle. On leur faisait la chasse et quand on arrivait à en choper une, on jouait au chat avec elle : tu lances la taupe et si la taupe s'agrippe à toi, tu es le chat. On passait tout l'été à tenter de l'apprivoiser et la dresser pour en faire une taupe savante. Mais elle ne voulait rien savoir, cette sale bête, impossible de lui faire faire le saut périlleux ni de jouer à la balle avec un cochonnet. On essayait de l'accrocher à l'épaule comme les punks avec leur rat. On l'emmenait avec nous quand nous allions chercher l'eau au puits car il n'y avait ni eau courante ni électricité à la maison ; il fallait bien occuper les journées passées sans télé. Le bonheur, c'était quand le voisin nous prêtait son âne. On partait en virée à trois sur son dos, Momo, Karim et moi. On se faisait notre western. »

Taza est aussi la patrie du grand-père maternel Mohamed, celui qui a immigré en France à Barbès. À son retour au pays, il s'est lancé dans une manufacture de chaussures. Mais, faute de main-d'œuvre, il a renoncé au bout de six mois pour se reconvertir dans le textile à Casablanca, avec une fabrique de survêtements. Une affaire devenue florissante, où il sera secondé par son fils Hamed, oncle de Jamel, son aîné de tout juste dix ans. Toute la famille s'y retrouve en août, après avoir passé juillet à Taza. On s'installe dans la maison des grands-parents maternels ; elle donne sur le quartier des bidonvilles où Jamel et ses frères ont leur terrain de jeu. La métropole moderne de Casablanca, ses larges avenues et surtout sa plage exercent sur eux un irrésistible attrait. Quand vient le moment du retour, les derniers jours avant septembre, c'est avec le cœur lourd que l'on doit quitter le Maroc pour regagner la France.

5

Les bandes

À la périphérie nord de Trappes, le quartier des Merisiers regroupe plusieurs ensembles d'immeubles collectifs baptisés trop joliment « squares », autour desquels s'agglutinent plus de 10000 habitants : les squares Gérard-Philipe (320 logements), Paul-Langevin (267), Henri-Wallon (601), Léo-Lagrange (519), Yves-Farge (316), de La Commune de Paris (706), Maurice-Thorez (249). Au total, sept squares aux allures de cour de caserne et 2978 logements qui, édifiés dans les années soixante, ne sont jamais entretenus. En 1983, à l'arrivée des Debbouze, les immeubles sont en déliquescence. La société HLM se trouve en pleine déconfiture, bientôt mise en liquidation judiciaire[1].

La décrépitude a favorisé le vandalisme : boîtes aux lettres défoncées, murs tagués, vitres cassées, ascenseurs hors service, etc. Dans cet univers où l'on voit courir des colonies de blattes sur les murs et des rats près des caves, est venue s'entasser une population originaire de soixante-sept pays de langues et de cultures différentes, selon les chiffres officiels, en majorité d'Afrique noire et du Maghreb. Les deux tiers des chefs de famille sont sans qualification professionnelle, près d'un sur cinq pointe au chômage. Onze pour cent des loyers sont impayés. Quarante-quatre pour cent de la population ont moins de vingt ans. À la sortie des

1. Sur Trappes, voir le livre de Raymond Lavigne, *Trappes, mémoires d'avenir*, Éditions Ville de Trappes, 1997.

établissements scolaires, beaucoup de jeunes se retrouvent désœuvrés, livrés à eux-mêmes, traînant dans les squares ou squattant les halls d'immeuble. On y tchatche dans les cages d'escaliers, on « tient les murs », on tue le temps. « On passait des heures à discuter avec les copains, à s'envoyer des vannes, à rigoler de toute cette merde tout autour pour ne pas en crever. Dans les halls de bâtiments, la seule distraction c'était quand le facteur amenait les nouveaux prospectus de Carrefour », dixit Jamel.

Issue de secours : faire ses devoirs. Mais quand il n'y a personne à la maison pour donner le goûter et inciter à apprendre ses leçons, il faut une volonté de fer pour résister à la tentation de la rue. Car à l'heure où sonne la fin de la classe, Fatima et Ahmed Debbouze sont encore loin d'avoir fini leur journée de travail. Pour le petit Jamel, la voie est toute tracée : un autre apprentissage l'attend dehors.

« L'école, je me disais que c'était chiant. On y faisait du collage ou du pliage, la majorité des élèves n'était pas très motivée. En plus, les profs de ma ZEP ne s'acharnaient pas. Ce qu'ils appelaient les ZEP, les Zones d'éducation prioritaire, c'était pour nous les Zones d'éducation pourrie. Les enseignants étaient dépassés, flippés, paniqués. Souvent, ils n'avaient pas trop envie de nous éduquer car leur rétroviseur avait été cassé la veille et ils ne comprenaient pas pourquoi. Mais j'étais le seul qui arrivait à les faire marrer. En CM1, j'ai cartonné quand la maîtresse a proposé un jour qu'on fasse une pièce de théâtre. C'est moi qui ai dirigé l'histoire. Je disais aux autres leur prose, je leur expliquais quand il fallait parler ou se taire, j'avais des idées de décor, et aussi sur tout le reste. Je me rendais compte que je pouvais faire rire autour de moi avec des textes. Plus tard, au collège, j'ai kiffé Molière, *Les Fourberies de Scapin*. J'avais vu la pièce un soir à la télé et, le lendemain, je l'ai jouée en classe en imitant l'acteur. La prof se fendait la gueule. »

Jamel avance comme un funambule sur son fil : d'un côté les sirènes du macadam, de l'autre les nécessités de l'école. Au milieu, entre les deux extrêmes du balancier, c'est la vie à la maison. Une zone intermédiaire entre ZUP et ZEP, un îlot où l'enfant est mis en garde sur les dangers de la rue, où il est poussé à bien travailler à l'école. «Mon père voulait que je devienne médecin, ingénieur ou informaticien. Mais je l'inquiétais, je sentais qu'il avait peur pour moi et il me prévenait: "Si jamais tu ramènes un jour les flics à la maison, j'arrache les pages du livret de famille!" Mon oncle me cassait les couilles en m'interdisant de traîner avec certains mecs du quartier: "Si jamais j' te vois là-bas, j' te déglingue!" Mais on ne faisait rien de mal. On se contentait de tchatcher dans les escaliers sur les gros nénés de Sabrina ou de fantasmer sur la chute de reins de Samantha Fox, on discutait de shit comme les grands, on se la racontait, on se lançait des défis en parlant de gonzesses mais aussi de danse, de foot, de voitures. On s'imaginait dans une bande. À cette époque, il y avait de vrais gangs dans les cités, comme Les Requins Vicieux ou V' là les Dragons. Nous, c'était TSA, The Section Attack, la section à l'attaque! Mais l'équipe à laquelle il fallait se coller, c'était Les Blacks Spiders. C'était la bande par excellence, le clan comme dans les films américains à la manière des *Warriors* [1], des trucs que l'on voyait dans *Beat Street* [2]... C'était l'exemple parfait d'une équipe de Blacks soudés face à l'adversité. Leur état d'esprit me convenait tout à fait. Ils étaient à la marge du système. On voulait se comporter comme eux, c'était les grands, ils arrivaient à la boulangerie, ils se servaient sans payer, ils s'habillaient gratos, c'était génial, ils faisaient tout ça sans jamais rien demander à qui que ce soit puisque personne ne leur demandait rien à eux. Je me souviens de Dominique, le chef de la bande, au centre commercial des Merisiers, il venait de se taper une dizaine de boîtes d'intérim, il m'a dit: "Cette France, c'est de la merde." Il n'avait pas la haine contre le pays, il était juste dégoûté par la manière dont les choses se

1. *The Warriors (Les Guerriers de la nuit)*, film américain de Walter Hill, 1979, sur les gangs new-yorkais.

2. *Beat Street*, film américain de Stan Lathan, 1984, sur l'émergence de la culture hip-hop dans le Bronx.

passaient. Il a fini par me dire : “T'inquiète pas pour moi, je m'en sortirai.” »

La rébellion, Jamel, ça lui plaît. Mais à la maison on lui a appris à raser les murs. Pas question de revendiquer dans la rue ni même de critiquer : il faut savoir se contenter de peu : « Moi, je ne me posais pas trop de questions. Je ne la ramenais pas. Nous, on a été élevé dans le “il ne faut pas parler trop fort”. D'abord, chez nous, on n'avait pas le droit de se plaindre. Pas question de s'apitoyer sur soi-même. Et puis, à la maison, on a toujours mangé à notre faim, on ne manquait de rien. Même si on croulait sous les problèmes avec les crédits et les dettes. »

Parmi les visiteurs habituels de la famille, il y a Marie-Noëlle Ley, puéricultrice du centre de Protection maternelle infantile (PMI). Cette jeune femme brune aux cheveux courts, menue mais à l'allure énergique, visite le quartier à bord de sa petite Lancia Y10 noire, à la rencontre des familles modestes élevant des enfants en bas âge, pour qu'ils soient suivis et vaccinés gratuitement. Jamel la connaît bien et lui voue une estime mêlée d'affection. « Quand je voyais la dame de la PMI (surnom que tout le monde lui donnait) se pointer dans les immeubles du quartier, moi, je lui organisais une haie d'honneur. Je lui disais tout de suite : bonjour madame, nous sommes contents de vous voir ! Car je savais qu'elle faisait partie des gens qui ne venaient ici que pour notre bien. C'est comme les pompiers, il fallait les respecter. »

Marie-Noëlle Ley se rend une fois par mois rue du Moulin-de-la-Galette : « Une visite chez les Debbouze est toujours un grand plaisir. Un des foyers les plus agréables et les mieux tenus du quartier. À peine arrivée, je suis chaque fois invitée à m'asseoir dans l'un des grands canapés du salon. Mme Debbouze me sert toujours le thé à la menthe avec des pâtisseries orientales, des cornes de gazelle, qu'elle prépare elle-même. Marocaine, elle s'exprime simplement en français, mais on se comprend bien. Une maman très douce, attentionnée, soucieuse de tenir à jour les carnets de vaccination des enfants. Je ne rencontre pas beaucoup le papa, sauf quand il est à la maison en arrêt de maladie. Quant à Jamel, c'est déjà un grand garçon, je ne le vois pas souvent, j'en entends parler: un gamin agréable, mais qui ne travaille pas à l'école ! Membre du conseil d'administration du collège, j'ai des échos du conseil de classe : il a de mauvais résultats car il est bien trop turbulent. »

Au CES Gustave-Courbet, on croise en effet plus souvent Jamel Debbouze dans les couloirs de l'établissement qu'en salle de classe. Alors que la plupart des potaches y circulent entre deux cours, lui, tricard perpétuel pour cause de chahut, y prend ses quartiers. En classe, il ne tient pas en place, il a horreur de la position assise, il multiplie les pitreries. Tout le contraire de l'élève sage et appliqué, même s'il lui arrive de décrocher d'assez bonnes notes quand il veut bien s'en donner la peine. « À la maison, j'étais capable de me concentrer dans le bordel pour faire mes devoirs. En maths, je me forçais sur la racine carrée de neuf entre mon frère qui écoutait du Public Ennemy et ma sœur du Cheb Mami. En français, ce que je rendais à la prof était bourré de fautes d'orthographe, mais j'avais du style et de l'imagination. Un jour, comme sujet libre, j'ai raconté une baston dans ma cité, une baston qui m'avait vraiment fait marrer parce qu'elle était partie de rien et qu'elle avait salement dégénéré. Il y avait même des mecs qui se battaient avec des branches d'arbre. Cette salope de prof m'a dit que mon texte était très bien, mais que le sujet était inacceptable. » Avec Marie-Annick Le Faou comme prof de français en sixième, puis en quatrième, ça se passe mieux. En guise de compte rendu de lecture choisie, il présente, avec son copain Alassan Kébé, une exhibition de rap qui enthousiasme toute la classe et leur vaut la meilleure note.

Dans la cour de récréation, il s'entoure d'une petite bande, sa garde rapprochée. Il est le moins grand par la taille, haut comme trois pommes à genoux, mais se fait respecter. Il domine par le bagou, avec un débit de mitraillette. D'autres peuvent être plus athlétiques, jouer beaucoup mieux que lui au football, mais Jamel pallie les limites physiques de son faible gabarit et de son handicap dû à l'asthme par la rapidité de son jeu de jambes et de ses dribbles. Lors des sorties d'école à la piscine municipale Léo-Lagrange, il fait le clown au plongeoir, se prend pour l'Apollon du Belvédère, improvise des spectacles aquatiques et imite le poisson-chat ou la grenouille pour amuser la galerie, avec toujours l'obsession de se démarquer. Il devient très vite la mascotte du bassin, où les plus costauds jouent à le propulser en l'air pour le faire retomber dans l'eau. Mais, au milieu de sa bande, il ne donne pas forcément envie de rigoler, car il veut ressembler à Dominique, le chef des Black Spiders, grands Noirs de quinze-seize ans issus du square de La Commune, qui terrorisent les élèves du collège Gustave-Courbet en les rackettant à la sortie des cours. Il les admire, mais chez lui c'est surtout un fantasme dénué de toute agressivité. Ce qui lui plaît, c'est leur style inspiré des films hip-hop des années quatre-vingt, le look *Beat Street*. Il «kiffe» la *break dance*, les danses urbaines et leur technique de jambes, le *pass* ou le *footwork*. Il s'essaie lui-même au hip-hop et s'inscrit dans la troupe de danseurs du centre culturel Charlie-Chaplin de Trappes.

«Le mercredi, on montait des chorégraphies, on a même failli faire la première partie de NTM (Nique Ta Mère), le groupe de rap de Joeystarr. On voulait devenir danseurs, on faisait soixante centimètres et on se la racontait comme des mecs de deux mètres ! Et puis, un jour, je me suis fait renvoyer. J'étais incapable de m'imposer des limites, pas plus dans le cadre d'un cours qu'à l'extérieur dans la cité. Je faisais n'importe quoi pour épater les copains : escalader un bâtiment à mains nues, m'agripper aux barreaux des balcons d'un cinquième étage… Rien que pour attirer l'attention, me donner en spectacle.»

Pour se procurer le grand frisson, il ne se contente pas de faire des acrobaties : «À treize ans, je traînais avec des sales mecs, des vraies têtes brûlées. On zonait sans arrêt à l'écart dans la cité mais on lorgnait toujours en direction du centre-ville pour voir ce qu'il s'y passait, pour voir si les belles bagnoles qui s'y arrêtaient ne montaient pas vers chez nous. Dans ce cas, on les aurait rayées, cassées ou volées. Un mec comme moi, destiné toute sa vie à ne rouler qu'en 305 Peugeot break, il ne peut pas refuser quand on lui propose de monter dans une Porsche. Par désœuvrement, on était prêt à faire toutes les conneries sans aucun scrupule. Je ne me sentais pas voleur par nature, mais je le faisais plutôt par jeu, par curiosité. Si tu veux t'imposer en banlieue, soit tu es beau gosse, soit tu es balèze, soit tu joues bien au foot, soit tu as les dernières Nike… Moi j'avais rien de tout ça. Alors pour ne pas me foutre la honte, eh bien j'allais voler des Nike au stade de foot après un entraînement. Je l'ai fait jusqu'à quatorze, quinze piges. Et puis, on avait besoin de baskets pour courir plus vite quand les flics nous coursaient ! C'était parfois dangereux, même de voler dans une simple boulangerie comme faisaient les Blacks Spiders. La boulangerie, c'était apparemment facile, tant pis si cela se faisait au détriment de la boulangère, elle avait de la farine à gogo, qu'on se disait, elle pouvait en refaire, des croissants… jusqu'au jour où j'ai failli y laisser la vie : un coup de fusil est passé à un centimètre de ma tête pour un gâteau au chocolat. Mais du chocolat, chez nous, il n'y en avait pas. J'étais dans la mouvance pour des bêtises à deux francs cinquante qui auraient pu mal tourner et nuire à plein de gens. Si on m'avait chopé au milieu des mecs avec qui j'étais, j'aurais pu en prendre pour cinq piges. En une journée, je me faisais le salaire mensuel de mon père. Pour faire de la thune, je ne me contentais plus, comme au début, d'aller ramasser des balles sur le terrain de golf de Saint-Quentin et les revendre à l'entrée après les avoir lavées – un truc de crevard ! Maintenant, je gagnais au pire 7 000 francs par semaine en biznessant. Si j'avais continué ainsi avec mes potes à voler ou à incendier les voitures, ils m'auraient entraîné définitivement dans le fond. Mes copains de ce temps-là, plusieurs sont en taule à Bois-d'Arcy. »

6

La dalle

Jamel est passé du fantasme de gamin à l'acte. À quatorze ans à peine, il sait intuitivement que s'il n'a pas «plongé» avec ses potes, c'est parce qu'il y a peut-être une bonne étoile qui veille sur lui. La *baraka* comme on dit, mais pas seulement: «À la maison, il y avait l'oncle pour me tenir. Il imposait des interdits et des rapports de force, il me conseillait sur tout, il m'évitait souvent de glisser; bref, il me parlait. J'avais l'impression qu'il n'y avait que lui et ma mère qui me comprenaient. Mon père, il ne m'a jamais dit: "Je t'aime." Et je ne le lui ai jamais dit non plus. Alors que tous les deux on le pense, j'en suis sûr. J'aurais adoré qu'il me dise: "Mon fils, je t'aime." Ou moi le lui dire à lui. Impossible, il était très froid. Jamais il ne s'est assis avec moi pour discuter. Pour me dire ce qui allait – ou n'allait pas. Heureusement, ma mère et mes oncles compensaient.»

La vraie vie est au-dehors. Mais à Trappes on a vite fait le tour quand on traîne des journées entières de squares en halls d'immeuble, de cages d'escalier en caves. Ici, pas de MJC, ni de flippers, ni de tables de ping-pong, ni de baby-foot. Seulement un local du square George-Sand, «Issue de secours», le nom d'une association créée à l'initiative d'un lycéen du quartier de la plaine de Neauphle, Rachid Benzine. On y prépare des tournois de foot, on s'y entraîne au *full contact* et parfois, le samedi soir, on s'y retrouve en boum (deux francs l'entrée avec une boisson), occasion privilégiée de rencontrer des filles. Mais, hélas pour le dragueur en herbe, ces fiestas n'en réunissent jamais plus de vingt ou trente pour quelque cent à cent cinquante garçons. De plus, ces demoiselles, toujours les mêmes, sont dûment chaperonnées par leur grand frère. Rien de très excitant alors que, quatre kilomètres plus loin, à la Maison des jeunes de Guyancourt, commune plus riche et plus attrayante, il y a tous les jeux avec, autour, des blondinettes pas trop farouches et des petites nanas plutôt bourgeoises qui se laissent aborder, même par des Maghrébins originaires de familles modestes, même quand ils viennent de Trappes.

On y danse le *smurf*, le hip-hop *freestyle* et le *break* initiés par la troupe chorégraphique locale Black-Blanc-Beur, appellation non contrôlée reprise plus tard un peu partout sans savoir qu'elle a pour origine la MJC de Guyancourt, où elle a été inventée par Jean Djemad et Christine Coudun. Il suffit, pour se rendre là-bas, de monter dans le train et de descendre à la station suivante de Montigny-Le Bretonneux-Saint-Quentin. Jamel y fait des incursions discrètes, car il n'est pas bon de venir de Trappes quand on s'invite à la Maison des jeunes de Guyancourt. Les rivalités de clochers et de bandes se règlent à coup de barres de fer. Les « Trappistes » sont méprisés, peut-être parce qu'issus de milieux sociaux encore plus défavorisés. Mais on ferme les yeux sur le petit Jamel, qui se montre réservé et fait profil bas devant les grands. Il y croise un Réunionnais de son âge, Jean-Paul Admette, surnommé « Popaul », qui partage la même passion que lui pour la danse et avant tout pour le foot. Collégien au CES Paul-Eluard de Guyancourt, Jean-Paul est venu avec ses parents de son île lointaine jusqu'en métropole afin d'y réaliser son rêve, devenu celui de toute sa famille : embrasser une carrière de footballeur professionnel et jouer plus tard au Paris-Saint-Germain, où il vient d'être admis comme stagiaire.

Les deux gamins se croisent les mercredis à la MJC pour se rendre vers un autre pôle d'attraction : la dalle gigantesque du centre commercial de Saint-Quentin-en-Yvelines, un méga défouloir où l'on rivalise en danses acrobatiques, avec magnétocassettes passées « à pleins tubes » ; où l'on peut rôder parmi les rayons, l'œil aux aguets et parfois la main leste, afin de s'offrir la paire de baskets dernier cri, le CD branché qui déménage. Jamel y passe la journée entière, mais il faut rentrer le soir pas trop tard, par le train, jusqu'à la gare SNCF de Trappes, les lumières du centre commercial encore plein les yeux.

7

Jamel est mort

Dans son édition nationale datée du 19 janvier 1990, le journal *Le Parisien* annonce la mort de Jamel, déchiqueté par un train le soir du mercredi 17 janvier 1990 en gare de Trappes.

L'article paraît en tête de la page onze, sous un titre en énormes caractères : FAUCHÉ PAR LE RAPIDE EN TRAVERSANT LES VOIES. Le sous-titre est rédigé ainsi : LA NUIT ÉTAIT TOMBÉE. DJAMEL, QUATORZE ANS, N'A PAS VU LE CONVOI. À L'ARRIVÉE DE CHAQUE TRAIN, LES VOYAGEURS SONT POURTANT INVITÉS À EMPRUNTER LE PASSAGE SOUTERRAIN.

L'article s'étend sur cinq colonnes :

> Djamel, quatorze ans, tué par son inconscience. Avec son copain Jean-Paul, ils ont préféré traverser les voies de la gare de Trappes (Yvelines) plutôt que d'emprunter le passage souterrain. Djamel a été happé par la locomotive du rapide Nantes-Paris qui arrivait à près de 130 km/h.
>
> Le drame s'est produit à l'arrivée du train de banlieue venant de Paris, dans lequel se trouvaient les deux adolescents. Alors que le flot de voyageurs se dirigeait vers le passage souterrain, eux se sont lancés à travers les quatre voies qui les séparaient de la sortie de la gare. Par bravade, ou par impatience.
>
> Mais alors que la nuit était déjà tombée, ils n'ont pas vu arriver le rapide. Son copain fauché sous ses yeux, Jean-Paul ne doit la vie qu'à un miracle. Il a lui aussi été touché par le train, mais s'en sort avec une simple blessure à un bras.

« À chaque arrivée de train, il faudrait mettre un employé sur le quai pour empêcher de tels drames », se plaint le chef de gare, habitué à voir des jeunes traverser les voies sans avoir conscience du danger qu'ils courent. Pourtant, à Trappes comme ailleurs, à chaque arrivée ou correspondance, un haut-parleur rappelle aux voyageurs qu'ils doivent emprunter le passage souterrain.

F.L.

Le Parisien est le seul quotidien régional, le journal le plus vendu chaque matin à Trappes. L'article, paru le surlendemain de l'accident, a un énorme retentissement dans la cité. Au collège Gustave-Courbet, à l'école Auguste-Renoir, de la piscine au gymnase et dans tous les squares et immeubles du quartier des Merisiers, l'atroce nouvelle répand la stupeur : Jamel est mort ! Le petit Jamel à la jolie frimousse, que tout le monde connaît pour ses facéties et ses frasques, qui fait rire ou que beaucoup redoutent, est mort ! Les cours de récréation perdent un caïd en herbe qui commençait à imposer sa loi, les salles de classe ne verront plus l'élève rebelle qui déclenchait l'hilarité ; les gardiens de square sont partagés entre consternation et incrédulité ; un sentiment unanime d'horreur et d'injustice mêlées domine car, en une aussi effroyable circonstance, on pardonne tout à un adolescent turbulent, tous les dérapages qui le rendaient parfois insupportable, mais collaient si bien avec l'image stéréotypée du gamin façonné par l'âpreté de la vie dans les quartiers défavorisés.

À Guyancourt, on est aussi sous le coup de l'information publiée par le journal, on se répète en boucle la phrase de l'article : « Son copain fauché sous ses yeux, Jean-Paul ne doit la vie qu'à un miracle. » Le petit prodige du foot guyancourtois a donc échappé au pire. On se dit qu'il est vraiment né sous une bonne étoile, Jean-Paul, car tout le monde vient d'apprendre son admission comme stagiaire au PSG. Beaucoup voient en lui une future star du football.

Pourtant, la vérité est tout autre. Seuls les parents et quelques proches la connaissent : Jamel a survécu, c'est Jean-Paul qui est mort. Michel et Marlène Admette, après s'être inquiétés toute la nuit, ont été informés le lendemain matin du décès de leur fils aîné de quinze ans et demi sous les yeux de Jamel Debbouze.

Une semaine plus tard, l'hebdomadaire régional *Toutes les nouvelles* relate l'accident dans son édition datée du mercredi 24 janvier 1990. Son titre à la une : « DEUX JEUNES HAPPÉS PAR UN TRAIN ». En sous-titre : « UN GUYANCOURTOIS DE 15 ANS TUÉ ».

Le texte débute en première page :

> Malgré l'existence de passages souterrains dans toutes les gares de la ville nouvelle, des adolescents (essentiellement) n'hésitent pas à ignorer ces installations et traversent les voies de chemin de fer au mépris des règles de sécurité les plus élémentaires. Mercredi dernier, en gare de Trappes, ce sont deux jeunes gens âgés de quinze ans qui ont fait les frais de cette habitude qui a coûté la vie à l'un d'eux.
> C'est à 20 h 6 que le train Paris-province s'est arrêté au quai C de la gare de Trappes. Parmi les nombreux voyageurs qui quittent le train à cette station, se trouvaient les deux jeunes garçons originaires de Trappes et Guyancourt.

La suite, en page 2, est placée dans la rubrique des faits divers sous le titre : « Drame en gare de Trappes : deux jeunes happés par le Nantes-Montparnasse ».

Voici le texte de l'article :

> D'après un témoin, les adolescents se seraient d'abord dirigés avec la foule vers le souterrain, avant de changer d'avis et d'emprunter les voies une fois que leur train eut quitté la gare. C'est à ce moment que surgit le rapide Nantes-Montparnasse à plus de 130 km/h. Le jeune Guyancourtois était alors littéralement fauché par la locomotive et son ami projeté sur le quai B.

> Alertés par le chef de gare dès 20 h 7, les pompiers du centre de secours principal de Saint-Quentin-en-Yvelines arrivaient sur place trois minutes plus tard avec deux ambulances et deux véhicules de liaison. Au total, neuf sapeurs-pompiers dont le médecin du corps, le docteur Quillerou, étaient dépêchés sur les lieux. Si le jeune de Guyancourt était décédé à leur arrivée (tué sur le coup, son corps ayant été traîné par le train sur plus de 200 m), le docteur prodigua les premiers soins à son compagnon, véritable miraculé, puisqu'il ne souffrait « que » d'un bras cassé.
>
> Afin que les soldats du feu puissent travailler en toute sécurité, la SNCF devait procéder au blocage du trafic ferroviaire de 20 h 10 à 21 h 30.
>
> Les pompiers étaient ensuite rapidement rejoints par les fonctionnaires de police de Saint-Cyr-l'École et par le maire de Trappes, M. Bernard Hugo.
>
> Le blessé était dirigé par la suite vers l'hôpital Mignot au Chesnay, alors que la dépouille de son camarade était conduite à la morgue de Versailles pour identification. En effet, le rescapé ne connaissait ni le nom ni l'adresse de son ami.
>
> C'est à 8 h 30 le lendemain (jeudi dernier) que les inspecteurs de Saint-Cyr ont eu connaissance de son identité, au moment même où les parents de la victime se présentaient à leur commissariat pour signaler la disparition de leur fils.
>
> A.S.

Au commissariat de police de Saint-Cyr-l'École, dans les Yvelines, le procès-verbal, signé par l'officier de police judiciaire Faure, est rédigé comme suit :

> Le 17 janvier 1990, en gare de Trappes, au passage du train corail Nantes-Paris qui roulait alors à 145 ou 150 km à l'heure, deux jeunes gens auraient traversé les voies en courant et étaient heurtés par l'ensemble locotracté. L'un d'eux, Jamel

> Debbouze, ne subit que quelques blessures sur le côté gauche alors que le second, Jean-Paul Admette Vaity, âgé de 16 ans, était déchiqueté par le train.

Le procureur de la République de Versailles fait savoir quelques semaines plus tard que « l'accident mortel de transport (...) n'a pas paru devoir entraîner en l'état et d'office une suite judiciaire à son parquet et a fait l'objet d'un classement sans suite ». Mais, le 21 mai 1990, les parents de Jean-Paul Admette déposent plainte contre Jamel Debbouze pour homicide involontaire, avec constitution de partie civile, devant le tribunal de grande instance de Versailles, dont le procureur saisit le juge d'instruction Philippe Boussand à compter du 16 novembre 1990. Sur la foi de plusieurs témoignages, les parents de Jean-Paul sont en effet convaincus que leur fils a été poussé sous le train par Jamel Debbouze.

Ce couple de Réunionnais est venu en métropole en 1986 pour assurer l'avenir de ses enfants. Ils se sont installés dans le quartier le plus déshérité de Guyancourt, au Pont du Routoir, 11, allée du Commerce, dans un ensemble HLM. Le père trouve un emploi d'agent technique au service de la municipalité tout en continuant à pratiquer son métier d'origine, chanteur de *sega* (musique traditionnelle réunionnaise), un art qui a fait de lui une célébrité outre-mer. La mère, Marlène, travaille à la cantine des écoles communales.

Selon eux, dans l'après-midi du mercredi 17 janvier 1990, vers 17 heures, Jamel et deux de ses copains viennent chercher Jean-Paul à leur domicile pour repartir en bus faire une virée. « Nous avions pourtant mis en garde notre fils contre la fréquentation des voyous de Trappes », commente Marlène Admette. La petite bande se rend sur la dalle du centre commercial de Saint-Quentin, lieu de rendez-vous de toute la jeunesse des environs. Le soir, au moment du retour, peu après 20 heures, le groupe d'adolescents réapparaît en gare de Trappes où ils descendent d'un train de banlieue en provenance de Saint-Quentin. Et c'est à cet instant que se déroule le drame.

À la descente du train, une altercation aurait éclaté sur le quai C, entre Jean-Paul et Jamel. Selon Michel et Marlène Admette, leur fils aurait été brutalisé par les jeunes Trappistes, qui se seraient emparés de son blouson. Dans l'échauffourée, Jean-Paul et Jamel se seraient retrouvés sur les voies quand surgit soudain le rapide Nantes-Paris.

L'instruction diligentée par le juge permet d'entendre le conducteur du train, Théophile Léon, qui déclare « avoir vu les deux jeunes gens traverser, pratiquement ensemble, à quelques mètres à peine devant la machine, de la droite vers la gauche ». Il actionne aussitôt les freins d'urgence, ce qui provoque un arrêt total du convoi sur 600 mètres mais ne peut rien empêcher. Ses déclarations sont confortées par l'examen de la bande de contrôle du train. Pour sa part, Jamel Debbouze explique au juge d'instruction que lui et son camarade avaient décidé de traverser les voies plutôt que d'emprunter le passage souterrain afin d'attraper à temps le bus. Il déclare n'avoir « ni vu ni entendu le train arrivant à grande vitesse et pense qu'il en fut de même pour son camarade ». Il insiste sur le fait qu'il a constamment précédé son compagnon, ce qui explique qu'il a été seulement blessé et qu'il n'a pas pu, en raison de cette position, pousser Jean-Paul sous le train.

L'instruction précise encore : « L'amoncellement de débris humains et de vêtements lacérés qui constituaient la dépouille mortelle de la victime était tel qu'on n'a pas pu retrouver sa gourmette ni son sac à dos. » Et nulle trace du blouson après lequel aurait couru Jean-Paul, ce vêtement qui, depuis le début de l'équipée sauvage, serait à l'origine de la dispute. Les témoins cités par Michel et Marlène Admette n'ont pas confirmé, devant la justice, les déclarations que leur prêtent les parties civiles. Le parquet général estime donc que le décès de leur fils « n'est dû qu'à sa seule imprudence » et ordonne, en date du 24 mai 1991, la confirmation de l'ordonnance de non-lieu.

Jamel, lui, a toujours répété sa première et unique version :

« Courir sur les rails pour attraper le bus, on faisait ça avec les copains pour faire les malins. Ce soir-là, il n'y avait personne pour nous regarder, on l'a fait quand même et mon copain est mort. »

D'autres scénarios, où l'imagination compense la frustration née d'une affaire qui n'a pas été totalement élucidée, circulent dans les quartiers. Selon certains, en effet, la petite bande ayant été poursuivie par des contrôleurs de la SNCF à sa sortie du train de banlieue, Jamel et Jean-Paul se seraient sauvés en traversant les voies. Selon d'autres, Jamel et Jean-Paul se seraient livrés à un pari stupide : lequel des deux aura le courage de se retirer le dernier de la bordure du quai au passage du train… Un remake du jeu fatal de James Dean. Une nouvelle *Fureur de vivre*.

8

Renaissance

Jamel apprend la mort de Jean-Paul à la fin de son hospitalisation. Durant les longues semaines passées à l'hôpital Mignot du Chesnay, au Centre hospitalier de Versailles, on ne lui a rien dit sur l'issue tragique de l'accident. Personne n'a osé. On a tout mis en œuvre pour le préparer à une nouvelle vie. Les chirurgiens ont sauvé son bras droit, mais les multiples greffes effectuées grâce à des prélèvements sur ses membres inférieurs ne permettront pas d'en assurer une motricité normale. Il va falloir qu'il apprenne à s'accommoder de ce handicap, car la médecine, si sophistiquée soit-elle, ne semble pas en mesure de rendre à Jamel l'intégralité de ses moyens.

Impatient, l'adolescent supporte mal de rester cloué dans un lit d'hôpital et se refuse à jouer les cobayes. Il accepte la difficile épreuve imposée par le destin : il ne sera plus comme avant. « Je prends ma douleur à crédit. Moi, je ne veux être niqué ni par mes joies ni par mes peines. Le bonheur, ça n'existe pas. » L'élève Debbouze reprend le chemin de l'école avec un bras ballant qui, il le sait, demeurera définitivement atrophié, dont il ne peut quasiment plus se servir et qu'il met dans la poche pour toujours. Son mouchoir par-dessus. « Pas question de s'apitoyer sur soi-même, c'est ce que l'on m'a appris à la maison. » Très vite cependant, le gavroche des cités retrouve son énergie. Il se sent prêt à mordre dans la vie plus que jamais. « Quand je me suis réveillé de l'opération, dans la minute même où le médecin m'a dit que je ne pourrais plus jamais me servir de mon bras droit, je lui ai demandé son stylo et j'ai essayé d'écrire de la main gauche. » Pour Jamel Debbouze, c'est une nouvelle naissance.

Le CES Gustave-Courbet est le plus récent des trois collèges de Trappes. C'est un établissement moderne situé au nord-est de l'agglomération, au 36 *bis*, square Gustave-Courbet, qui s'étire le long de l'avenue Salvador-Allende et se répartit en plusieurs satellites reliés par un entrelacs de passerelles qui montent et descendent – un peu comme dans l'aéroport de Roissy. En son centre, l'architecte, particulièrement inspiré, a imaginé un immense cratère en forme d'amphithéâtre, surmonté d'une verrière. Vers cette arène, que les collégiens ont baptisée l'Aquarium, convergent des corridors aériens qui conduisent en direction des salles de classe.

Un jour de mars 1990, aux alentours de midi, Jamel, renvoyé pour la énième fois du cours de maths par sa prof (« cette bouffonne ! »), erre dans les couloirs encore déserts du collège lorsqu'il tombe en arrêt devant un étrange spectacle qui se joue au cœur de l'Aquarium : il y a un attroupement où se mêlent cris et gesticulations. Penché au-dessus de la rambarde, le cancre reconnaît une douzaine de gamins de la classe de sixième 1, section d'élite, qui s'escriment joyeusement autour d'un drôle de bonhomme à lunettes. Ce jeu n'est autre que le cours d'improvisation d'Alain Degois. Jamel en a vaguement entendu parler à son retour d'hôpital, comme d'une sorte de rituel privilégié auquel n'ont accès que quelques élèves triés sur le volet, une fois par semaine, entre midi et deux. Du haut de son poste d'observation, l'adolescent intrigué ne résiste pas à l'envie de railler « ces petits blonds aux yeux bleus qui, à la pause du déjeuner, ont droit à des sandwiches au camembert garnis de cornichons ». Un ordinaire qui n'a jamais figuré au menu chez les Debbouze. « Par gourmandise, j'ai voulu entrer au cours. Difficile pour un petit Arabe. Alors, histoire de faire remarquer mes talents, je me suis mis à insulter les élèves de sixième 1 dans un langage si fleuri que le prof, interloqué par mon insolence, a interrompu sa leçon pour m'interpeller : "Dis donc, toi, le gros malin, plutôt que de faire le kéké là-haut, amène-toi par ici et montre-nous un peu de quoi tu es capable." » Trop heureux d'avoir réussi sa provocation, Jamel s'élance dans l'arène et improvise à brûle-pourpoint un dialogue entre un paysan édenté et sa vieille vache réformée. « On était tous morts de rire, se souvient Alain Degois. Ce petit freluquet qui parcourait la scène en sautillant, une main dans la poche, l'autre sans cesse en mouvement, avait tout d'un Charlie Chaplin. J'ai senti que j'avais déniché la perle rare. À l'encontre de toutes les règles du collège, j'ai insisté pour garder Jamel coûte que coûte dans mon cours. Il me fallait une locomotive pour entraîner les autres gamins qui avaient du mal à surmonter leurs inhibitions. »

Alain Degois a beau n'avoir que vingt-sept printemps le jour où il croise pour la première fois la route de Jamel Debbouze, tout le monde l'appelle « Papy » depuis des temps immémoriaux. Né en 1963, ce Trappiste d'adoption arrive à l'âge de deux mois à la cité des Merisiers, dans les bagages de sa maman. Très vite, la jeune femme le confie à une nounou qui prend en main l'éducation du bambin. En classe de cinquième, il amuse ses camarades en imitant Coluche à la perfection dans son fameux sketch sur Papy Mougeot. Le sobriquet ne l'a plus jamais quitté. « Je me cherchais une identité ; mon nom pour l'état civil m'apparaissait étranger, car c'était celui de ma mère qui m'avait plus ou moins abandonné peu après notre arrivée à Trappes… »

Papy a du caractère et arbore un physique de robuste gaillard au grand cœur. Il aime le sport et veut s'occuper de jeunes en difficulté. Après avoir fait « psycho » à la Sorbonne, il passe le concours de l'Éducation surveillée (future Protection de la jeunesse judiciaire), mais renonce au bout de quelques semaines : « Ce job était trop frustrant, je n'ai pas voulu participer à un système qui place les gamins sous contrôle pendant un temps réduit à un ou deux mois. Dans de telles conditions on ne peut rien faire pour eux. C'est même pervers. En les aidant ainsi, on en fait des professionnels de l'assistanat. Je ne voulais plus être un pompier qui se contente d'éteindre le feu. »

Papy démissionne et opte pour le brevet d'État d'éducateur sportif, sa véritable vocation. Il plonge alors à corps perdu dans le milieu associatif sportif et culturel où une rencontre décisive bouleverse sa carrière, celle du théâtre d'improvisation. La magie de cette nouvelle forme d'expression lui est révélée par le théâtre de l'Unité et ses créateurs Jacques Livchine et Hervée de Lafond, qui, en France dès 1972, ont permis à l'art dramatique de vivre ailleurs que dans les ors et le confort capitonné, hors du carcan des murs, des scènes et des avant-scènes. Implantée en 1978 à Saint-Quentin-en-Yvelines, la troupe de l'Unité y a créé, en huit ans de présence dans la ville nouvelle, plusieurs spectacles de rue et festivals en plein air, tels que *Le Carnaval des ténèbres*, *Le Mariage* (en 1983), ou encore *L'Opéra brûlé* avec Jacques Higelin (en 1985), et *L'Arche de Noé* avec Nino Ferrer (en 1986).

Au contact des authentiques saltimbanques de l'Unité, Papy se forge une nouvelle vision de la scène tout en apprenant les techniques d'improvisation propres à cette forme libertaire du théâtre. Il croise en chemin d'autres adeptes de ce genre révolutionnaire, la plupart issus comme lui du circuit associatif, des Maisons des jeunes et de la culture alors en pleine effervescence, notamment Mouloud Ioulain (éducateur à La Verrière et futur directeur de la MJC de Guyancourt) et Olivier Lecoq (de l'atelier théâtre de la MJC de Maurepas). Ensemble ils participent, dès septembre 1981, aux premières ligues d'improvisation *made in France*. Cinq mois auparavant, le Théâtre expérimental de Montréal, invité à Aubervilliers par Gabriel Garrand, directeur du théâtre de la Commune, révélait dans l'Hexagone les matchs d'improvisation.

9

L'impro

Le « théâtre d'impro » est un sport à la fois physique et intellectuel. Il naît de l'esprit de deux artistes québecois issus du fameux Théâtre expérimental de Montréal, Robert Gravel et Yvon Leduc. Ce duo subversif fait sa révolution dans un bar, le 21 octobre 1977, après avoir assisté à un match de hockey sur glace. Une soirée de délire à l'issue de laquelle ils décrètent solennellement la fin de l'élitisme de l'art dramatique : il faut le faire descendre dans la patinoire. Désormais, les soirs de relâche du championnat, le hockey, sport le plus populaire au Québec, est remplacé par des matchs de théâtre d'improvisation. Ces derniers accèdent rapidement au rang de sport national *bis*.

Leur principe est presque entièrement calqué sur le modèle du hockey sur glace. Aux traditionnels crosses et palet se substituent des joutes verbales entre deux équipes mixtes de cinq ou six joueurs en survêtements et dossards numérotés portant leur nom. Chaque formation a son capitaine et son coach, le match se déroulant sous l'autorité d'un arbitre et de deux assesseurs, vêtus tous trois comme il se doit d'une tenue zébrée. Un maître de cérémonie tiré à quatre épingles, cumulant les fonctions de présentateur et d'animateur, préside au bon déroulement de la soirée. À ses côtés, un pianiste se charge de chauffer l'ambiance en exerçant son sens du swing entre les parties d'impro au cours desquelles les acteurs donnent libre cours à leur inspiration, à partir des thèmes tirés au sort par l'arbitre, sur une patinoire… sans glace, de seulement six mètres carrés !

Tous les rites d'une compétition sportive sont de la fête : la séance d'échauffement, la présentation solennelle, par le maître de cérémonie, des équipes, qui entonnent chacune à leur tour l'hymne portant ses couleurs. Puis l'arbitre, chronomètre en main, annonce les thèmes et indique la durée impartie à chaque prestation. Les joueurs s'élancent dans la patinoire après s'être rapidement concertés sur la teneur de leur sketch, à voix basse. Puis, sous le regard acéré de leur coach, ils improvisent tour à tour sur les situations les plus diverses, de la comédie à la tragédie, inventant tirades ou pantomimes, se glissant dans le costume du roi ou du bouffon, s'exerçant à toutes les formes d'expression : chant, danse, mime, etc., créant le temps de quelques minutes, parfois une poignée de secondes, un spectacle complet avec mise en scène, scénario et dialogues. Bref, un véritable affrontement physique et cérébral oppose les deux équipes face à un public qui a lui aussi son rôle.

Entre chaque partie, les spectateurs sont invités par l'arbitre à voter à main levée pour leur équipe préférée. En outre, lorsqu'une scène leur déplaît ou les ennuie, ou s'ils désapprouvent une décision de l'arbitre, ils disposent d'un droit discrétionnaire : celui de lancer une pantoufle sur la patinoire en signe de mécontentement, à la manière du public canadien de hockey, qui balance sur les protagonistes ses protège-chaussures boueux par temps de neige. En France, les innocents projectiles sont distribués gracieusement par les organisateurs à l'entrée de la salle avant le début des hostilités.

Fort de son immense succès populaire sur sa terre natale, le théâtre d'impro s'exporte en France, mais aussi en Belgique, Italie, Suisse, Irlande, Espagne, Maroc, etc. Or, à Trappes, le champion, la star des patinoires sans glace, celui qui collectionne les étoiles décernées aux meilleurs improvisateurs à la fin de chaque match, est désormais ce petit Maghrébin aux yeux pétillants. Il est la grande gueule issue des cités, celui qui, toujours, s'arrange pour avoir le dernier mot. Celui qui a sa main droite dans sa poche, mais pas sa langue : un certain Jamel Debbouze.

Un vrai « kif » pour l'enfant de Trappes. Il voit d'abord l'impro comme un jeu. Pas de texte à apprendre, aucune contrainte apparente, on s'exprime comme on veut, bref, c'est l'exutoire idéal pour se lâcher en pratiquant son sport favori : la tchatche. Il peut continuer à se singulariser, « ramener sa fraise » sur une autre scène que les cours de récré et les cages d'escalier, où il se fait rabrouer par les adultes de tout poil, instituteurs, professeurs, gardiens de square, locataires, etc. Grâce à cette discipline révolutionnaire, il va pouvoir enfin s'éclater en toute impunité.

Accro à l'impro, Jamel ne rate aucun atelier, participant à tous les stages, présent à tous les rendez-vous. Il arrive souvent le premier, repart le dernier. Il prend la mesure de l'espace de la patinoire, s'insère dans toutes les situations, apprend à écouter pour mieux répliquer, à utiliser les chuchotements, à se servir des silences. Durant les cours hebdomadaires donnés à l'Aquarium, il s'impose dans tous les sketches et devient la locomotive de la discipline. Sa présence donne un nouvel attrait aux activités extrascolaires : assister aux rencontres d'impro à Courbet devient un spectacle à ne pas rater et fait découvrir un nouvel horizon aux potaches. La responsable du cours, la prof de français Marie-Annick Le Faou, qui seconde Papy, découvre grâce à l'impro une autre voie pour intéresser les élèves au théâtre. Quand elle est retenue par sa classe, c'est Jamel qui vient lui demander la clé de la salle d'entraînement où s'engouffrent les joueurs impatients. Lors des matchs, à peine entré en scène, avant même d'avoir prononcé le moindre mot, il est acclamé par toute l'assistance qui tend des cartons aux couleurs de son maillot vert. Capitaine de l'équipe de Courbet, il gagne toutes les compétitions, coupes et trophées s'accumulent dans le bureau de la principale, Jacqueline Boitel ; l'établissement remporte d'ailleurs le tournoi intercollèges 1990 de Trappes, à la salle Jean-Baptiste-Clément du quartier des Merisiers. Devant 600 jeunes qui lui font un triomphe, Jamel reçoit la première étoile, celle attribuée au meilleur improvisateur.

Il mesure très vite le pouvoir qu'il peut exercer et y prend goût, à tel point qu'il faut freiner ses ardeurs pour que partenaires et adversaires ne se trouvent pas réduits au rôle de plantes vertes. Il devient tellement envahissant que Marie-Annick Le Faou n'a d'autre recours que lui imposer de temps en temps le banc de touche afin de permettre à ses petits camarades de s'exprimer. Mais la trêve est toujours de courte durée, Jamel ne tient pas en place, il sait qu'il a entre les mains une arme de séduction redoutable qui lui permet d'assurer son ascendant sur les autres élèves, en particulier les filles, très émoustillées par son magnétisme. Les plus belles rivalisent pour porter son cartable. Il choisit de préférence de grandes blondes aux yeux bleus… Mais s'il a pris de l'assurance vis-à-vis des copines, il éprouve encore une certaine timidité à l'égard de Marie-Annick Le Faou dont le look rock'n'roll ne le laisse pas insensible : elle se rend au collège serrée dans une tenue de cuir, au guidon de sa superbe Yamaha 500. Déjà en classe de sixième, un soir à la fin des cours, après avoir attendu patiemment que tous les élèves soient partis, Jamel s'était avancé timidement vers elle et avait osé lui demander : « Dis, Madame, c'est quoi la marque de ta moto ?… »

10

Norah

Le soir après l'école, les mercredis et samedis, on voit souvent Jamel rôder au pied d'un immeuble en face de la rue du Moulin-de-la-Galette. Au square Henri-Wallon, un appartement en rez-de-chaussée accueille les ados autour d'une jeune animatrice d'origine algérienne, diplômée d'État (BAFA et BAFD[1]), tombée amoureuse de Trappes, un jour de 1991 où elle y a découvert l'ambiance populaire et méditerranéenne du marché. Elle s'appelle Norah Feïa. Une beauté. Un charisme capable de faire marcher au pas les plus effrontés. Une grâce de princesse orientale, un physique qui suscite tous les fantasmes, un regard franc et direct qui transperce les âmes juvéniles. De Henri-Wallon à Jean-Macé, de Yves-Farge à Albert-Camus en passant par la Commune de Paris, beaucoup de jeunes sont fous d'elle. Mais aucun n'ose l'aborder. Le mot d'ordre qui court est : respect.

On se bouscule à Henri-Wallon, Jamel en tête – alors qu'il ne fait pas partie du quartier. Les gamins du square tentent de le chasser, Norah s'y oppose. Son objectif : « décloisonner », supprimer les clans qui se forment spontanément autour d'un même immeuble pour générer ce que certains appellent déjà ici des « gangs ». Non sans une certaine délectation, Norah joue avec le feu : « Pendant trois ans, ils m'ont fait la misère, m'ont cassé ma

1. Brevet d'aptitude à la fonction d'animateur, brevet d'aptitude à la fonction de direction.

voiture, etc. J'ai vu presque tous les animateurs craquer autour de moi… Mais je ne voulais pas me laisser dicter la loi par une minorité de sales gosses. »

Norah refuse la peur. Elle ne se laisse pas intimider quand certains grands lui déconseillent formellement d'emmener les plus jeunes à une soirée à but humanitaire, organisée à la salle des Gâtines, à Plaisir, par des étudiants de la fac de Saint-Quentin en partenariat avec McDonald's. Ce rendez-vous, lui expliquent-ils, est le prétexte à un règlement de comptes entre bandes rivales. Mais Jamel, émoustillé par l'odeur de la poudre, insiste pour y participer. Norah est partante. Ils embarquent à huit en minibus et le trublion Debbouze transforme le trajet en une partie de fou rire. À l'arrivée, changement de ton : les grands se font face, armés de battes de baseball et de carabines, dans une ambiance à couper au couteau. Une étincelle suffit pour déclencher les hostilités : l'un fauche le béret « Kangol » de l'autre et c'est la bagarre générale. Une violence inouïe. Norah ne peut s'empêcher de trembler pour ses protégés : « La peur de ma vie. Tout le monde donnait des coups, cognait sans savoir pourquoi. Je ne cessais de hurler : "Arrêtez ! arrêtez !" J'ai demandé aux belligérants de se montrer responsables vis-à-vis de leurs petits frères, lesquels ne voulaient pas se priver d'un tel spectacle, certains surexcités et prêts à en découdre. » Les aînés finissent par se ranger aux injonctions de la grande sœur, ordonnant aux « petits » de rentrer. Sur le chemin du retour, dans le minibus, Jamel jubile : il raconte la bataille à sa façon devant un public hilare.

Tous les raouts ne sont pas d'une telle violence. Certains frôlent même le bon chic bon genre, ainsi le défilé de mode organisé lors de la première « Soirée jeunes diplômés », consacrée aux étudiants fraîchement titulaires de licences, maîtrises et souvent plus encore. Car à Trappes il y a aussi des « bûcheurs », qui accèdent brillamment aux plus hauts grades universitaires. Jamel, lui, a d'autres cordes à son arc, et trouve dans cette soirée organisée à la salle Jean-Baptiste-Clément l'occasion rêvée d'exhiber une fois de plus ses talents d'humoriste. Il est d'autant plus motivé que la reine de la fête, une styliste qui présente ses dernières créations de mode, n'est autre que sa cousine Rabia. Sous la houlette de Norah, les préparatifs de la soirée, avec repas-spectacle et distribution de livres aux lauréats, sont l'œuvre de tout le quartier, tandis que Rabia confectionne en secret les tenues qu'elle fera porter à une vingtaine de jeunes couples, mannequins amateurs qui s'initient à l'art de défiler sur un podium. Jamel travaille d'arrache-pied sur ses sketches. Le jour J, il fait sensation, autant quand il vient féliciter sa cousine en lui troussant un compliment accompagné d'un énorme bouquet de fleurs que lorsqu'il monte à son tour sur l'estrade pour égrener ses dernières chroniques de la cité.

Car nul Trappiste digne de ce nom n'ignore que Jamel « vampirise » déjà la vie de ses concitoyens pour en faire la substantifique moelle de ses sketches. Certains, comme son copain Moussa, ne sont pas près d'oublier le spectacle de la fête du square de la Commune, organisée par les habitants du quartier, quand Jamel se met à caricaturer sa mère – celle de Moussa. Ce dernier réagit avec fureur : « Il ose parler de ma mère ! Il a pas le droit de me faire ça, le bâtard ! Je vais le tuer ! Je vais le tuer !... » Il faut toute la force de persuasion de Norah pour empêcher Moussa de rejoindre Jamel sur scène afin de lui remonter ses bretelles de bouffon.

Une équipe de télévision vient effectuer à Trappes un reportage qui doit s'inscrire dans le programme de FR3 « La Marche du siècle », animé par Jean-Marie Cavada sur le thème : « Parlons franc, la langue française est-elle menacée ? ». Norah et Jamel sont interviewés sur le langage des banlieues. Quelques jours plus tard, ils sont invités à se joindre au public de l'émission, dont le plateau réunit quelques distingués ambassadeurs de la langue française : Catherine Tasca, secrétaire d'État à la francophonie, l'académicien Jean Dutour, l'écrivain argentin de langue française Hector Bianciotti, le rappeur littéraire M. C. Solaar, le dramaturge et poète francophone congolais Sony Labou Tansi. Le présentateur a également convié, pour la touche glamour, la comédienne et chanteuse québécoise Carole Laure. Jamel est dans tous ses états à l'idée de paraître sur le petit écran. Mais lorsque la placeuse le relègue au troisième rang du public, il est consterné. Il crise, trépigne en vain comme un môme capricieux, pour être au premier rang. Norah a toutes les peines du monde à le calmer. Mais son ire est à son comble lorsque l'émission s'achève sans que le sujet sur Trappes soit présenté, faute de temps. Quand Jean-Marie Cavada lance le générique de fin, il se précipite bouillonnant sur le plateau, où il se retrouve nez à nez avec Carole Laure, et oublie aussitôt sa colère. Sans complexe, le gamin de Trappes alpague la star et se lance dans un fumeux boniment. Carole est hilare. Et tout autour, on se demande : quel est donc ce drôle de petit bonhomme qui parvient à retenir si longtemps l'attention de la compagne de Lewis Furey ?

11

Steinbeck

Jamel a une réputation de charmeur. Il voudrait l'être. Mais il est surtout un sacré baratineur. Les filles, d'abord il les fait rire, c'est déjà cela de gagné, une partie du chemin parcouru. Après, c'est plus difficile, surtout lorsque l'on vise celles qui ont conscience de leurs atouts. Mais sa popularité grandissante dans la cité lui épargne la misère sexuelle qui affecte les jeunes des banlieues. Il sait qu'il y a des tournantes au fond des caves, des situations sordides et pathétiques. Un désespoir proscrit. Sa « première fois », cela se passe entre deux étages sur les marches d'une cage d'escalier, seul avec sa conquête, dans une intimité battue par les courants d'air. Il reconnaîtrait le bâtiment. « Les filles de la cité, il n'était pas possible de leur parler à cause des grands frères. Moi, je donnais de préférence des rendez-vous très loin, dans la forêt. Et encore, elles ne venaient pas à chaque fois. Heureusement qu'il y a eu le collège, et qu'il fallait y séduire. J'étais plus que jamais en représentation. »

L'année suivante, en troisième, le professeur principal de la classe, Sylviane Ahr, décide de monter un spectacle tiré du roman de John Steinbeck, *Des souris et des hommes*, que Marie-Annick Le Faou leur a fait découvrir en classe de quatrième. Les élèves sont impressionnés par cette histoire racontant la dérive de deux ouvriers agricoles itinérants et sans le sou, Lennie et George, à la poursuite d'un rêve que leur condition sociale rend impossible : posséder une petite ferme. Lennie est un colosse écervelé mais d'une bonté immense, une force de la nature poussée par des pulsions primitives et destructrices, alors que George, gringalet d'une intelligence très vive, s'acharne à le maintenir sur le bon chemin.

Sylviane Ahr propose aux élèves de concevoir leur propre adaptation du roman à la scène : « J'avais là un projet pédagogique en or pour tenir en haleine des élèves rebelles à l'enseignement traditionnel de la grammaire et de l'orthographe, d'autant que cette classe d'ados en difficulté bénéficiait d'un horaire élargi à deux heures supplémentaires par semaine. Jamel, qui ne figurait pas parmi les mieux lotis, loin s'en faut, m'a signalé d'emblée son handicap. Il essayait péniblement d'écrire de la main gauche à la suite de son accident, mais manifestait une sensibilité très littéraire malgré ses énormes lacunes. »

Au moment de la distribution des rôles, celui de George, chétif et futé, revient à Jamel Debbouze, le cancre de la classe, tandis que celui de Lennie, géant simple d'esprit, échoue à Philippe Dos Santos, l'élève le plus brillant. Autant le cancre se montre extraverti, autant l'élève le plus brillant s'efforce de vaincre sa timidité.

À leurs côtés, toute la classe participe à la répartition des autres rôles, à la réalisation des décors confectionnés durant les cours d'art plastique sur les conseils du prof de dessin, à la création des costumes, au choix des morceaux de musique. Les répétitions sont organisées dans la salle de réfectoire. En dépit de ses retards perpétuels et de ses absences régulières, Jamel fait preuve d'une étonnante faculté à mémoriser : il connaît son texte sur le bout des doigts. Il exprime dans son rôle sa propre personnalité, constate Sylviane Ahr : « Un dur extérieurement, et un tendre qui se cache. » Le travail collectif se révèle très prometteur et la représentation prévue pour la fête de fin d'année scolaire s'annonce sous les meilleurs auspices. Sylviane Ahr a en effet réservé le théâtre du nouveau centre culturel de la Merise… Cependant, durant les vacances de Pâques, un événement vient contrarier le projet. La visite d'un groupe de collégiens allemands, dans le cadre d'un échange culturel, sert de prétexte à une bande de casseurs pour saccager la salle de réception. Il n'en faut pas plus pour que la principale du collège, Jacqueline Boitel, interdise toute manifestation scolaire au sein et en dehors de l'établissement. Mais Sylviane Ahr et sa classe décident de maintenir la représentation. Celle-ci est donnée dans la cantine, à huis clos, devant une poignée d'enseignants, et filmée par un Caméscope. Sur la musique du film *Le Professionnel*, la scène finale où George est obligé de tuer son ami Lennie est si émouvante que les larmes coulent sur les visages des rares spectateurs. Et sur celui de Sylviane Ahr : « Chaque fois que j'entends cette musique, j'ai devant moi Jamel et Philippe... »

De ces huit mois de travail et de folles espérances, il ne reste rien, sinon un enregistrement indéchiffrable, car le Caméscope n'a pas tenu son rôle.

12

Naïma

Papy sélectionne dans les collèges et lycées de Trappes les meilleurs éléments pour monter une équipe afin de représenter la ville au championnat de France juniors 1991 de théâtre d'improvisation, à Marcq-en-Barœul, banlieue résidentielle de Lille. À Gustave-Courbet, il choisit un seul élément, Jamel Debbouze, auquel il joint quatre lycéens et un autre collégien. L'heureux élu, bien qu'étant le plus jeune, a le grade de capitaine. Galvanisés par leur meneur, les Trappistes cartonnent et s'assurent une place de favoris en demi-finale, contre les joueurs locaux de Marcq-en-Barœul. Devant une assistance survoltée de plusieurs centaines de Nordistes, la *dream team* des Yvelines réussit à conquérir le public. Mais pour des raisons de bienséance la victoire est donnée aux autochtones. Tollé dans la salle. Plusieurs spectateurs se lèvent pour crier au scandale, ce qui donne à Jamel l'occasion de se lancer dans sa plus belle impro de la soirée. Empoignant le micro, il se plante au milieu de la patinoire et s'exclame : « *Inch' Allah*, comme on dit chez nous, sur la vie de ma mère, c'est pas grave, c'est le jeu ! Il faut respecter la décision de l'arbitrage, règle d'or de chaque match. Nous autres Trappistes passons aujourd'hui à la trappe, mais nous nous inclinons et saluons bien bas nos hôtes de marque… en Barœul ! » Ce disant, il s'incline face aux vainqueurs, pose un genou à terre et tire sa révérence.

Alors qu'un grand sourire irradie son visage, intérieurement Jamel est fou de rage face à l'injustice de cette défaite, qui lui vole la finale contre Tours. Il se console en recueillant une *standing ovation* à faire s'écrouler les gradins. Ravalant sa colère, le petit prodige de tout juste quinze ans manifeste un sang-froid de vieux briscard face à une décision arbitraire. En maniant l'art du fair-play dans le style grand seigneur, il gagne encore plus de prestige que s'il avait été déclaré vainqueur à la tête de son équipe. C'est ce que Papy appelle « avoir le sens du public ».

Le théâtre d'improvisation renverse les barrières sociales et culturelles. Au retour des championnats juniors, Jamel se sent l'égal de ses coéquipiers « gaulois » (terme adopté par les enfants issus de familles immigrées pour désigner les Français de souche), tous plus âgés que lui, dix-sept ou dix-huit ans, brillants dans leurs études, d'un milieu social plus aisé, dont l'approche lui semblait inaccessible. Ces jeunes gens dits de bonne famille le considèrent comme l'un des leurs. On ne le juge plus sur son âge, son handicap physique ou ses origines maghrébines, mais sur ses qualités artistiques. « Pour la première fois de ma vie, j'étais accepté, reconnu quelque part. On ne me disait plus : “Casse-toi l'Arabe ! Interdit ! Touche pas ! Arrête ! Non !” Mais : “Bienvenue, bravo, continue ! Tu reviens quand ?” J'avais enfin une place, j'étais valorisé, donc motivé. » Jamel entend prononcer des mots que même son père n'a jamais su lui dire : « Mon gars, ce que tu as fait là, c'est bien ! »

Il voit les adultes s'intéresser à lui. Il use de son charisme pour les aimanter. En quelques instants, il a le don d'attirer leur attention et de se rendre indispensable. Il ratisse large, et sur tous les registres. Dans le regard intrigué des femmes, il peut lire un mélange de tendresse et d'amusement. Les comédiennes d'une délégation de quatre artistes marocains, qui viennent à Trappes à l'invitation de Rachid Benzine et d'Issue de secours, dans le cadre d'échanges culturels entre le royaume chérifien et le théâtre d'improvisation des Yvelines, posent des yeux de Chimène sur le jeune Beur. Parmi eux, une star que le hasard envoie auprès de Jamel comme un don du ciel : l'actrice Naïma Lemcherqui.

Le public français l'a prise en affection depuis son apparition dans une série télévisée qui fait un tabac sur M6 et dont elle est la vedette : *La Famille Ramdam*. Durant plusieurs mois, ce feuilleton, qui raconte les tribulations quotidiennes de Nejma, mère maghrébine, et de ses enfants beurs, a battu des records d'audience par-delà toutes les barrières sociales. Son succès dans ce rôle lui vaut à deux reprises le titre de « Maman de l'année » au Maroc. Mais alors qu'elle est sollicitée de toutes parts et qu'une carrière internationale s'ouvre devant elle, Naïma a décidé de limiter ses ambitions à son pays pour calmer les inquiétudes de son entourage face à l'actualité : l'Irak vient d'envahir le Koweït, l'Amérique commence à diaboliser les Arabes, la mère de l'actrice craint pour sa fille au contact des Occidentaux. Naïma accepte néanmoins de jouer les ambassadrices en allant jusqu'à Trappes, à la rencontre d'artistes de la banlieue parisienne. Elle débarque accompagnée de son mari, le cinéaste Abderrahmane Khayat, diplômé de l'IDHEC, du comédien Aziz Saadalla et de la comédienne Khadija Assad, quand un galopin vient soudain l'éblouir comme une apparition surnaturelle. Au milieu des grands, il fait figure d'un gamin d'à peine douze ans, tellement fragile avec son bras mort qui le rend attendrissant, mais si fascinant par sa « grâce » : cette vertu parcimonieuse se refuse à tant de grands acteurs que Naïma connaît bien, mais se donne à un enfant. Et ce jour-là, à Trappes, son beau visage ovale de madone s'illumine. Comme si elle faisait la rencontre du Petit Prince :

« C'était un gamin au regard incroyablement intelligent, qui avait l'air très chétif. Sa croissance n'était peut-être pas terminée, sans doute freinée à cause de son accident de train. Mais il dégageait une aura qui effaçait sa faiblesse physique. Il était lumineux, il irradiait comme un être à part et j'ai ressenti immédiatement l'envie de le prendre dans mes bras comme s'il avait été mon fils. Puis, en le voyant donner la réplique, au milieu de la patinoire, avec cette justesse de ton, ce sens de l'à-propos, cette drôlerie, cet aplomb si percutant qu'il faisait oublier la présence des autres, j'ai été bouleversée. Dès cet instant, j'ai cru en lui, et je n'avais plus qu'une idée : le pousser, le pousser comme s'il était sorti de mes entrailles. J'étais décidée à parler de lui chaque fois que j'en aurais l'occasion. Moi qui ai beaucoup souffert pour faire carrière, en voyant cet être si vulnérable je me suis promis de l'aider de toutes mes forces. »

Depuis cette rencontre, une fée veille sur le destin de Jamel. Naïma Lemcherqui devient sa marraine pour le guider dans sa carrière. Elle signe un pacte moral avec Papy pour assurer l'avenir de l'enfant prodige. Sans s'en rendre compte, l'adolescent glisse dans le monde des adultes. Il brûle les étapes et se retrouve très vite à jouer dans la cour des grands, dans l'équipe senior constituée par Papy pour participer aux championnats du monde, les Neauphlards, champions des Yvelines sept années d'affilée. Au sein de cette formation d'élite, Jamel trouve une professeure agrégée de français qui enseigne au collège Youri-Gagarine de Trappes, Marie-Pierre Degois, l'épouse de Papy ; un professeur agrégé de dessin, un fils de chef d'entreprise du Mesnil-Saint-Denis, etc. Ces militants du monde associatif se font plaisir dans le spectacle d'improvisation en compagnie d'étudiants qui s'apprêtent à faire carrière dans le spectacle (Frédéric-Jean Dupeux, Sylvain Backmann ainsi que le chanteur et guitariste Stéphane Sanseverino). Jamel est la mascotte de la troupe. Il répète désormais avec eux en fin de journée, dans la cuisine de Marie-Pierre et Alain Degois. C'est dans cette même cuisine que Marie-Pierre décide un soir, pour s'amuser, de leur faire faire une dictée. À leur grande stupeur, Jamel rend la meilleure copie. « Vous, les franco-français, vous êtes des nuls, plastronne-t-il. Vous avez dix ans de plus que moi, et je suis plus fort que vous, j'y crois pas ! »

Jamel effectue à leurs côtés ses premiers pas au niveau international. Lors des championnats du monde organisés par Papy à Trappes, en 1991, les Neauphlards rencontrent les équipes d'Irlande, de Suisse, du Maroc, de Belgique et du Québec. L'année suivante, ils se rendent tous ensemble au Championnat international amateur d'improvisation théâtrale qui réunit, en juillet 1992, à Montréal, sur la terre des pionniers, les meilleurs joueurs mondiaux.

13

Voyages

Pour la première fois Jamel prend l'avion et découvre le continent américain. Le petit banlieusard, fasciné par la mégalopole canadienne, se perd dans le labyrinthe des supermarchés souterrains ouverts vingt-quatre heures sur vingt-quatre. Il essaie tous les fast-food, se gave de hamburgers au sirop d'érable et s'offre même une indigestion de salades, qu'il soigne chez la famille qui l'héberge, dans le quartier populaire de Sainte-Catherine. Mais il faut être en forme, et même très affûté, car tous les soirs il y a match. Il s'entraîne dans la rue, et même dans les transports en commun. Voyant deux jolies filles debout dans le bus, il se lève et se dirige vers l'une d'elles: «Bonjour, je m'appelle Jamel, je pourrais te faire le plan: j' t'invite au restau, on boit un verre, c'est romantique... Non, je vais gagner du temps et de l'argent: tu baises?» L'importunée demoiselle est pétrifiée comme s'il s'était mis à nu devant elle. Mais, alors que n'importe quel insolent du même genre se serait pris une mandale, elle éclate de rire. Et c'est aussitôt l'hilarité générale dans le bus.

Au contact des meilleurs joueurs du monde, notamment le Québécois Réal Bossé, il découvre les qualités requises par la discipline: un «mental» très fort, de la rigueur, une écoute de l'autre, et surtout la confiance en soi qui prime sur le talent. En résumé, lui dit-on: quatre-vingts pour cent de mental et vingt pour cent de talent. Il apprend à travailler l'ego d'où émerge le charisme, indispensable pour faire trembler la patinoire. Jamel puise au plus profond de lui-même une vigueur tellurique telle qu'un beau matin, en prenant sa douche, il s'aperçoit qu'il est capable de faire bouger légèrement son bras droit. Fou de joie, il se précipite au-devant de Papy pour lui annoncer la bonne nouvelle. Après avoir subi sept interventions chirurgicales et suivi un an et demi de rééducation, il décide de ne plus jamais passer sur la table d'opération et d'oublier définitivement son handicap. Il en a trop vu, « des mecs vraiment cassés avec des broches partout, qui avaient besoin de cinq personnes pour se déplacer alors que, moi, j'avais juste une écharpe qui entourait mon bras. C'est là qu'on se dit : il y a toujours pire que soi, ne te plains pas, ferme-la et avance ». Jamel prend la résolution de trouver dans son bras invalide un surcroît de vitalité qui le rend aussi fort que les autres, sinon plus. Son infirmité le pousse à se dépasser. Il cache dans sa poche une réserve d'énergie et d'inspiration, il caresse un potentiel de puissance. Ce qui ne vous tue pas vous rend plus fort, dit-on. Un Jamel au mental transformé débarque du Canada. Il revient avec une énorme confiance en lui. Et avec un nouveau trophée : l'équipe de Trappes accède à la troisième marche du podium, derrière les deux équipes stars du Québec.

En cet été 92, à Trappes, deux hommes attendent avec impatience le retour de Papy et de Jamel du Canada : Rachid Benzine et Mouloud Ioulain. Ces derniers viennent de boucler leurs valises pour participer à un grand projet : un échange culturel avec le Maroc sur le thème de l'improvisation théâtrale, au gré d'une tournée de deux semaines de l'autre côté de la Méditerranée. Une mission ambitieuse préparée avec l'aide de la municipalité (l'ACT : Action culturelle de Trappes), de la fondation Hassan II pour les Marocains résidant à l'étranger, et la participation financière du conseil général des Yvelines. Objectif : consolider les liens entre Marocains et Franco-Marocains grâce à l'improvisation théâtrale « en encourageant un processus de distribution du dialogue et de la parole dans la société du royaume chérifien ». Telle est la grande idée de Rachid Benzine, cheville ouvrière de l'opération.

Ce jeune Franco-Marocain de vingt-deux ans, natif de Kénitra, brillant étudiant en économie, enseigne sa discipline au lycée Plaine-de-Neauphle de Trappes. Arrivé en France à l'âge de sept ans, il est le sixième d'une fratrie de neuf enfants. La famille Benzine s'est installée dans une HLM du quartier Plaine-de-Neauphle, non loin des Merisiers, au square Louis-Pergaud. Môme de Trappes et fier de l'être, ce grand gaillard de plus d'un mètre quatre-vingt-dix, de solide envergure tant physique qu'intellectuelle, s'implique avec enthousiasme dans la vie de sa cité. Il fonde en 1985, durant ses années de lycée, l'association Issue de secours à l'intention des copains des quartiers qui ne disposent pas d'un lieu style MJC, pour se retrouver en dehors des heures de classe. Il obtient de la municipalité la mise à disposition d'un petit local, sorte de club ouvert à tous, dans quelques mètres carrés d'un immeuble du square George-Sand. Diverses activités y sont proposées à l'intention des jeunes : aide aux devoirs, entraînement de foot, de *full contact*, et bien sûr les fameuses boums à deux francs l'entrée. Grâce à son travail de terrain et à son dévouement, le jeune Rachid devient une figure de Trappes : lorsque la mairie menace de retirer son local à Issue de secours, il organise un *sit-in* collectif à l'hôtel de ville et parvient à obtenir des édiles un autre lieu plus vaste et plus confortable. Sa route croise tout naturellement celle d'un autre Trappiste engagé dans l'action culturelle et sociale : Papy lui fait découvrir le théâtre d'improvisation où il reconnaît le petit Jamel, son camarade de jeu de la piscine Léo-Lagrange, il y a près de dix ans déjà...

Afin de compléter l'équipage en partance vers les rives de la Méditerranée, Rachid Benzine et Alain Degois choisissent Mouloud Ioulain comme maître de cérémonie. Outre sa vaste expérience du théâtre d'improvisation, cet homme de terrain aux solides épaules, âgé de trente-six ans, dynamique et pragmatique, est arabophone, ce qui lui permet d'assurer la communication bilingue des représentations. Originaire de Tililit, village de montagne de Grande Kabylie en Algérie, Mouloud est arrivé en France en 1962. Aîné d'une famille de huit enfants, il a grandi avec ses frères et sœurs – son plus jeune frère a vingt-cinq ans de moins que lui –

dans un quartier réputé difficile de la commune de La Verrière (Yvelines), la cité du Bois-de-l'Étang. Le quotidien y est âpre et, dès l'adolescence, le jeune Berbère se sent irrésistiblement attiré vers les arts martiaux et leur philosophie. Très doué pour le karaté, il dispute des championnats au plus haut niveau sous les couleurs de son pays natal. Vers la fin des années soixante-dix, il découvre le théâtre de l'Unité, s'intéresse de près au travail de Livchine et de Lafond sur la manière de démocratiser l'art dramatique en le faisant sillonner les rues. Après une formation d'éducateur, il prend en main la MJC de Guyancourt, où il continue d'enseigner le karaté tout en le mâtinant d'influences théâtrales. Avec Alain Degois et Olivier Lecoq, il devient l'un des piliers du théâtre d'improvisation dans les Yvelines, tout en s'engageant corps et âme dans l'aide aux familles d'immigrés : alphabétisation, soutien scolaire, recrutement de « grands frères » pour remettre dans le droit chemin les gamins désœuvrés. Son autorité morale et son sens des responsabilités en font un homme indispensable pour l'encadrement de l'expédition au Maroc.

Le voyage a été minutieusement préparé par l'Action culturelle de Trappes et la Ligue du théâtre d'improvisation, qui en assurent la logistique, l'organisation technique, la gestion humaine, etc. Un car de cinquante places a été affrété pour l'équipe d'impro, mais aussi l'orchestre (le groupe de musique orientale de Abdi Benzine, frère de Rachid) prévu pour l'accompagner dans les soirées – animées également par l'humoriste Hocine Slimane. Accrochée au car, une remorque emporte la patinoire et la quasi-totalité du matériel d'éclairage et de sono nécessaire pour monter cinq ou six spectacles. Le convoi doit conduire artistes, animateurs, techniciens et équipement à travers toute la France jusqu'au col du Perthus, ensuite traverser l'Espagne avant de franchir la Méditerranée à Algésiras. Destination : Ceuta, Mohamedia, Fès, Ifrane… Et enfin Rabat, où la troupe est attendue par l'Institut d'art dramatique de la capitale, avant d'être présentée aux autorités marocaines.

14

L'expédition marocaine

Dans l'autocar plein comme un œuf, l'ambiance est à la fête dès les premiers kilomètres. Jamel, qui a eu tout juste le temps d'embrasser sa mère à son retour de Montréal, raconte à sa manière ses tribulations au Québec. Il fait le spectacle et transforme le bus en patinoire. Mais la route est longue dans une France surchauffée et encombrée du mois d'août, d'autant qu'une grève nationale des poids lourds bloque les principaux axes. Les conditions ne s'améliorent guère en se rapprochant du sud de la péninsule Ibérique, asphyxiée par la chaleur et les embouteillages de l'été. Une autre grève, cette fois celle des ferries, rend la situation encore plus difficile. Le groupe doit passer plusieurs nuits à l'intérieur du car, quelques-uns préférant bivouaquer dessous pour pouvoir s'allonger. Après quatre jours de pérégrinations mouvementées, il débarque enfin sur le continent africain, où la température est torride.

Mais l'équipe n'est pas au bout de ses surprises. Dès la première étape, l'organisation locale s'avère désastreuse. Il faut dénicher des lieux d'hébergement, car le confort spartiate de la résidence universitaire prévue ne convient pas à certains adultes, qui haussent le ton et exigent des chambres d'hôtel de standing. Il faut aussi recruter à chaque halte une sentinelle qui s'installe sur un tapis sous l'autocar, armée d'un bâton, pour surveiller le matériel.

La mise en place des représentations pose d'exaspérants problèmes techniques, notamment celui de jongler avec des transformateurs afin d'adapter le matériel aux 110 volts marocains. Cependant, alors que certains frôlent le « pétage des plombs », Jamel prend tout à la rigolade. Du moment qu'il peut jouer, il est aux anges et se moque pas mal des contingences. Ce qui n'est pas le cas de tout le monde. Un jeune Trappiste, cracheur de feu à ses heures, Éric Shaw, se fait refiler un combustible de qualité douteuse : intoxiqué, il est rapatrié d'urgence par le premier avion. Des jeunes Françaises, qui ont l'imprudence d'accepter une invitation chez des Marocains pour prendre le thé, s'aperçoivent que les intentions de ces derniers ne sont peut-être pas totalement innocentes. Heureusement Mouloud veille au grain, et il invite ces demoiselles à ne pas se dandiner en shorts et minijupes… Le comédien Sylvain Backman, l'un des pivots de l'équipe d'impro, doit rester cloué dans sa chambre d'hôtel à Fès, victime d'une *turista*. Pour couronner le tout, un Trappiste d'origine tunisienne, le comédien Ali Chedli, s'amusant un peu bruyamment de voir le portrait du roi Hassan II placardé dans tous les lieux publics, manque de se faire lyncher lorsqu'il demande, goguenard, pourquoi l'effigie ne figure pas également sur les paquets de cigarettes… Non content d'avoir frôlé le scandale politique, il récidive le lendemain en commandant ostensiblement dans un restaurant une tranche de jambon que le serveur lui refuse : « Toi, t'es arabe. Pas de porc pour les Arabes ! » Mais Ali ne lâche pas le morceau : sa voisine de table gauloise commande le jambon à sa place et il le dévore goulûment au nez et à la barbe du personnel…

Mais ces péripéties ne sont que broutilles à côté de l'angoisse permanente des organisateurs : retrouver chaque jour Jamel. « On cherchait Jamel, on attendait Jamel, la plus grosse partie de nos efforts consistait à mettre la main sur Jamel… » Pendant ce temps-là, l'enfant prodige s'évapore dans une nature qu'il connaît mieux que ses compagnons de voyage, dans un pays où il cultive de multiples relations : cousins, cousines et autres membres de sa famille, artistes marocains rencontrés à Trappes, qu'il retrouve dans la maison de la comédienne Naïma Lemcherqui.

Même si Jamel arrive le plus souvent à la dernière minute, les matchs remportent un vif succès, le public est nombreux et enthousiaste, la tournée se termine par un triomphe lors du gala final organisé au palace Hyatt Regency de Rabat[1] avec, au premier rang, le président fondateur de l'association Sport-Insertion-Jeunes, un certain Khalid El Quandili, militant franco-marocain de la cause des jeunes immigrés chargé de mission auprès du gouvernement français, et Naïma Lemcherqui. Celle-ci présente Jamel au réalisateur franco-marocain Nabil Ayouch, qui cherche un acteur pour interpréter, à ses côtés, le rôle principal dans son premier court-métrage intitulé *Les Pierres bleues du désert*. La star marocaine pose une condition à sa participation au tournage : le nom de Jamel Debbouze sera placé en tête d'affiche, dans le rôle de son fils. « Seul le regard de Jamel peut aider à réussir le film », dit-elle à Nabil Ayouch.

Les Pierres bleues du désert... C'est comme un mirage : Jamel revient en France avec des images qui le dépassent, la tête lui tourne, il est dans les étoiles : on lui propose un rôle dans un film ! Se voit-il déjà star du grand écran avec son visage en gros plan, avec son nom en lettres géantes sur les Grands Boulevards ?

1. L'actuel hôtel Hilton.

15

Matisse

Cette tournée, qui se présentait comme une escapade de vacances sans conséquences, est en train de changer sa vie. À son retour à Trappes, Jamel raconte tout à ses potes des Merisiers, puis à sa famille. Rue du Moulin-de-la-Galette, sa mère et son père l'écoutent. Elle, Fatima, admirative, le regard mouillé de tendresse, remercierait bien le Ciel. Lui, Ahmed, prierait plutôt Allah pour qu'aucun des projets saugrenus de son fils ne se réalise. Il fronce les sourcils, l'œil noir, sous la moustache on ne devine aucun sourire. Non, Jamel ne fera pas l'acteur: «Un truc de drogué. Il ne faut pas toucher à ça ! lâche-t-il. Pas de saltimbanque dans la famille: les élucubrations du théâtre d'impro, c'est déjà bien assez. Jamel doit apprendre un métier. Il sera dans le commerce, il a le bagou pour ça.»

Durant les vacances, alors qu'il amusait la galerie au Canada puis faisait le zouave au Maroc, on s'est appliqué à récupérer le petit cancre du collège Gustave-Courbet pour lui assurer un avenir dans un lycée professionnel. Car le père se soucie de la réussite de son fils aîné. Il s'est toujours rendu assidûment aux rencontres avec les professeurs, même si Jamel estimait que ses parents étaient complètement largués lors des réunions pédagogiques. «Mon problème, c'est que j'ai été mal conseillé à l'école parce qu'il n'y avait personne derrière moi dans ma famille avec le bagage culturel pour m'orienter dans la bonne direction. En troisième, comme j'avais la tchatche, on m'a dit: toi, tu sais parler, tu seras vendeur. C'est vraiment idiot car moi j'adorais les explications de textes, les fiches de lecture. »

Alors que sa troisième vient en effet de s'achever de façon catastrophique, malgré des résultats honorables en français, le conseil d'orientation incite ses parents à l'inscrire en BEP (Brevet d'études professionnelles) au lycée professionnel de la rue de Montfort (rebaptisé lycée Henri-Matisse). À la rentrée de septembre 1992, Jamel intègre donc, parmi 650 élèves, l'une des deux sections intitulée « Vente action marchande », où se trouvent une trentaine d'autres garçons et seulement trois filles, tous naufragés du système scolaire. Leur unique horizon : « devenir, dans le meilleur des cas, chef de rayon en grande surface, se payer le costard C&A et rouler en Ford Escort XR3 », *dixit* Jamel lui-même.

Ils viennent de Trappes, mais aussi de La Verrière, de Maurepas, d'Élancourt ou de Guyancourt, certains en voiture, d'autres en bus ou à pied ; ils sont blacks d'origine africaine ou antillaise, d'autres maghrébins, mais il y a aussi des « Gaulois », tous embarqués dans la même galère au sein d'un établissement mal chauffé, en cours de rénovation, dans des classes abritées sous des bungalows préfabriqués, traversées par les courants d'air. Face à cette dure réalité, une solidarité les unit avec, chez certains, la volonté de décrocher un vrai job à la sortie. Mais Jamel, lui, s'en contrefiche, il a déjà choisi sa voie, il se sert du lycée pour s'entraîner dans la perspective de son seul rêve : devenir acteur.

Son professeur principal s'appelle Myriam Coutelle, une petite blonde à queue-de-cheval, tout juste vingt et un ans, « craquante » à souhait. C'est la prof de vente, et Jamel doit passer avec elle vingt heures par semaine. Dès le jour de la rentrée, il joue auprès d'elle les *escort boys* alors qu'elle invite la classe à visiter l'établissement :

– Vous êtes mariée ? Vous habitez chez vos parents ? Vous avez quel âge ?

– Ça ne vous regarde pas !

Arrivés en classe, les élèves subissent leur premier exercice écrit : remplir une fiche de renseignements. Au stylo à encre bleue, sur une feuille perforée de classeur, Jamel s'applique, d'une petite écriture serrée et soignée, sans aucune rature, à donner la meilleure image de lui-même :

1) Quelles sont vos motivations pour la vente ?
Mon oncle a une entreprise de marketing et de commerce international. De plus, j'aime les contacts.
2) Quelles sont les qualités d'un bon vendeur ?
Je pense qu'un vendeur doit être présentable, accueillant, gentil et courtois. Il doit bien connaître son produit pour pouvoir en parler aisément.
3) Souhaitez-vous poursuivre vos études après le BEP ?
Oui, jusqu'au plus haut niveau.
4) Quel métier envisagez-vous de faire ?
J'aimerais être comédien, mais si toutefois je n'y arrive pas, je serai agent en marketing.
5) Mes qualités
Je suis gentil avec les personnes qui le méritent et je suis franc, enfin, je le crois.
6) Mes défauts
Je suis timide et je ne parle pas beaucoup et je me laisse vite aller.
7) Mes loisirs
Le théâtre, l'improvisation théâtrale, les filles et la danse.
8) Mes problèmes
L'asthme et la paralysie du bras droit.
Fiche d'identité :
« Debbouze Jamel, né le 18/06/75, domicilié 19, rue du Moulin-de-la-Galette, 78190 Trappes, tél : 30751433.
Père : chef de groupe à la RATP
Mère : femme de ménage
J'ai trois frères et deux sœurs :

Mohamed, 2e année internat menuiserie; Karim, collège Courbet, en 5e; Hayat, collège Gagarine, en 6e; Rachid, primaire en CE1 ; Nawal, maternelle.
J'ai été au collège Gustave-Courbet en 3e générale. J'ai loupé le brevet des collèges.

Il vient d'en terminer avec sa deuxième page d'écriture et, pour souligner en rouge chaque question, il trace le trait en tenant son stylo dans la bouche. Myriam Coutelle sursaute : « Qu'est-ce que c'est que ces façons ! On arrête de faire l'andouille ! »

Au soir de cette dure journée de rentrée, la toute première de sa carrière, l'enseignante se plonge dans la lecture des fiches et découvre, à cet instant, que Jamel a pris le stylo entre ses dents car il ne peut se servir que d'un seul bras… Mais elle n'est pas au bout de ses surprises.

En classe, Jamel s'ingénie à contredire le portrait du parfait élève docile décrit dans sa fiche. Il prend l'habitude de s'installer carrément face à Myriam Coutelle, au pied de son bureau, pour la « mater » à loisir et lui lâcher un compliment qui devient rituel, sur le ton d'un slogan publicitaire très en vogue : « Vous, vous êtes une femme Barbara Gould ! » Ce qui ne l'empêche pas de se retourner à tout propos vers ses camarades pour faire le pitre.

– Tu ne devrais pas te retourner comme ça sans arrêt, tu risques d'attraper une scoliose ! s'exclame Myriam Coutelle.

– Un sco… quoi, M'dame ? demande Jamel.

– Une scoliose ! Tu vas avoir la colonne vertébrale déformée et tu risques d'avoir plus tard des problèmes de dos !

– La vérité, M'dame : jamais j'aurai ça ! Ma mère, ça fait des années qu'elle fait la danse du ventre, jamais elle n'a eu une sco, comme vous dites !

16

Cancre

L'élève Debbouze veut se distinguer de ses camarades de classe. Il s'applique à faire preuve de plus de maturité qu'eux, à se montrer plus sensé, à se rapprocher des adultes pour mieux se détacher de la masse des lycéens lambda, et il ne manque pas une occasion de préciser sur un ton limite bourgeois : « Moi, je viens des pavillons » (sous-entendu : pas de la « zone »). Il se démarque aussi par son élégance vestimentaire. Alors que la plupart des élèves sont plus ou moins débraillés, arborant jeans, survêtements, casquettes ou capuches de sweat-shirt, lui affiche un style du plus pur classicisme : pantalon au pli impeccable, chemise parfaitement repassée, gilet en maille à encolure en V fermé jusqu'au dernier bouton, laissant entrevoir soit une cravate sombre à pois blancs façon Gilbert Bécaud, soit un petit foulard. Difficile de faire plus BCBG... Il pousse au paroxysme, y compris dans le choix de ses sous-vêtements, sa volonté de se singulariser. Profitant d'une interrogation devant le tableau noir, il baisse son pantalon pour exhiber devant tous son caleçon de la marque branchée du moment, orné de petits cœurs rouges sur fond blanc. Une fantaisie qu'il s'autorise du haut de son statut de délégué de classe. Cette fonction lui permet d'exercer un ascendant sur ses camarades et il n'hésite pas à la détourner à sa manière sans qu'aucun y voie à redire. Tous le suivent au doigt et à l'œil.

Ce besoin d'être le point de mire de la collectivité s'exacerbe le jour où Myriam Coutelle organise une fête surprise pour l'anniversaire de Delphine Vasseur, sa collègue prof de droit et économie. Les élèves des deux sections de BEP Vente action marchande sont réunis dans une même salle de classe, aménagée en piste de danse. Une lycéenne est chargée de filmer l'événement. Quand Delphine fait son entrée, elle est au bras de Jamel qui se fait l'ambassadeur de tous les élèves et lui remet en leur nom une petite chaîne en argent. Reléguant au second plan les cinquante camarades qui doivent se contenter de faire tapisserie, la cinéaste en herbe n'a d'yeux que pour Jamel. Devant la caméra, Jamel offre le cadeau, Jamel invite Delphine Vasseur à danser, Jamel apostrophe les potaches, Jamel conte fleurette à Myriam Coutelle, Jamel choisit la musique, Jamel fixe l'objectif et monopolise l'attention, bref: Jamel jamellise…

Avant le début d'un cours de français, il mobilise la classe et distribue les rôles: toi tu feras le coq, toi la vache, toi le porc, toi l'âne, toi la poule, toi… etc. Toute la ferme y passe et le prof est accueilli par une immense fanfare agricole qui n'a rien à envier au *Carnaval des animaux*. Un autre jour, il profite du retard de l'enseignant pour simuler sur le bureau de celui-ci une scène de copulation avec un partenaire consentant choisi selon son humeur du moment. Car toute la classe se rend chaque fois complice de ses frasques. Il exploite la moindre situation pour se perfectionner dans l'art de l'improvisation. Lorsqu'en cours de vente on passe aux travaux pratiques, avec en guise d'exercice une négociation entre un vendeur et son acheteur, il joue le rôle du client mécontent et, d'arguments en insultes, finit par s'éloigner du sujet initial pour cracher à la figure de son interlocuteur… La classe exulte. Il a le don de manipuler tout le monde, y compris les enseignants qui, pour sauver la face, font mine d'être complices ou de ne rien voir. Il réussit même à faire croire à une prof qu'elle est malade. « Oh, dites donc, c'est quoi ces petites plaques sur votre front ? » Un matin, Jamel, particulièrement remonté, déboule dans la salle en s'exclamant: « Allez les gars, on retourne tout ! » Pas un seul élève ne résiste à l'injonction. Même le plus inhibé s'empare rageusement du pupitre du prof pour le renverser les pieds en l'air dans un grand fracas qui fait vibrer les cloisons en contreplaqué. À l'arrivée du « pédago », c'est la Berezina. Tout le monde est coupable, impossible de punir quiconque.

Les cours de français sont assurés par un enseignant qui est aussi champion de boxe thaïe et grand amateur d'armes, ce qui lui permet d'épater les élèves en cultivant auprès d'eux une image de Superman. Il suffit qu'une bagarre éclate aux abords du lycée pour qu'il se lance dans la démonstration de ses talents ; on le voit alors jaillir tel un *ninja* monté sur ressorts, survolant l'enceinte de l'établissement pour secourir une malheureuse lycéenne assaillie par une bande de racketteurs, et revenir triomphalement en héros. Monsieur Superman est censé avoir des nerfs d'acier. Jusqu'à ce que Jamel s'en mêle. À peine le cours sur *La Comédie humaine* a-t-il commencé que Jamel l'interrompt en livrant son imitation du Père Goriot.

– Debbouze, taisez-vous !

– Je me tais, je me tais…

Mais il continue de plus belle quelques secondes après.

– Debbouze, ça suffit, pas un mot de plus !

– C'est bon, monsieur, j'arrête… dit-il en reprenant son numéro une minute plus tard.

– Debbouze, silence ! Je ne veux plus rien entendre !

– C'est terminé, je le jure sur la tête de ma mère, je ne dis plus rien…

Et il se donne une claque comme pour se punir lui-même. La classe éclate de rire. Le prof s'empourpre et, alors que Jamel est reparti dans ses élucubrations, bredouille, l'écume aux lèvres :

– Debbouze, tu m'exaspères !

– Exaspère-ta-mère ! répond du tac au tac l'insolent.

Poussé à bout, Monsieur Superman quitte son bureau pour lever un bras tremblant de fureur qui indique la porte :

– Debbouze, dehors !

– J'ai rien dit m'sieur, j'ai rien dit, je m'excuse m'sieur…, glapit Jamel en plongeant la tête sous son pupitre.

Et c'est le prof, trahi par ses nerfs, qui finit par sortir.

Pour protéger la collectivité des ravages de son influence, et en particulier une partie de l'équipe pédagogique sur le point de craquer, le proviseur du lycée, Alain Dehame, décide de mettre Jamel en quarantaine, à l'écart des activités scolaires : il l'isole, l'enferme dans son propre bureau transformé en cellule de haute sécurité… Jamel profite de cette intimité forcée pour tenter de gagner à sa cause le chef de l'établissement. Le moment est venu de solliciter une permission de quelques jours pour le tournage au Maroc des *Pierres bleues du désert*. Il en parle tout d'abord à son professeur principal, Myriam Coutelle :

– M'dame, je dois m'absenter car il faut que j'aille tourner un film où j' suis la vedette.

– Oui, moi aussi… je tourne dans *Les Feux de l'amour* !

Il revient à la charge auprès du proviseur. « J'ai expliqué à M. Dehame que c'était le premier rôle de ma vie. Il a refusé de m'accorder trois jours, me répondant qu'entre Hollywood et le bahut il fallait choisir. J'ai donc choisi Hollywood et je me suis rendu sur le tournage du film en demandant à un copain, qui bossait à l'ambassade du Maroc à Paris, d'envoyer un fax sur en-tête expliquant que j'étais convoqué par le ministre des Ressortissants marocains à l'étranger, que c'était une affaire d'État. »

Et Jamel décroche ainsi l'autorisation de s'absenter du lycée. Il prend la direction du Maroc, un billet d'avion en poche. Avec la bénédiction du proviseur, pas mécontent finalement de se débarrasser pour un temps de cet élève un peu trop envahissant, sur la réussite duquel il ne parie pas un kopeck : « Jamel, c'est un gentil garçon, mais un élève pas du tout motivé, qui s'absente sans aucune raison valable. Ce p'tit gars, il n'y a pas grand-chose derrière… »

Quelques mois plus tard, un soir de juin, regardant distraitement la télévision, l'épouse du proviseur, Luce Dehame, n'en croit pas ses yeux. Elle alerte son mari, qui tombe des nues. Là, en plein milieu de l'écran, face à Jean-Pierre Foucault à l'occasion d'un

« Sacrée Soirée » spécial Maroc dans les jardins du palais royal à Rabat : Jamel Debbouze ! « La crapule, il m'a encore roulé dans la farine ! » s'exclame Alain Dehame.

Jamel n'est pas peu fier de son coup : « J'avais envoyé un certificat médical au lycée avant de m'échapper au Maroc. » Or, ce jour-là, Jamel est censé être en stage de formation obligatoire en entreprise, au magasin Tie-Rack, dans la galerie marchande du centre commercial Leclerc de Maurepas, en train de vendre des cravates ! « Et là-bas, juste au moment où Jean-Pierre Foucault commence, la caméra s'arrête sur moi. Monsieur Dehame voit l'émission. Une semaine après, il me chope :

– Comment ça s'est passé votre crise d'asthme ?

– Euh… ça va beaucoup mieux.

– Tu t'es bien foutu de ma gueule ! »

17
L'adieu à l'école

À la fin de l'année scolaire, le couperet tombe : Jamel doit redoubler. Une mesure exceptionnelle en cursus de BEP. Delphine Vasseur est scandalisée par la décision imposée en conseil de classe par le proviseur : « J'étais écœurée tellement on avait bouffé du Jamel. Certes, il s'était souvent absenté, notamment pour le tournage des *Pierres bleues du désert* en novembre 1992, mais la sanction frappait un élève très brillant à l'oral. Même s'il était hors norme selon les critères de l'Éducation nationale, il animait mes cours avec un extraordinaire talent de communication, sans qu'il n'y ait jamais aucun débordement et se montrait toujours très respectueux à mon égard. »

Delphine Vasseur enseigne le droit et l'économie au lycée Matisse depuis seulement un an. Ce petit bout de femme n'a pas suivi de formation pour les classes difficiles, elle a peu d'expérience, mais elle pétille d'énergie et de bonne humeur. Avec Jamel, le courant passe aussitôt : « L'élève Debbouze a commencé par essayer de me mener en bateau. J'ai convoqué ses parents, l'un de ses oncles est venu, j'ai fait la connaissance de sa famille, un lien s'est créé, et j'ai découvert que ce garçon avait quelque chose de plus que les autres, un feu intérieur, il était clair qu'il pouvait réussir dans la vie. J'ai tout de suite accroché. »

Au-delà du rapport prof-élève, les relations entre Delphine Vasseur et Jamel se transforment progressivement en une véritable amitié. Il la présente à Rachid Benzine, le président d'Issue de secours, lui aussi prof d'économie à Trappes. Aux yeux de Jamel, celui qui fut également l'organisateur de la tournée d'impro au Maroc est devenu un grand frère d'élection, le protecteur qui lui ouvre les portes de l'autre côté de la Méditerranée, celui qui guide ses pas au moment crucial où son parcours scolaire est sérieusement remis en question. Jamel les invite tous les deux aux pique-niques de la famille Debbouze, sur la base de loisirs de Trappes, où Delphine fait aussi la connaissance des frères et sœurs : Mohamed, Karim, Hayat, Rachid et la petite Nawal qu'elle trouve adorable. Elle est surtout conquise par l'hospitalité et le courage de leur mère, Fatima, qui s'inquiète beaucoup pour l'avenir de son fils aîné. Delphine Vasseur voudrait que l'élève passe son brevet Vente action marchande, mais Jamel, lui, n'a qu'un rêve : voir un jour sa prof devenir sa conseillère juridique pour s'occuper de ses futurs contrats dans le monde du show-business… Delphine convie Jamel et Rachid à célébrer à Flexenville, chez ses parents, sa Catherinette, le jour de ses vingt-cinq ans. Ils se rencontrent aussi, certaines nuits de fiesta, à l'Amadeus, le night-club de Coignières, sans que le lycéen trahisse certains secrets auprès de ses camarades de classe. Mais un soir, à l'écart de Delphine, Jamel se confie à son « grand frère » Rachid pour lui demander son aide, lui faire part de ses angoisses. Il est à la croisée des chemins : doit-il persister dans sa scolarité, doit-il tenter sa chance dans le spectacle… Le lendemain, devant Delphine, la décision est prise. Elle est irréversible. Il sera saltimbanque.

Le dernier bulletin de notes de la vie scolaire de l'élève Jamel Debbouze se présente ainsi :

> Année scolaire 1992/93, classe de VAM (Vente action marchande) 2, au lycée professionnel de la rue de Montfort, à Trappes (Yvelines)
>
> Premier trimestre :
>
> – Participation à l'exploitation commerciale d'un point de vente : 11,43/20
>
> – Vente de produits : 6,5/20.

Appréciation du professeur principal : *Bon travail mais résultats en baisse du fait de nombreuses absences.*
– Participation au cours et tenue vestimentaire : 16/20 [la meilleure note de la classe, *NDA*].
Appréciation du professeur principal : *La tenue vestimentaire est correcte, la participation en classe est satisfaisante mais attention aux bavardages.*

Deuxième trimestre :
– Note globale de stage : 5,5/20
– Vente de produits : 8,31/20
– Participation à l'exploitation commerciale d'un point de vente : 5,25/20
– Présentation marchande des produits : 11,5/20
– Comptabilité : 5,5/20

Troisième trimestre :
– Présentation marchande des produits : 7/20
– Vente de produits : 8,04/20
Examen blanc en vente de produits : 8,9/20
Appréciation du professeur principal : *Beaucoup trop d'absences, manque de travail et de sérieux.*

18

L'université

Tandis qu'il est en train de se faire « dégager » du lycée Henri-Matisse de Trappes, Jamel est invité à un colloque de haute volée organisé à Casablanca par l'université Hassan-II. L'adolescent vient de faire la rencontre d'un éducateur de rue franco-marocain, sous contrat à l'Éducation nationale, Ahmed Ghayet, qui œuvre dans les quartiers difficiles pour offrir un chemin aux jeunes désœuvrés. Habitant à Barbès, Ghayet a créé dans le XVIIIe arrondissement de Paris l'association Hors la zone. Il découvre Jamel à Trappes lors d'un match d'impro : « Un adorable bout-de-chou plein d'espièglerie, pas gâté par la vie avec son handicap au bras, mais pétillant d'intelligence. Il m'a fait mourir de rire. Je lui ai parlé de Hors la zone en lui proposant de nous rejoindre à Barbès pour animer des soirées. »

Jamel est ravi de renouer ainsi avec le quartier qui l'a vu naître. Ahmed Ghayet va lui donner l'occasion d'apporter, à sa façon, sa petite pierre à un projet d'envergure qui mobilise beaucoup de « grands frères » de la ceinture parisienne : créer des liens entre les jeunes d'origine marocaine nés en France et ceux vivant au pays. Car le gouvernement marocain commence à s'intéresser, depuis 1990, à ces jeunes des deuxième et troisième générations, celle des Beurs dont les gens du pays n'ont que l'image tronquée de smalas revenant au bled le temps des vacances, entassées dans des 305 break, les malles arrière et les galeries débordantes de bagages et de cadeaux achetés chez Tati ou ailleurs. Autant le dire, du côté « blédard » on méprise ces « Facances » (sobriquet donné aux cousins estivants) prétentieux, avec leur look à l'européenne, leurs grosses bagnoles, et qu'on imagine riches comme Crésus au point de leur coller la déplaisante étiquette de « Flous » (fric en arabe). Côté beur, ce rejet est cruellement ressenti et l'on a tendance à en rajouter dans la frime et la provoc. Résultat : entre cousins, il y a un gros malentendu qu'il faut dissiper de toute urgence ! Telle est l'une des missions du ministre chargé de la Communauté marocaine à l'étranger, Rafiq Haddaoui, qui dispose d'un outil financier ad hoc, la fondation Hassan II, dont il est le président de droit. En cette qualité, il décide d'organiser du 7 au 11 avril 1993, de concert avec le doyen de la faculté des lettres et sciences humaines Ben M'Sik de Casablanca, un colloque sur le thème : « Immigrés, nouveau regard ».

Dans le vaste amphithéâtre de l'université casablancaise, plus de 500 étudiants se pressent en compagnie des élites intellectuelles et artistiques du pays ; parmi elles on reconnaît, outre le ministre Rafiq Haddaoui, la comédienne Naïma Lemcherqui et son époux le cinéaste Abderrhamane Khayat, ainsi qu'une délégation française de responsables associatifs, dont Rachid Benzine, représentant Issue de secours, Khalid El Quandili de Sport-Insertion-Jeunes et Ahmed Ghayet de Hors la zone. Ce dernier a l'idée de faire intégrer au programme des interventions un orateur surprise, afin de donner un ton et un témoignage inattendus sur la vie des Beurs en banlieue parisienne : le Trappiste Jamel Debbouze.

L'assistance est amusée à la vue de ce gamin à qui l'on ne donne pas plus d'une douzaine d'années. Il n'a pas encore ouvert la bouche que la solennité des travaux est rompue par des éclats de rire. Lorsqu'il monte à la tribune, Jamel prend des attitudes d'éminent conférencier, il réajuste son nœud de cravate en pointant le menton vers l'avant, il s'éclaircit la voix, tapote le micro, jette un regard circulaire et circonspect sur l'assemblée avant de lancer : « Monsieur le ministre représentant Sa Majesté le roi, mesdames et messieurs, voilà qui nous sommes, voilà qui je suis : marocain mais aussi français ! Nous sommes vos cousins. Vous nous regardez avec des yeux bizarres, et nous aussi nous vous regardons avec des yeux bizarres… » L'assistance tombe sous le charme. Tout le monde est conquis par ce garnement qui, jonglant avec l'arabe et le français, donne une véritable leçon de communication. À 2 000 kilomètres du lycée professionnel Henri-Matisse de Trappes.

19

Incendies

Des émeutes éclatent à Trappes en 1992. Dès le début du mois de janvier, des bandes de jeunes mettent à sac le complexe sportif Youri-Gagarine, après avoir proféré des menaces contre des dirigeants et des entraîneurs. Quelques jours plus tard, au lendemain de l'interpellation nocturne d'un cyclomotoriste d'origine guadeloupéenne circulant en plaine de Neauphle sans casque ni éclairage, c'est l'attaque du commissariat de police tout neuf, incendié à coups de cocktails Molotov. Puis des classes du CES Gagarine sont saccagées et certains commerces pillés. Des escadrons de gendarmes mobiles, envoyés pour rétablir l'ordre, affrontent violemment les révoltés et chargent en lançant des grenades lacrymogènes pour les disperser. Un gendarme reçoit un projectile qui fait éclater son casque et lui entaille profondément la tête, trois autres policiers sont également blessés, l'un d'eux a les doigts écrasés. Alors que des renforts de CRS arrivent de partout, Jamel est pris entre la tentation de prêter main-forte à ses potes, qui continuent de brûler les voitures, et celle de calmer leurs ardeurs. « Les condés tournaient à tout-va, ils couraient au pas par groupes de vingt-cinq avec des fusils à pompe, c'était super impressionnant. Vu l'ambiance, je m'occupais beaucoup de mes neveux, les gosses m'ont toujours fait kiffer, mais c'est normal les grands frères avaient été comme ça avec moi. »

Issue de secours est prise dans la tourmente. L'utilisation du local de l'association est remise en cause par la municipalité. Son président, Rachid Benzine, lance un appel… au secours. Dans ce climat d'insurrection des banlieues qui, dès les années quatre-vingt[1], confronte la France à son immigration, le nom d'un homme providentiel revient comme un leitmotiv sur les lèvres des responsables politiques désemparés et des jeunes des associations de quartiers : Khalid El Quandili. Depuis les premières explosions urbaines en Île-de-France, ce Franco-Marocain de trente ans, champion du monde de *full contact*, joue les pompiers de service occultes du gouvernement. Partout où ça brûle, on l'appelle en catastrophe. C'est ce que fait Rachid Benzine en janvier 1992.

L'homme qui vient pour éteindre les incendies de Trappes est un passionné de sports de combat. Il a découvert sa vocation au début de l'adolescence, en dévorant des yeux sur le grand écran les prouesses du karatéka Bruce Lee. En 1984, alors qu'il vient de remporter le titre de champion de France de *kick-boxing*, discipline de boxe importée des États-Unis, Khalid a créé à Meaux, dans le quartier de la Pierre-Collinet où il a grandi, une salle de sports ouverte aux jeunes de tous les milieux, surtout les plus défavorisés, afin de faciliter leur insertion sociale. Ainsi naît Sport-Insertion-Jeunes. Khalid, son frère cadet Abel et leurs copains aménagent avec les moyens du bord un garage désaffecté. Toutes sortes de disciplines sportives y sont proposées et, très vite, le succès est tel que d'autres quartiers de banlieue ne tardent pas à imiter le modèle. Le champion de France est sollicité de toutes parts, non seulement pour ses prestations sportives mais aussi pour ses qualités d'organisateur et de médiateur. Le réseau de Sport-Insertion-Jeunes s'étend bientôt sur la France entière, jusqu'à la prestigieuse école Polytechnique de Paris où Khalid enseigne les sports de combat. Ce qui lui vaut un reportage d'Antenne 2 pour l'émission « Envoyé spécial », diffusée à une heure de grande écoute.

Parmi les millions de téléspectateurs, un homme est particulièrement attentif : Michel Delebarre, ministre de la Ville. Emballé, il

1. Les émeutes du quartier des Minguettes à Vénissieux (Rhône) en 1983.

téléphone personnellement à Khalid El Quandili pour lui demander de le rencontrer avec les membres de son réseau, au siège du ministère, boulevard Saint-Germain à Paris. Khalid croit à une blague. Mais il n'en est rien : difficile de ne pas reconnaître le chaleureux accent nordiste du ministre, surtout lorsqu'il prononce le mot « quartier » en chuintant sur la dernière syllabe.

– Monsieur El Quandili, j'ai été impressionné par ce que j'ai vu à la télévision. Le reportage sur votre action dans les quartiers était sensationnel. J'aimerais faire quelque chose pour vous.

– Monsieur le ministre, je n'ai besoin de rien, mais je suis prêt à vous aider si vous le désirez. Je peux vous faire rencontrer les jeunes des quartiers en difficulté.

– Cela m'intéresse, organisons au plus vite une réunion au ministère.

– J'ai 700 associations derrière moi. Je crains que vos locaux soient insuffisants pour accueillir tout le monde !

– Qu'à cela ne tienne, nous allons trouver une salle dans Paris.

Quelques jours plus tard, dans le Ve arrondissement de la capitale, à la salle de la Mutualité, face aux 700 délégués associatifs des quartiers réunis par Khalid El Quandili, le ministre de la Ville prête une oreille attentive à chacun des thèmes abordés. Durant de longues heures, Michel Delebarre écoute, ne dit rien, enregistre les questions sélectionnées. À la fin de la réunion, il s'engage solennellement à soutenir les actions menées dans les cités et à apporter des moyens financiers. Des « sous-préfets ville » sont nommés pour servir de courroie de transmission entre les pouvoirs publics et les citoyens. Sport-Insertion-Jeunes devient un label reconnu officiellement.

Le réseau de Khalid ne tarde pas à être sollicité. En juin 1991, à Mantes-la-Jolie (Yvelines), une femme policier, Marie-Christine Baillet, est tuée lors d'un rodéo de voitures dans les rues de la ville. Un jeune de vingt-trois ans, Youssef Khaif, meurt d'une balle dans la nuque, le même soir, dans un commissariat. Aussitôt la cité du Val-Fourré s'embrase. Au ministère de la Ville, on monte précipitamment une cellule de crise. Mais on est désemparé face à l'ampleur du cataclysme. Un coup de fil de la dernière chance est passé au patron de Sport-Insertion-Jeunes. « Laissez-moi y aller, insiste El Quandili, je connais bien le quartier, les jeunes m'écouteront. Je pense que je peux faire quelque chose ! »

Au ministère, on lui donne le feu vert, mais attention, si la mission échoue, lui indique-t-on, on ne vous connaît pas, ne comptez pas sur nous pour vous couvrir... Il en faut davantage pour décourager le sportif, qui alerte aussi sec une quarantaine de jeunes de son réseau en banlieue et en province pour l'accompagner au Val-Fourré. Il obtient du maire de la ville, Paul Picard, dépassé par la situation, la mise à disposition du gymnase pour y réunir tous les leaders de l'insurrection : « Nous sommes restés quatre jours à huis clos, aucun d'entre nous n'ayant le droit de sortir avant que tous les problèmes soient réglés. Et nous avons réussi notre mission. À partir de cette date-là, chaque fois qu'un quartier s'est retrouvé en crise, le ministère de la Ville m'appelait sur son téléphone rouge ! »

Quand la révolte des banlieues s'étend à Trappes, Rachid Benzine, qui connaît à peine Khalid El Quandili, le voit atterrir tel Zorro au beau milieu des Merisiers. L'affaire est bouclée en quelques jours. Le maire, Bernard Hugo, trouve enfin un écho à ses appels au calme. Rachid Benzine et ses copains décrochent un local plus vaste pour leur association. Au premier rang des copains, le petit Jamel – que Rachid présente à Khalid. Le trio de Franco-Marocains sympathise immédiatement : le fort en thème, jeune prof d'économie, s'incline de toute la hauteur de son mètre quatre-vingt-quinze devant l'impétueux champion du monde de *full contact* et négociateur hors pair du retour à la paix dans les cités ; et tous deux explosent de rire à l'unisson lorsque le freluquet d'à peine un mètre soixante se lance dans l'une de ses inimitables improvisations. Khalid ne veut pas en rester là. Le souvenir de son séjour à Trappes mérite d'être immortalisé. « Et si on faisait un film ? », suggère-t-il aux deux autres. La proposition est adoptée à l'unanimité et, caméra vidéo à l'épaule, Khalid écume la ville pour emmagasiner des témoignages sur les événements. En vedette, Jamel Debbouze, rappeur déchaîné, à la tête d'une interminable procession de sportifs, basketteurs, footballeurs, golfeurs, boxeurs, etc. Petit Jamel deviendra grand, se dit Khalid. S'il peut faire quelque chose pour aider ce gamin, il n'hésitera pas. Il a lu dans les yeux de Fatima, sa mère, le jour où il est venu boire le thé à la menthe au 19 de la rue du Moulin-de-la-Galette, combien elle croit au talent de son fils aîné, combien elle rêve pour lui d'un avenir meilleur…

20

Face à Mitterrand

Au seuil de l'année 1992, on peut lire, sur la liste des invités de la cérémonie rituelle des « vœux aux forces vives de la nation », le nom de Khalid El Quandili. Dans la main du champion, l'invitation est frappée du sceau de la présidence de la République : François Mitterrand en personne le convie, lui le pompier occulte, sous les ors de l'Élysée, en pleine lumière, aux côtés des grands leaders syndicaux, des principaux chefs d'entreprise français, de tous les décideurs. Cela ne peut être qu'une blague… Le carton a pourtant l'air authentique. Un court instant, le jeune homme pense téléphoner à l'Élysée pour s'en assurer, mais il se ravise. C'est alors que son regard tombe sur une petite inscription qui le rappelle cruellement à la réalité, quelque chose comme « tenue de ville exigée ». Dans sa garde-robe de sportif, pas l'ombre d'un costume, encore moins d'une cravate. « Après un moment de panique, j'ai pensé à mon copain d'enfance de la cité Chenonceaux à Meaux, Isaac Marciano, juif d'origine marocaine, qui tient un magasin de vêtements pour hommes à Barbès. Il était tout fou quand je lui ai annoncé le motif de ma visite. Il a mis sa boutique sens dessus dessous pour me dénicher la cravate *ad hoc*, le complet idoine, la chemise parfaite… Ne manquaient que les chaussures. » Une aubaine : grâce à son vieux pote Khalid, Isaac va pouvoir faire entrer ses plus belles pompes à l'Élysée ! Et tant pis si les deux hommes n'ont pas la même pointure.

Voilà le président de Sport-Insertion-Jeunes prêt pour le grand rendez-vous. À un détail : au Maroc, il est d'usage d'apporter un présent lorsque l'on est reçu pour la première fois chez des gens de qualité. Le champion décide de sacrifier pour l'occasion les gants de boxe qui lui ont donné son titre mondial et les emballe soigneusement dans du papier cadeau. Son paquet sous le bras, le pompier occulte se dirige cœur battant vers l'Élysée. Armé de son bristol, il passe les barrages de sécurité du palais présidentiel, mais s'étonne de voir deux silhouettes le suivre discrètement jusqu'à l'entrée du grand salon. « Je me sentais tout petit. Dieu merci, parmi les quarante personnes présentes, j'en connaissais une, Nelson Pailloux, le président du Comité olympique français, qui m'a mis à l'aise tout de suite. »

François Mitterrand vient de terminer son discours et se dirige vers ses invités pour leur serrer la main. Lorsque ses pas le conduisent vers Khalid, ce dernier retient son souffle. Nelson Pailloux se met en devoir de présenter le jeune homme, mais le président le coupe sèchement. « Je sais très bien qui est ce monsieur. À propos, monsieur El Quandili, poursuit-il goguenard, montrez-nous un peu ce qu'il y a dans votre paquet, simplement pour rassurer tout le monde ici... » Khalid s'exécute fébrilement tandis que l'assistance éclate de rire. Mais le président n'en a pas fini avec sa jeune proie. « Monsieur El Quandili, il faut absolument que je vous voie au plus vite », assène-t-il au jeune homme qui, heureux d'avoir contribué à détendre l'atmosphère, a recouvré toute son assurance : « Avec joie, monsieur le président ! »

Une semaine plus tard, Khalid El Quandili a rendez-vous en tête à tête avec François Mitterrand au palais de l'Élysée. Il patiente dans l'antichambre où le reçoit Anne Lauvergeon, la jeune conseillère du chef de l'État. « Je vous connais, lui dit-elle, j'habite près de Meaux et j'ai lu de nombreux papiers sur vous dans la presse locale. » Étonné et flatté, Khalid a tout juste le temps de la remercier pour le compliment que le voilà invité à pénétrer dans le saint des saints, le bureau du président.

– Parlez-moi un peu de vous, jeune homme, et vous me direz ensuite ce que je peux faire pour vous.

L'entretien, prévu l'espace d'une poignée de minutes, se prolonge durant plus d'une heure. « Je lui ai tout raconté. Ma naissance dans un bidonville de Rabat, à Yacoub El Mansour, en 1961, d'une mère d'origine doukkalia et d'un père sahraoui. Mon arrivée à Nanterre, dans un autre bidonville, celui de La Folie, six mois plus tard, avec ma mère. Nous y retrouvions mon père qui travaillait comme maçon dans un chantier non loin de là. C'était un baraquement fait de tôle, de carton et de planches, reposant sur de la terre battue. Pas d'eau, pas d'électricité, pas d'évacuations. L'été, nous vivions le nez dans la poussière ; l'hiver, les intempéries transformaient le sol en véritable gadoue. Je reverrais toujours ma mère déraper dans la boue avec son nouveau-né dans les bras, mon frère Abel, alors qu'elle rentrait tout juste de la maternité, un matin de janvier 1964. Nous avons quitté ensuite Nanterre pour une cité de transit à Argenteuil, puis une autre à Montfermeil, déménageant au gré des embauches de mon père jusqu'à notre installation à Meaux, où nous avons échoué dans une immense tour du quartier de la Pierre-Collinet. C'est dans cette ville que nous avons fini par nous installer pour de bon. Et c'est là que je crée Sport-Insertion-Jeunes, avec l'aide de mon frère Abel, en 1984. Nous avions décidé tous deux d'arrêter nos études pour aider ma mère, restée seule à nous élever à la suite du départ de mon père, retourné à Rabat. Mes parents s'étaient séparés après la mort accidentelle de Sonia, l'une de mes petites sœurs, âgée de huit ans, fauchée par une voiture lors d'un séjour en centre de vacances. Nous étions six enfants, il me fallait plus que jamais prendre mes responsabilités de grand frère… »

Khalid n'est cependant pas venu pour s'appesantir sur sa personne. Il répond volontiers aux questions de Mitterrand, mais il est devant le chef de l'État afin de plaider la cause qui lui tient tant à cœur : celle des jeunes qui vivent dans la misère des banlieues, qui crèvent de ne pouvoir se construire une vie digne de ce nom, mais réunissent pourtant tous les talents. Et quand François Mitterrand entre enfin dans le vif du sujet, Khalid lui propose ni plus ni moins qu'une visite dans l'un des quartiers les plus difficiles.

– Banco ! s'exclame François Mitterrand, arrangez ça et tenez-moi au courant.

Lorsque Khalid quitte l'Élysée, il sait déjà très exactement ce qu'il va proposer au président. Sport-Insertion-Jeunes organise une cérémonie annuelle de remise de trophées aux espoirs des quartiers qui se distinguent dans leur discipline. Un petit film vidéo de trois minutes retraçant les prouesses de chaque lauréat est projeté lors de la soirée, sous les applaudissements nourris d'une salle tout acquise à sa cause. C'est un peu l'ambiance « nuit des Césars » version banlieue. En 1991, pour sa première édition à Meaux, la manifestation a été honorée de la présence de Lionel Jospin, ministre de l'Éducation nationale et de la Jeunesse et des Sports. En cette année 1992, Khalid est déterminé à mettre la barre encore plus haut : « J'ai invité le président à assister à notre deuxième cérémonie programmée au Palais des lumières à Épinay-sur-Seine, ce qu'il a accepté dans un premier temps sans sourciller. C'était un quartier particulièrement chaud, une sorte de poudrière qui avait déjà frôlé plusieurs fois l'explosion. Voilà pourquoi, au dernier moment, sur les conseils d'un entourage craignant pour sa sécurité, le président a failli renoncer à venir… »

En cette soirée du 5 juin 1992, c'est l'effervescence à Épinay-sur-Seine. Des hélicoptères tournoient comme de gros bourdons au-dessus des tours de la cité, crevant les nuages des éclairs de leurs projecteurs. Les hommes casqués du GIGN ont pris position sur le faîte des immeubles en béton, arme au poing. Depuis plusieurs semaines, les téléphones des organisateurs et protagonistes de la nuit des Trophées sont sur écoute. Mouloud Ioulain, qui fait partie des lauréats pour son action sur les communes de La Verrière et de Guyancourt, n'échappe pas à la règle. On est venu de toutes les banlieues parisiennes et la grande salle du Palais des lumières est comble. Parmi les spectateurs, des invités de la dernière heure sont installés dans le carré « VIP » : Rafiq Haddaoui, ministre de Sa Majesté le roi Hassan II, chargé des résidents marocains à l'étranger, accompagné de deux proches collaborateurs du prince héritier Sidi Mohamed, Fadel Benyaïch et Samir Lyazidi. Le ministre marocain, sensibilisé par les actions de Sport-Insertion-Jeunes en France, a pris contact avec son président fondateur qui, tout naturellement, l'a convié.

Le grand moment tant attendu arrive. L'hélicoptère présidentiel vient d'atterrir et voilà François Mitterrand qui pénètre dans la salle, escorté de ses gardes du corps et suivi par plusieurs ministres, venus découvrir avec lui une réalité des banlieues encore méconnue. Durant son discours, pas un bruit, pas un sifflement. Les jeunes les plus excités font silence. Ils écoutent religieusement les promesses de soutien du président de la République. L'homme sait trouver les mots justes, capter les vibrations de la salle, aller au-devant des mouvements de foule, même des participants les plus subversifs. Ils ont l'impression que l'État s'intéresse enfin à eux.

Derrière le rideau, dans les coulisses de la grande estrade du Palais des lumières, Jamel est dans ses petits souliers. À un point tel qu'il n'a pas de quoi se chausser convenablement pour monter sur scène. Mouloud Ioulain vole au secours de l'étourdi en demandant à son fils de lui prêter une paire de baskets présentable. Pour l'élève de troisième du collège Gustave-Courbet de Trappes, c'est une grande première. Tandis qu'il s'apprête à affronter un public autrement plus important que lors de la petite représentation scolaire des *Souris et des hommes*, Jamel pense à sa prof Sylviane Ahr, à Papy, à ses camarades des matchs d'impro, à sa maman. Il esquisse quelques mouvements d'assouplissement, s'échauffe, exerce le contrôle de sa respiration – pas question de se payer une crise d'asthme en une pareille circonstance –, cherche la concentration comme un boxeur avant de monter sur le ring. Khalid est à ses côtés. C'est à lui que Jamel doit de vivre ce grand moment : il va jouer devant des centaines de gens, des officiels venus du Maroc, mais surtout pour le président de la République française en personne.

« Je me souviens qu'il nous a fait un sketch sur sa copine et lui-même, un truc à la fois rigolo et romantique », s'amuse Khalid. Il est vrai qu'en cet été 1992 Jamel vient de tomber amoureux d'une petite collégienne d'origine portugaise, Anna-Paola. L'impromptu ne dure que cinq minutes, mais on voit le visage du président s'illuminer devant la fraîcheur et la spontanéité de ce jeune Beur, léger comme un elfe. Son apparition au cœur de cette manifestation solennelle a quelque chose de magique.

L'année suivante, la remise des trophées Sport-Insertion-Jeunes a lieu à l'Institut du monde arabe (IMA) à Paris. Smaïn, alors au sommet de sa gloire, accepte de jouer auprès de Jamel le rôle du parrain et du grand frère, comme il l'avait fait quelques mois auparavant lors de l'émission de France 3 « Pêche d'enfer » – la toute première apparition de Jamel à la télévision –, dans un spécial banlieue animé par Pascal Sanchez. Star du petit écran, ce dernier revient ce soir-là jouer les maîtres de cérémonie dans l'auditorium de l'IMA. À la tribune présidentielle, à nouveau François Mitterrand, entouré cette fois de membres du gouvernement de cohabitation, notamment Simone Veil, ministre des Affaires sociales, de la Santé et de la Ville, et Michèle Alliot-Marie, ministre de la Jeunesse et des Sports, qui parrainent des lauréats parmi lesquels Rachid Benzine, pour son action à Trappes avec Issue de secours. François Mitterrand prononce un discours au cours duquel il n'hésite pas à solliciter lui-même l'aide de la jeunesse. Le chef de l'État dégage encore une véritable aura. Jamel surgit sur scène avec un cœur à renverser les montagnes. Cette fois il n'a pas oublié de se chausser correctement et a revêtu sa plus belle tenue, pantalon gris souris et chemise impeccablement repassés par sa maman. C'est l'occasion de tester l'un de ses tout nouveaux sketches, une histoire de distribution de « Pastèques gratuites » chez l'épicier Ed des Merisiers. « Mon sketch a duré dix-sept minutes et Mitterrand n'a pas cessé de se marrer. Ce jour-là, j'ai compris que j'étais moins bon en foot que mes potes du quartier, mais mille fois meilleur qu'eux à la tchatche ! À la fin, Smaïn est même venu m'encourager. C'est lui, le premier, qui m'a donné envie de faire des sketches. Lui évoquait la banlieue des années quatre-vingt avec ses expressions d'époque. Moi, c'est la banlieue du rap, du racisme, de la violence, de l'intégration… et aussi celle de la poésie et de l'amour. Je pense être son relais des années quatre-vingt-dix. »

21

Face au roi

L'hilarité provoquée par ce personnage chaplinesque qui déride le président de la République ne passe pas inaperçue. On retient son nom. Ce petit Maghrébin de Trappes est le bienvenu. Dix ans après le soulèvement du quartier des Minguettes à Vénissieux, les immigrés demeurent des laissés-pour-compte et la banlieue donne toujours mauvaise conscience. Ce Jamel qui s'agite une main dans une poche, l'autre moulinant l'espace, le corps sautillant comme Charlot, est une trouvaille. Un faire-valoir de la jeunesse des cités. L'information se répand par vagues dans le monde des médias, où il est de bon ton d'offrir une place méritée à quelques immigrés. Une caution de rêve, ce Jamel, d'autant plus qu'avec lui on se tord de rire.

De l'autre côté de la Méditerranée, le ministre marocain Rafiq Haddaoui, lui non plus, n'oublie pas. Invité de Khalid El Quandili à Épinay-sur-Seine, il a été très sensible à la prestation du petit Franco-Marocain qui gardait toujours sa main droite dans la poche. Intrigué, il s'est enquis auprès de Khalid du handicap de son protégé. Sur son intervention, une subvention de la fondation Hassan II est offerte à la famille Debbouze afin d'opérer le bras de Jamel.

Présenté pour la première fois au président français, le ministre marocain a pu discuter longuement de l'avenir de la coopération entre son pays et la France. L'entrevue a eu lieu dans un petit salon, à l'écart des festivités, devant un verre de thé à la menthe accompagné de pâtisseries préparées par les mamans maghrébines. Aux yeux de Rafiq Haddaoui, il faut organiser au Maroc la même nuit des Trophées, avec, cette fois, un groupe de jeunes d'origine marocaine que le royaume chérifien puisse ériger en exemple dans le pays.

Qu'à cela ne tienne, Khalid est prêt. « J'ai réuni des sportifs, des responsables associatifs, avec en prime le petit Jamel qui a présenté un sketch. La cérémonie s'est tenue dans la plus grande salle de l'hôtel Hyatt Regency à Rabat en juin 1993. Dès le lendemain, le roi Hassan II m'a fait appeler par son secrétaire. Il souhaitait me rencontrer avec les sportifs du groupe. Or, ces derniers étant pour la plupart déjà rentrés en France, calendrier de compétitions oblige, je les ai remplacés par les autres membres de la délégation, dont le fidèle Rachid Benzine (Issue de secours) ainsi que Ahmed Ghayet (Hors la zone). La plupart des gars avaient un look très urbain, cheveux longs et boucles d'oreilles ! Jamel est venu lui aussi. Je l'avais placé en tête du groupe car il était le plus petit, le plus jeune, et encore très intimidé. Nous avons été reçus par le roi sans un soupçon de protocole. Hassan II était entouré de tous les membres de sa famille, enfants et petits-enfants, ce qui est tout à fait exceptionnel. Le roi nous a dit : "Je vous reçois tous comme si vous étiez mes propres enfants." Je lui ai présenté Jamel. Il l'a scruté, s'est montré intrigué et m'a demandé s'il était lui aussi un sportif. J'ai répondu : "Non, c'est un comique." Ce qui a provoqué l'hilarité générale aussi bien du côté de la délégation que de la famille royale. Jamel, terrorisé, avait réussi à faire rire tout le monde, sans même ouvrir la bouche ! »

TF1 prépare au même moment un numéro spécial de l'émission « Sacrée Soirée » consacrée au Maroc. Parmi les invités du présentateur Jean-Pierre Foucault, réunis au palais Tazi à Rabat ou filmés dans divers sites touristiques : Yannick Noah, Roger Vadim, Richard Cocciante, Jenna de Rosnay, Stéphan Eicher, Elsa, Amina, Véronique Sanson, Didier Sustrac, ainsi que des femmes marocaines pilote de ligne, professeur d'université, chef d'entreprise, championne d'athlétisme, journaliste de télévision, styliste de mode, toutes venues témoigner de leur réussite dans un pays réputé pour son machisme. *Last but not least*, la première chaîne de télévision française a obtenu la participation exceptionnelle de Sa Majesté Hassan II sous la forme d'une interview enregistrée quelques heures plus tôt, à l'occasion de la réception du groupe de Khalid El Quandili par le monarque et sa famille au palais royal.

La caméra accompagne le roi qui, suivi de ses deux fils, le prince héritier Sidi Mohamed et son frère Moulay al-Rachid, devise avec Jean-Pierre Foucault tout au long d'une promenade à travers les jardins. Puis vient l'instant de la présentation au souverain de la délégation conduite par Khalid. Au premier rang, Jamel, tout intimidé dans une veste deux fois trop grande pour lui, d'où dépasse une chemise blanche à l'encolure démesurée ornée d'un nœud de cravate improvisé, le tout prêté à la hâte… Il a le bras droit ballant, car on lui a dit qu'il ne faut jamais mettre sa main dans sa poche devant le roi. Quand ce dernier, après avoir reçu un présent de Khalid, s'approche de lui, Jamel, rougissant, s'incline et lui baise respectueusement la main. À son côté, la présence protectrice d'Ahmed Ghayet, lequel, très à l'aise, s'incline à son tour.

Lors de sa diffusion le 2 juin 1993, « Sacrée Soirée » spécial Maroc crée l'événement à Trappes : elle traumatise, comme on l'a vu, les Dehame, elle estomaque les Coutelle, elle enthousiasme les partenaires d'impro de Jamel, Papy et Marie-Pierre en tête, illumine la famille Debbouze, euphorise les élèves du lycée Matisse qui savent que Jamel est censé vendre, ce jour-là, des cravates chez Tie-Rack au centre commercial de Saint-Quentin-en-Yvelines, dans le cadre de son stage de formation professionnelle… À Rabat, toute la famille royale est également devant l'écran. Notamment le prince héritier Sidi Mohamed, futur roi Mohamed VI.

Khalid El Quandili continue son ascension médiatique avec Jamel sur son porte-bagages. Il reçoit un appel de Gérard Holtz et de Claude Sérillon, qui décident d'organiser le Téléthon millésime

1993 dans les quartiers difficiles de la banlieue parisienne. Idée directrice : combattre les préjugés sur la jeunesse des cités tout en favorisant la solidarité entre les familles touchées par la myopathie et celles souffrant de misère matérielle. Holtz, dans sa candeur toute parisienne, propose une tournée des quartiers au guidon de grosses cylindrées, façon rock'n'roll… Khalid explose de rire : « Vos motos, les mecs, vous risquez de ne plus les chevaucher très longtemps, ou alors en pièces détachées. Et vous finirez l'émission à pied. » On remplace le concept des motos par celui, plus traditionnel, d'un plateau installé au quartier des Pyramides à Évry. Khalid El Quandili a une petite idée pour le coup d'envoi de l'émission : il sort Jamel de son chapeau. Le vendredi soir, à 18 heures 30, en présence de Michel Sardou, parrain du Téléthon, le rideau se lève sur l'aîné des Debbouze qui présente un sketch :

« J'ai fait la tournée de tous mes potes de la cité des Merisiers en prévision de ce Téléthon. Toi, tu vas donner ta BMW, toi tu vas donner ta montre Rolex, toi ta paire de pompes Weston, toi ta gourmette en or… » Puis, face à la caméra, Jamel s'approche de l'héroïne de la soirée, une petite fille atteinte de myopathie qui le regarde du fond de son fauteuil roulant. Et Jamel lui tend son bras valide : « Moi, je n'ai rien d'autre à t'offrir que ma main. » Et il tient longuement sa main dans la sienne.

Adoubé par le président Mitterrand, Khalid El Quandili voit toutes les portes s'ouvrir devant lui, notamment celles du Conseil économique et social dont il devient le plus jeune et le premier membre issu de l'immigration, et participe à plusieurs commissions ministérielles. De l'autre côté de la Méditerranée, il est également en cour auprès de la monarchie marocaine, où l'on se félicite de son action en faveur des enfants issus de l'immigration. Avec la bénédiction du roi Hassan II, il est chargé de produire, sur la chaîne TVM du Maroc, une émission intitulée « Atlas Magazine », dont le but est de mettre à l'honneur les « Marocains du monde ». La présentatrice n'est autre que la star Naïma Lemcherqui. Khalid et Naïma confient la rubrique « humour » de l'émission à leur protégé : Jamel Debbouze. Durant une saison, il raconte chaque semaine une anecdote retraçant avec drôlerie le parcours d'un jeune d'origine marocaine installé à l'étranger. Les enregistrements ont lieu à Paris, dans un studio du XVIIIe arrondissement, ainsi que dans celui de Télé-Essonne. L'émission cartonne au Maroc, notamment auprès de la jeunesse branchée de Casablanca et dans les milieux intellectuels.

22

Gagarine

Depuis l'intervention de Khalid El Quandili, un calme insolite règne à Trappes. Une sorte de paix armée contrôlée par les « grands frères ». Le nouveau commissariat de police, qui partage le même bâtiment que la salle de spectacle la Merise, est barricadé tel un bunker. Mais le théâtre d'à côté demeure grand ouvert, tout comme le CES Youri-Gagarine, l'établissement scolaire réputé le plus difficile des Yvelines, le point noir du département aux yeux de l'Éducation nationale. À sa tête depuis 1990, Aline Peignault, ancienne principale adjointe du distingué collège Le Rondeau de Rambouillet, fait face à l'univers implacable de 1 000 élèves de toutes origines. Un établissement classé en Zone d'éducation prioritaire et étiqueté « sensible » par le ministre Jack Lang, d'où la présence en cas de nécessité de militaires du contingent pour en assurer la sécurité. Aline Peignault jette toutes ses forces dans un vaste projet de redressement de fond en comble : « À mon arrivée, je me suis trouvée dans une situation qui m'a bouleversée, un grand climat de violence. Je n'avais jamais vu autant de visages colorés autour de moi, des enfants en majorité d'immigrés, un taux record de boursiers, la plupart venus des immeubles les plus explosifs du quartier des Merisiers, notamment le square de La Commune de Paris. Et quelque chose de miraculeux s'est produit. Avec mes profs, nous avons déployé une énergie, une dynamique à laquelle la venue de Jamel Debbouze a donné une prodigieuse impulsion. » Dans un ouvrage émouvant et très personnel, Aline

Peignault et Marie-Pierre Degois[1] témoignent de leur expérience de l'établissement scolaire le plus difficile des Yvelines. Jamel y raconte sa découverte du collège Youri-Gagarine : « Gagarine, on l'appelait "le collège fou-fou-fou". On avait cette image-là. Un collège où il y avait des têtes brûlées. Toutes les fortes têtes de la ville y étaient passées. On avait dans l'idée que c'était le collège le plus dur de la ville. On avait peur d'aller au collège Youri-Gagarine. On avait peur de passer par là, de traverser le square Henri-Wallon. Moi aussi j'avais peur et pourtant je suis de la ville. Même pour les profs, Gagarine représente l'enfer scolaire. (...) Mais ce collège, il représentait une énergie. J'avais envie d'y être même si ça faisait flipper. »

Jamel ne sera jamais titulaire d'un BEP vente. Écarté du lycée professionnel de la rue de Montfort, le ludion est récupéré comme animateur par Papy qui vient de fonder, avec le comédien Jean-Baptiste Chauvin, sa première compagnie, Déclic Théâtre, dont il est directeur artistique. Ancien élève puis surveillant à Gagarine, Papy demeure très attaché à la vie de ce collège où il a rencontré son épouse Marie-Pierre, qui y enseigne les lettres modernes. Il y envoie Jamel pour animer des ateliers d'impro et lui présente la principale, Aline Peignault. Une formidable alchimie se produit : « Ce qui m'a frappée dès cette première rencontre avec Jamel, outre la tendresse qu'il dégage, est sa formidable énergie en écho à la mienne. Il était paumé, il venait d'avoir ses dix-huit ans et, bien que haut comme trois pommes, tutoyait tout le monde dans l'établissement, y compris les adultes, comme s'il était des leurs. »

Elle lui fait signer un contrat emploi-solidarité de dix-huit heures de travail par semaine en échange d'un salaire de 2 700 francs par mois. Selon cet accord, Jamel doit partager son temps entre l'animation d'activités théâtrales et l'aide aux devoirs. L'affaire fera long feu car les séances de soutien scolaire ne tardent

1. *Parole d'enseignante. L'école, les belles et la bête*, Éditions de la chronique sociale, 7, rue du Plat, 69002 Lyon.

pas à tourner à la rigolade. Jamel fait le pitre sur les tables et les élèves sont aux anges. Aline Peignault se résigne, elle décide de l'exempter définitivement de l'aide aux devoirs pour qu'il se consacre entièrement au théâtre. Le résultat est immédiat : il crée l'enthousiasme général en suggérant aux élèves de monter eux-mêmes une comédie musicale. Un projet auquel ils consacrent volontiers leurs heures de loisirs après les cours, y compris le samedi matin. Même les élèves les plus difficiles s'y mettent et le collège est désormais habité par un climat d'équilibre et de paix qu'il n'a encore jamais connu. La principale voit circuler, entre les cours, des bouts de papier où s'inscrivent les envolées lyriques d'une œuvre truffée de fautes d'orthographe mais qui témoigne d'une inspiration et d'une fougue que nul n'aurait supposées de la part d'une armée de cancres. Mais Aline Peignault a une confiance totale en Jamel :

« Il n'était pas question de chercher à le contrôler, il se montrait insaisissable, vif-argent, et cependant toujours d'une extrême gentillesse. Il exerçait sur les élèves un ascendant naturel et avait le sens de la pacification par la drôlerie. Il obtenait d'eux des choses que les profs n'osaient espérer. Sa seule présence suffisait pour cela. Un samedi matin, alors qu'il avait donné rendez-vous à dix heures tapantes devant le collège, tous étaient là, d'une ponctualité exemplaire, mais point de Jamel. Un quart d'heure passe, puis une demi-heure, toujours pas de Jamel. Lorsqu'il finit par pointer son nez, les élèves, qui se seraient déchaînés s'ils avaient eu affaire à quelqu'un d'autre, l'ont accueilli avec une immense allégresse. »

Aline Peignault apprend par le directeur artistique du Déclic Théâtre que la comédie musicale prend la tournure d'un petit chef-d'œuvre. En effet, Papy suit attentivement la progression de son poulain dans son projet collectif. Après des répétitions organisées souvent au pied levé, au gré des espaces disponibles du moment (salles de classe, gymnase, ou à défaut au fond d'un couloir), un véritable théâtre s'impose pour le jour de la représentation. La Mutuelle générale des enseignants (MGEN) propose sa salle de

La Verrière. Les crédits ZEP sont mis à contribution pour affréter des cars afin que tous les élèves de Gagarine puissent assister au spectacle.

C'est un événement sans précédent. La comédie musicale de Jamel et sa troupe fait sensation en réunissant tous les ingrédients du genre (chorégraphie, construction musicale à partir de morceaux choisis, paroles de chansons, dialogues), au service d'une véritable histoire inspirée d'un thème shakespearien, *Roméo et Juliette* sur fond de banlieue, racontant l'amour interdit entre une Beurette et un Gaulois qui, avec l'aide de leurs copains de quartier, parviennent à triompher des préjugés familiaux et culturels qui s'opposent à leur union.

Après avoir fait travailler les élèves, Jamel met les professeurs à l'ouvrage. Sur le thème, cette fois, du *Temps des cerises*, un dîner est organisé à Jean-Baptiste Clément, une salle portant le nom de l'auteur de la chanson, située en plein cœur du square de La Commune de Paris. Alors que le repas, confectionné par les mères du quartier à grands renforts de couscoussiers, de bassines de légumes fumantes et de plateaux de gâteaux, réunit 250 parents et enfants, Jamel transforme les agapes en une soirée cabaret. Il tient le micro durant plus de quatre heures et fait monter sur scène une vingtaine d'enseignants de Gagarine. Lorsque retentissent les premières mesures du *Temps des cerises*, les élèves sont pris de stupeur : leurs profs « rappent » sous leurs yeux, exécutant un spectacle réglé par Jamel qui, dans le secret des répétitions, les a initiés aux joies du *beat*, du *sample*, de la scansion et de la syncope – alors que certains suggéraient plutôt *Casse-Noisette* en tutu. Les gamins ébahis se lèvent de table pour s'agripper à l'estrade et ovationner les apprentis rappeurs. Puis Jamel fait monter toute la salle sur scène. Et tous, mères en djellabah ou en boubou, pères maghrébins ou antillais, enfants et membres du corps enseignant, tous entonnent en chœur la chanson *Changer le monde*.

23

Najib

Jamel appartient au « Quintet d'impro » du Déclic Théâtre, en compagnie notamment d'Alain et de Marie-Pierre Degois. La troupe (quatre comédiens dirigés par un maître de cérémonie) se produit dans des cafés-théâtres parisiens où l'on improvise sur des thèmes proposés par le public. Mais Jamel rêve d'être un jour seul en scène. Il s'en ouvre à Papy : il veut voler de ses propres ailes.

Papy installe Jamel devant l'écran d'un ordinateur, avec un clavier, et lui dit : « Maintenant, ce que tu as envie de faire sur scène, tu vas d'abord le rédiger. » Écrire est un devoir obligatoire pour monter un spectacle. Mais il n'est pas aisé pour un improvisateur de fixer des mots sur le papier. C'est un contre-emploi pour Jamel : « De sa petite main, il s'est mis à taper ses sketches, constate le directeur du Déclic Théâtre. Écrire, c'était très dur pour lui. Je ne l'ai pas lâché. Avec ma femme professeur de lettres, nous l'avons aidé, lui avons fourni les outils. Il travaillait bien plus qu'il ne l'avait jamais fait auparavant à l'école ou au collège. Il s'appliquait à mettre par écrit les réflexions captées autour de lui dans les conversations, dans les cours d'immeuble, les cages d'escalier, dans le bus ou les supermarchés, dans les tribunes du stade de foot. Il a continué ainsi de piocher ses idées partout, ne laissant pas passer un instant sans que quelque chose ne lui serve pour en faire son miel. Une capacité extraordinaire à tirer parti du quotidien, à utiliser le moindre détail de ce qui lui arrive, à piquer une bribe de discussion ou à déconner avec quelqu'un sur n'importe quel sujet pour ensuite récupérer le dialogue, le recycler et en tirer un sketch. »

Sa mémoire très vive lui permet d'emmagasiner instinctivement des éléments saisis au vol, puis de les recomposer en histoires. Pas toujours selon le hasard des rencontres : il lui arrive de créer lui-même les situations pour exploiter ensuite les réactions. « J'essaie des formules drôles avec les copains, reconnaît Jamel que l'on soupçonne de monter lui-même certains coups. S'ils rient, je les garde, sinon je laisse tomber. »

Il teste ses sketches. Il ne se contente plus pour cela de broder, comme au temps où il était collégien, autour d'explications farfelues en choisissant pour prétexte la justification de ses retards ou de ses absences. Il passe à la dimension supérieure, de la même manière qu'il s'invente la visite d'une tante élevée par… des loups, pour enfariner la conseillère d'orientation de Gagarine, Mme Rodriguez, tellement désarçonnée par la monumentale explication qu'elle lui aurait volontiers accordé toutes les excuses.

Il se faufile sur de petites scènes, se glisse sur les planches des cafés-théâtres, en particulier à la Mainate, à Paris, rue Bichat, dans le Xe arrondissement, où des humoristes défilent pour placer leurs bons mots en une poignée de minutes devant une salle souvent à moitié vide. Pour aller à la rencontre d'un public, il se produit aussi devant les consommateurs accoudés au bar-PMU du centre commercial du quartier des Merisiers. C'est ainsi qu'il rode son sketch sur les « Pastèques en promotion » que les clients indélicats du supermarché Ed s'envoient à la figure, et celui de la mère « rebeu » qui planque la couscoussière sous la djellaba.

« Le premier qui m'a donné envie de faire des sketches, c'est Smaïn », ne cesse de répéter Jamel. Et Smaïn l'Algérien joue volontiers un rôle de protecteur pour Debbouze le Marocain. Il l'a parrainé lors de son exhibition devant Francois Mitterrand à l'Institut du monde arabe, lors de la remise des trophées Sport-Insertion-Jeunes, et il vient présider à Trappes, le 29 juin 1994, la présentation du film de Nabil Ayouch, *Les Pierres bleues du désert*, dont Jamel est la vedette. La projection a lieu en présence du maire, Bernard Hugo, au Grenier à Sel, magnifique bâtisse élevée sur des fondations datant du XVe siècle et reconstituée vers 1920, dernier vestige de la vieille ville, où est installée l'unique salle de cinéma de la commune, le Jean-Renoir. Le court-métrage a obtenu le prix Canal Plus, il remporte un vif succès au Maroc, et une foule d'inconditionnels de toutes origines de la jeune culture beur se presse au rendez-vous de Trappes.

L'œuvre de Nabil Ayouch raconte dans un langage poétique l'histoire de Najib, un adolescent incompris par sa communauté qui part dans le désert, convaincu qu'il y découvrira de grandes pierres bleues, symboles de sa quête de vérité. Pour son premier film, le réalisateur d'origine marocaine, né en 1969 à Paris, qui a grandi à Sarcelles, a mis beaucoup de lui-même, en particulier dans le personnage incarné par Jamel, ce jeune garçon qui veut se forger sa propre identité. À la poursuite de son idéal, Najib doit faire face à ses semblables, affronter son entourage qui le prend pour un fou, sauf le doyen du village qui lui dit : « Ton arme, c'est ta détermination, ta volonté. » Il doit braver ensuite le désert pour y atteindre son but : une montagne de pierres bleues, comme un joyau étincelant sous le soleil de plomb. Un film dépouillé où Jamel est un introverti mystique, assoiffé d'absolu. Par-delà les apparences, Najib ressemble en tout point à Jamel, lui aussi à la poursuite d'un fabuleux destin. Il revit dans le film ce qu'il vit dans la vie. Adolescent chétif, au bras blessé qui pend dans le vide, Najib alias Jamel est protégé par sa mère qui l'adore, l'écoute, et croit en ses rêves. Il est giflé par son père, qui refuse de le comprendre parce qu'il défie son autorité.

Pour réussir sa performance dans ce premier rôle, l'apprenti comédien a dû faire face à un obstacle culturel : le tournage était entièrement prévu en dialecte arabe, langue que Jamel ne maîtrise pas. Peu importe, Naïma Lemcherqui, qui incarne sa mère dans le film, s'est chargée de remédier à cette lacune : « J'ai insisté pour que toutes les répliques de Jamel lui soient rédigées phonétiquement, avec le seul alphabet qu'il connaît. Sur le tournage qui s'est déroulé à Téfraout, dans le sud du Maroc, nous étions tous, acteurs et techniciens, autour de lui, à le rassurer, à le mettre en confiance, bref nous l'avons couvé afin qu'il donne le meilleur de lui-même. Jamel était avec moi comme un enfant qui admire sa maman. »

Il fallait bien ce réconfort car Jamel dut rejouer à vingt-sept reprises la scène de la gifle que lui administre son père, campé par l'acteur Ben Brahim, avant que le réalisateur soit entièrement satisfait !

Lorsque les lumières se rallument dans la salle, chaque spectateur a encore en tête la vision du petit Jamel en djellabah poussiéreuse, levant les bras au ciel face aux pierres bleues du désert : drôle d'image, que certains ne peuvent s'empêcher de trouver prémonitoire ! Les applaudissements crépitent dans les rangs, Smaïn en grand frère plein de fierté serre l'énergumène dans ses bras. Le premier magistrat, Bernard Hugo, vient féliciter son jeune administré dont il admire le talent et la vivacité, avant de lui glisser au creux de l'oreille qu'il serait heureux de lui venir en aide un jour.

24

Saïd

À Casablanca, la maison de Naïma Lemcherqui et d'Abderrhamane Khayat est le lieu de rendez-vous des artistes. On y rencontre des réalisateurs, des metteurs en scène, des acteurs de cinéma ou de théâtre, notamment le très populaire comédien et humoriste Saïd Naciri, pionnier de la *stand up comedy* au Maroc, un genre qu'il a découvert lors de ses études aux États-Unis, à Boston. En ce tout début d'année 1995, Jamel est encore pour quelques jours l'hôte de sa « maman artistique d'adoption ». L'hiver est doux à Casablanca, plus doux qu'à Trappes, et la demeure de Naïma est celle du bonheur. Comme un coq en pâte, le champion des Yvelines du théâtre d'impro se laisse volontiers vivre au milieu de sa deuxième famille. Il est très complice avec Yasmine, la fille cadette de l'actrice, tous deux délirent ensemble sur leurs fantasmes de futures stars hollywoodiennes.

Un soir, Naïma organise un dîner de fête auquel elle convie son ami Saïd Naciri. Elle est persuadée qu'entre lui et Jamel ça va coller dès le premier échange de vanne. « À l'époque, explique l'humoriste marocain, je préparais une tournée internationale à la fois artistique et sportive dont la vocation était de jeter un pont entre gens du pays des deux côtés de la Méditerranée. Naïma faisait bien sûr partie du voyage, car elle cultive aussi fort que moi cette obsession de favoriser par tous les moyens possibles les échanges avec nos cousins vivant à l'étranger. »

Silhouette de bon vivant, bouille joviale soulignée par une

moustache fournie et taillée à la serpe, âgé d'une trentaine d'années, Saïd arbore le mélange d'assurance et de modestie propre à ceux qui ont souffert pour réussir. S'il est appelé à devenir une star[1], cet homme n'est pas né avec une cuillère en or dans la bouche. Originaire du quartier le plus pauvre de Casablanca, le Derb Sultan, il se confronte très tôt à la loi de la rue, apprend la débrouillardise et développe un talent de tchatcheur au langage fleuri, qui lui permet de gravir très jeune les premières marches de l'échelle sociale. Étudiant brillant et ambitieux, le jeune Saïd décroche à dix-neuf ans une bourse pour partir en Amérique, où il séjourne durant six ans pour faire coup double : un master en *business administration* (MBA) à Boston et des diplômes d'art dramatique et de comédie. Sur la côte Est des États-Unis, il sort beaucoup, fréquente cinémas et théâtres, découvre les grands de la *stand up comedy* : Lenny Bruce, Richard Pryor, Eddy Murphy, Jerry Seinfeld… Des types qui arrivent sur scène comme s'ils venaient en voisin, pour engager avec le public une conversation à bâtons rompus. Ils se lancent alors dans le récit de leur quotidien, égrènent banalités et autres petits événements qui sont le lot de chacun, prennent à témoin l'assistance, qui se laisse entraîner dans un vrai-faux dialogue, chaque spectateur ayant l'illusion que l'on s'adresse à lui en particulier. Pour Saïd, c'est à la fois une révélation et une terrible impression de déjà-vu :

« Le *stand up* est un mode d'expression qui, chez nous autres Marocains, coule dans nos gènes depuis des siècles. Notre culture orale de conteurs – se transmettant leurs histoires de génération en génération – nous donne d'emblée un avantage sur les autres. Il suffit d'observer, par exemple, les cercles qui se forment spontanément autour d'un homme sur la place Jma El Fnaa à Marrakech. L'anneau ne cesse de s'élargir autour du conteur qui peut rester

1. Il battra tous les records de popularité grâce à son personnage dans la sitcom *Moi, mon frère et sa femme*, devenue une série culte chez les téléspectateurs marocains, et grâce à ses *one man shows* qui rassemblent dans la salle plusieurs milliers de personnes.

durant des heures à improviser. On appelle cela le *halka*. Lorsque j'ai vu Jamel pour la première fois, j'ai décelé tout de suite en lui ce talent-là. Cette spontanéité dans la créativité orale, cette vivacité dans le langage, cette capacité à rebondir sur la moindre phrase… Il a beau avoir grandi en Europe, loin de nos conteurs, il possède cela en lui, c'est dans son sang. »

Naïma obtient de son ami Saïd la participation du petit phénomène à la fameuse tournée internationale qu'il prépare pour le printemps suivant. Saïd accepte de prendre le gamin sous son aile : « J'ai dit à Jamel en rigolant : "Tu verras, mon vieux, je vais faire de toi une star !" Il m'a lancé un regard incrédule mais plein d'espoir. Dans notre domaine, lui ai-je expliqué, il faut soixante-quinze pour cent de chance, vingt pour cent de talent et cinq pour cent de réseau. Tu m'as l'air bien parti pour réunir les trois atouts ! »

Et voilà Jamel inscrit à l'affiche de la tournée « Art et Sport », où il se retrouve en famille. Outre sa marraine Naïma Lemcherqui, il y a parmi les organisateurs Khalid El Quandili, chargé de la partie sportive du programme (matchs de football entre l'équipe du WAC de Casablanca et de formations des villes visitées : Bruxelles, Maastricht, Utrecht, Amsterdam, Rotterdam et Liège), qui est accompagné d'un staff de reporters marocains d'Atlas TV, ainsi qu'Ahmed Ghayet, heureux de voir Saïd parrainer Jamel. Bref, le jeune Debbouze, qui n'a pas encore vingt ans, a la chance d'être soutenu par des personnalités de premier plan de la vie socio-culturelle du royaume chérifien. Parmi les quarante participants, figurent également les chanteuses Najat Ataabou et Sidonie, la comédienne Nawal El Mutawaki, toutes trois très populaires, ainsi qu'un comique issu de la vieille école, le Fernand Raynaud marocain : le vénéré Abderraouf.

Cette tournée de vingt jours (du 5 au 25 avril 1995) est pour Jamel l'occasion de tester ses premiers sketches écrits sur l'ordinateur de Papy. Mais les pays visités, Belgique et Hollande, sont des terres inconnues même si le public concerné est en majorité d'origine marocaine. La première étape, Bruxelles, lui laisse un souvenir amer. Il a pourtant minutieusement préparé son numéro évoquant son quotidien de banlieusard. Le jeune Trappiste s'évertue, en vain, à captiver les quelque 2000 spectateurs venus de Belgique et aussi d'Allemagne. Saïd Naciri souffre en silence pour Jamel :

« Son français n'était pas clair, il parlait trop vite, il bégayait. Au bout d'un moment, l'assistance ne l'écoutait plus, les gens se mettaient à parler entre eux. Pour un comique, il n'y a pas de pire cauchemar que d'être ignoré par le public ! Et encore, heureusement qu'il n'affrontait pas une salle cent pour cent marocaine au Maroc ! Chez nous, les gens ne se contentent pas d'occulter l'artiste, ils le font savoir en l'engueulant carrément, lui envoyant des projectiles, le traitant de tous les noms ! Dieu merci, Jamel a échappé à cela. Mais l'expérience a été très dure pour lui. Je lui ai dit : "Écoute, mon vieux, évite de parler de ta banlieue, cela ne dit rien à personne ici. Et surtout, exprime-toi en arabe si tu veux te faire comprendre. Demain soir, à Maastricht, tu me rejoindras sur scène et on improvisera tous les deux. Tu verras, on va faire un carton !" »

La prédiction de Saïd se réalise au-delà de toute espérance. Obéissant aux instructions de son mentor, Jamel déboule sur les planches, croulant sous un gigantesque bouquet de fleurs, interrompant inopinément l'exhibition de Saïd. « Il s'est littéralement jeté sur moi avec ses fleurs, me couvrant de baisers et de félicitations pour mon show dans un arabe parfait. Avec un tel enthousiasme que j'ai dû le repousser, manquant de m'affaler avec lui sur scène. Le public exultait. Un triomphe ! »

La tournée se poursuit avec des fortunes diverses, frisant même la série noire : un soir, un mafioso version batave, tenancier de cabaret, pointe son revolver sur la tempe de Saïd Naciri pour le forcer à remplir son tiroir-caisse avec la totalité des gains du spectacle… Jamel, lui, en est quitte pour une grosse frayeur. Il sait qu'à son retour au bercail, le public de Trappes sera beaucoup moins imprévisible. Entre la cité des Merisiers et la plaine de Neauphle, c'est un peu comme s'il jouait dans son jardin.

25

One man show

Jamel est fin prêt pour le grand saut : le *one man show*. En dépit des péripéties de la tournée marocaine au royaume des Tulipes, il le sent, son spectacle est au point. Il dispose même de l'outil indispensable pour l'exercice de la scène en solo : le micro-cravate. Quelques mois plus tôt, il en avait parlé à sa mère. « Elle a tout de suite compris, mais si je lui avais dit que je voulais être mangeur d'enfants, ou n'importe quoi, elle aurait été solidaire. Le fait de me voir devenir ce que j'avais vraiment envie de devenir, je crois que ça la rendait heureuse, même si cela a été un vrai sacrifice : elle a pris un crédit de 40 000 balles, six mois de son salaire, pour que je puisse avoir ce micro-cravate ! Tout ça parce qu'on lui avait dit qu'il en fallait un pour devenir comédien. Ce n'est pas qu'elle croyait réellement que je puisse y arriver, mais elle voulait absolument que je fasse ce qui me plaisait. »

Mais le micro-cravate coûtera moins cher que prévu. Jamel se rend au ministère de la Culture, rue de Valois, à Paris. Khalid El Quandili, qui vient d'être nommé chargé de mission auprès du ministre Philippe Douste-Blazy pour lancer dans les quartiers un programme « Culture-Insertion-Jeunes » sur le modèle de Sport-Insertion-Jeunes, dépose une demande de subvention au profit de l'humoriste débutant. Il y met tant de zèle que l'histoire du micro-cravate émeut tout le monde au ministère.

De son côté, Ahmed Ghayet fait jouer ses relations : « Je connaissais personnellement l'ambassadeur du Maroc en France, Mohamed

Berrada. Lors de l'une de nos rencontres, je lui ai parlé de ce gosse surdoué qui tentait de percer dans le *one man show* et qui, à cause de son bras handicapé, avait besoin plus que n'importe quel artiste d'un micro-cravate pour se produire sur scène. Une semaine plus tard, l'ambassadeur me rappelle et me propose d'organiser un dîner privé dans sa résidence de Neuilly en l'honneur de Jamel, et en présence de personnalités influentes entretenant des liens avec le Maroc. »

Le dîner réunit, outre Ahmed Ghayet, Dominique Strauss-Kahn et Anne Sinclair, Marc Lavoine et Sarah Poniatowski qui s'étaient mariés à Marrakech, Frédéric Mitterrand, Claude Sérillon, ainsi que deux ou trois autres journalistes… Très impressionné à l'idée de partager les agapes d'une si distinguée assistance, Jamel arrive accompagné de son père, intimidé lui aussi, qui s'apprête à attendre modestement dans sa vieille Peugeot la fin de la soirée et le retour de son fils. « Pas question, insiste l'ambassadeur, on rajoute un couvert pour Monsieur Ahmed Debbouze, le papa ! » La réception se déroule dans une atmosphère bon enfant, sans fioritures protocolaires. Après le repas, Mohamed Berrada glisse au creux de l'oreille d'Ahmed Ghayet : « Crois-tu que Jamel pourrait nous faire un petit sketch ? » Le jeune Trappiste a prévu cette éventualité et, en un clin d'œil, il conquiert toute l'assistance. Quelques jours plus tard, Son Excellence lui adresse un chèque de 20 000 francs. « Un chèque tiré sur ses deniers personnels », précise Ahmed Ghayet, heureux d'avoir pu jouer les intermédiaires.

Jamel met à profit les derniers jours avant le jour « J » pour peaufiner son show avec Papy, son metteur en scène, qui le fait répéter dans des salles dégottées au pied levé, à la MJC de Guyancourt ou à La Verrière quand on ne trouve pas de lieu à Trappes. Les conditions de travail sont parfois difficiles lorsqu'elles sont perturbées par des traîne-savates des environs, qui « tapent l'incruste » dans les salles et font de la provoc'. Plus d'une fois, Papy et Jamel sont obligés de montrer les dents pour virer les importuns, qui ne manquent pas de s'exclamer à l'adresse de Jamel :

« T'es qu'un collabo de français, nique ta race ! » Réponse de l'intéressé : « Nique ta race toi-même, casse-toi, un jour tu me reverras au volant de ma Mercedes ! »

Jamel rêve de présenter la première de son spectacle sur la nouvelle scène flambant neuve qui jouxte le commissariat de police du quartier des Merisiers. La Merise – tel est son nom –, récemment inaugurée en grande pompe, affiche des ambitions culturelles de haute volée. Mais les distingués membres de sa direction artistique, voyant débouler Jamel cornaqué par Papy, les toisent avec condescendance : le freluquet local n'a pas le profil des stars dont ils convoitent la venue. Vexé, le kid de Trappes se jure qu'il reviendra un jour et remplira la Merise avec des spectateurs ayant payé le prix fort. En attendant, il accepte de se rabattre sur la bonne vieille salle Jean-Baptiste Clément, solidement arrimée face au bâtiment 14 du square de la Commune de Paris. « C'est là que j'ai touché les planches pour la première fois, que j'ai appris à danser, que j'ai répété et joué des petits spectacles. Le premier lieu que j'ai tagué à la bombe, c'est Jean-Baptiste Clément ! » Jamel se lance un défi, il sait qu'il n'a pas le droit à l'erreur. Trop de gens l'attendent au tournant. Beaucoup se plairaient à le voir échouer. « Si je me plante, j'aurai du mal à m'en remettre… De toute façon, si je ne réussis pas dans le spectacle, je ne peux rien faire d'autre, même pas être poubelleur avec mon seul bras valide. Ce que je veux faire, c'est de l'humour, je veux faire rire. Et gagner de l'argent pour aider ma famille. »

Ce 29 avril 1995 à 21 heures, la salle Jean-Baptiste Clément est archicomble. 400 spectateurs s'y pressent ; les uns ont acheté leur place au tarif plein de quarante francs, les autres au tarif réduit de vingt francs. Tous ses potes sont là, mais aussi sa famille, tout le Déclic Théâtre autour de Papy, ceux de Guyancourt et de La Verrière avec Mouloud Ioulain accompagné du chanteur algérien Jimmy Wahid, tous ceux qui l'ont vu grandir, en particulier le maire de Trappes, Bernard Hugo, qui le soutient depuis ses débuts, et les animateurs de l'action culturelle et sociale de la ville. Ils sont tous là, impatients, comme si c'était le premier jour de la nouvelle vie de Jamel. Le spectacle s'intitule: *C'est tout neuf, ça sort de l'œuf*. C'est un show d'une heure et quart. On y voit défiler toute une galerie de personnages: un journaliste parisien égaré, venu enquêter sur les «problèmes socio-économico-culturels» des quartiers déshérités, qui propose 500 francs pour obtenir des informations de la bouche des «racailles» en les vouvoyant sur un ton emprunté. Réponse d'un des lascars: «D'où qu' tu m' vouvoies, toi? On n'a jamais volé de bécane ensemble.» On croise aussi le «keuf», presque devenu un pote à force de convocations au commissariat: «Et votre rhume, inspecteur, ça s'est arrangé depuis samedi?» On croise encore le «physio» (physionomiste) de la boîte de nuit, que petit Jamel, tout endimanché de pin's, tente d'apprivoiser: «Paulo, pourquoi t'as mis tes tongs?» On croise la pute, baptisée Gasoil «parce qu'il faut la chauffer grave pour qu'elle démarre». On croise Geneviève, «celle que j' l'aime dès que j' l'ai vue en bas de son HLM». La voiture, qu'on vous accuse d'avoir dérobée: «J' l'ai pas volée la voiture, j' lai trouvée par terre sur un trottoir, vide et abandonnée.» Enfin, clou du spectacle, le *hadj*, patriarche maghrébin en djellaba ornée d'un crocodile Lacoste, coiffé d'un *guenour* (turban), qui arpente le toit de son immeuble un combiné de téléphone à l'oreille, l'autre main actionnant une parabole géante (un vieux sac à dos de Papy surmonté d'un râteau en guise d'antenne): «Alors Aïcha, c'est quoi l'image? MTV? Qu' j'en ai à foutre d'MTV! J' veux MarocTV!» Sans oublier les clients indélicats qui confondent pastèques et ballons de foot, et la maman qui part avec le couscoussier sous la djellaba... Autant de situations et de personnages puisés dans l'extraordinaire vivier de Trappes, même si leur présentation railleuse n'est pas toujours à l'avantage des Maghrébins. Aux yeux de Mouloud Ioulain et de Jimmy Wahid, l'autodérision, quand elle va trop loin, dessert la cause des familles d'immigrés.

Il n'empêche: le feeling passe immédiatement entre Jamel et le public. Sous les éclairages mis au point par Papy, le galopin brille de mille feux, prend une dimension insoupçonnée et son ombre immense se projette de façon écrasante sur l'arrière de la scène. Il maîtrise l'espace, se place toujours là où il faut, contrôle chacune de ses respirations. La moindre de ses saillies fait mouche, les spectateurs exultent : une étoile est née. De quoi faire regretter aux dirigeants de la Merise de n'avoir pas été les premiers à l'accueillir.

Au soir de ce triomphe, Jamel touche son premier vrai cachet. Il n'en revient pas : « Je joue, les gens sont morts de rire, je prends un plaisir incroyable, je descends de scène, une femme arrive et me donne une enveloppe : il y a 500 francs dedans. Rentré chez moi, je l'ai cachée sous mon lit, attendant qu'on me la réclame. Je n'arrivais pas à faire le lien entre le plaisir que j'avais pris et l'argent. » Ce n'est pas tout : FR3 lui consacre ce jour-là, dans ses actualités régionales d'Île-de-France, un sujet de deux minutes quarante-cinq secondes.

26

Révélation

Ce devait être l'unique représentation. Mais le succès est tel que Papy ne veut pas en rester là. Il faut trouver d'autres salles pour tester son poulain qui doit faire ses preuves devant d'autres publics. Dans la foulée, Jamel se produit devant 300 personnes au Scarabée, théâtre de La Verrière, où il «cartonne». Carton plein également à L'Usine à chapeaux de Rambouillet devant une assistance composée en majorité de Français de souche. Forts de leur performance dans les Yvelines, Papy et Jamel décident de partir à la conquête de Paris. Ils retournent à la Mainate, puis décrochent le Movies, le Folies-Pigalle, le théâtre de Trévise... mais ils voient se fermer les portes du Point-Virgule, où on les traite avec mépris lors des essais.

Papy ne lâche pas Jamel d'une semelle. Il lui imprime ses affiches avec l'aide de Rachid Benzine, distribue ses tracts, fait le taxi, va le chercher chaque jour chez lui pour le conduire au théâtre avec le matériel entassé dans sa petite 205 – quand il ne choisit pas la moto, comme ce jour où, entre Jamel et lui, a pris place sur le bolide un ouistiti que l'apprenti éleveur de pitt-bulls embarque clandestinement sous son blouson pour le revendre à Paris. Car l'enfant indomptable de Trappes – arrosé copieusement par l'incontinente bestiole durant le transport – n'en a pas fini avec les petits commerces de ce genre. Mais Papy veille sur son protégé, conscient que, parfois immature, il peut faire un faux pas. Un soir où il va le chercher chez lui, rue du Moulin-de-la-Galette,

Fatima Debbouze lui confie sur le pas de la porte: «Monsieur Papy, vous êtes son deuxième papa.»

Au Movies, salle de soixante places où il se produit les lundis et mardis, Jamel tiendra la scène pendant sept mois jusqu'en juin 1996. En novembre et décembre 1995, alors que Paris est totalement paralysé par la grève des transports urbains, les gens font la queue une heure sur le trottoir de la rue Michel-le-Comte, dans le IIIe arrondissement, espérant entrer. Il est vrai que le quotidien *Le Parisien* du 31 octobre 1995 lui a consacré un article avec photo sur quatre colonnes dans son édition nationale. Sous le titre «Un jeune de banlieue raconte son quotidien: l'humour et la tendresse de Jamel», la journaliste Nathalie Segaunes attaque par ces mots:

> Bonne nouvelle de la banlieue. Enfin elle génère son propre humour, plus décapant qu'une toile émeri, et Jamel, vingt ans, venu de Trappes, en est le héraut. Ce jeune homme d'origine marocaine au talent incisif et explosif est un phénomène. (...) Avec ce spectacle infiniment drôle et intelligent il offre à la capitale l'occasion rêvée de porter un autre regard sur la banlieue.

Une semaine plus tard, dans son édition du 8 novembre 1995, l'hebdomadaire *Le Canard enchaîné* lui consacre un entrefilet louangeur dans la rubrique «Le coin-coin des Variétés» :

> Il y a quelque chose de jubilatoire en lui. Des yeux rieurs, une voix qui arrache, et tout juste vingt ans: voilà un garçon pêchu, dont l'art sort tout droit de la banlieue (...). À force d'avoir les oreilles rebattues par le fameux «malaise des banlieues», on avait presque fini par oublier qu'elles recelaient pareille tchatche, allègre et gouailleuse, experte en autodérision. C'est roboratif. Petit Jamel devient grand comique !

De l'autre côté de la Méditerranée, Ahmed Ghayet, qui tient la rubrique « Chronique d'un Beur » dans les colonnes du quotidien casablancais *Le Matin du Sahara et du Maghreb*, premier journal marocain d'expression française, ne tarit pas d'éloges sur le coup d'essai de celui qui est surnommé « le Smaïn de poche ». Sous le titre « Une étoile est née ! », il dresse un portrait prémonitoire de Jamel :

> Jamel Debbouze ! Ce nom risque de devenir, dans les mois et les années qui viennent, aussi célèbre que celui de l'un de ses célèbres parrains : Smaïn. (...) Jamel a fait, le 29 avril dernier, ses grands débuts sur scène en jouant un véritable *one man show* de plus d'une heure, en avant-première, seul dans une grande salle de sa ville natale de Trappes (...). Jamel a conquis ses galons d'artiste débutant, les témoignages lui étaient venus de nombreuses parts : notamment de notre ambassadeur M. Mohamed Berrada, mais aussi de Smaïn, de Samira Sitaïl et d'une foule de jeunes Beurs présents dans la salle et applaudissant aux sketches dans lesquels ils se reconnaissaient. Jamel s'est glissé dans la peau du jeune rappeur, du gosse de la cité, de l'intellectuel branché, du petit loubard ou du Beur de retour au pays pour les vacances. À mourir de rire ! (...) Bien sûr, beaucoup de chemin reste à parcourir pour ce jeune artiste en herbe, mais il a pour lui le talent, la volonté, et cette espèce d'inconscience qui lui permet tous les paris, tous les défis... (...) Vous verrez, petit Jamel devient grand ! Inch' Allah !

Le signataire de l'article est tellement enthousiaste qu'il décide de profiter de la tribune offerte par son journal pour lancer l'idée de réunir sur une même scène les deux étoiles montantes du Maroc, Jamel Debbouze « le Beur » et Gad Elmaleh « le Feuj », afin de « montrer deux visages complémentaires de la communauté marocaine vivant à l'étranger ». Cette perspective séduit les dirigeantes de l'association Al Ihssane, qui gèrent l'orphelinat « Lalla Hassna » de Casablanca. Ces dames proposent d'organiser le 11 novembre 1995 un gala au profit de leurs petits protégés. Jamel et Gad prennent contact à Paris où ils se donnent rendez-vous dans un café de la place du Châtelet. C'est la première rencontre entre l'Arabe et le Juif :

Jamel : « Moi, j' voulais pas le rencontrer, j' savais pas qui il était. »

Gad : « En fait, on a entendu parler l'un de l'autre, et l'autre de l'un, et on s'est rencontré. »

Jamel : « Ouais, au café Sarah-Bernhardt, j'ai bu un café chaud et Gad a casqué. Ça, c'est un bon souvenir de notre collaboration. »

Un humour pince-sans-rire qui fait un tabac dans la salle des fêtes de l'hôtel Sheraton de Casablanca où, parmi les personnalités les plus représentatives des deux communautés, on reconnaît la princesse Lalla Joumala, fille du roi Hassan II, qui préside la soirée, André Azoulay, conseiller du roi, entouré de plusieurs ministres, et… la protectrice de Jamel, Naïma Lemcherqui.

27

Chez Drucker

À Paris, France 2 diffuse à la fin de son journal de 20 heures du 13 novembre 1995 un sujet « coup de cœur » de deux minutes sur le spectacle du Movies. Puis Jamel fait lui-même ses premiers pas sur un plateau de télévision à Paris, quelques mois plus tard, à la suite d'un concours de circonstance où intervient le maire de Trappes, Bernard Hugo. Son fils Gilles, ingénieur du son, travaille pour l'émission de Michel Drucker, « Studio Gabriel », diffusée du lundi au vendredi juste avant le 20 heures de France 2. Bernard Hugo, qui a assisté à la première représentation de *C'est tout neuf* à la salle Jean-Baptiste Clément, pense qu'il pourrait, par ce biais, donner un coup de pouce à ce Jamel qui est déjà la fierté de sa ville. Il ne connaît pas spécialement les Debbouze, mais a rencontré Fatima lors d'une manifestation contre la hausse des loyers et pour l'emploi devant la préfecture de Versailles, alors qu'il la transportait en voiture en compagnie d'autres mères de famille. Premier magistrat de la ville depuis 1966, Bernard Hugo fait l'unanimité pour son altruisme : il est toujours prêt à se battre pour ses administrés. Il n'hésite donc pas à téléphoner à son fils Gilles, dont il connaît les bonnes relations avec Michel Drucker, dans l'espoir de donner sa chance à l'élève modèle de Papy.

Entre-temps, Nathalie André, embauchée par Michel Drucker comme programmatrice de « Studio Gabriel » – un travail qui consiste à recruter cinq invités par émission –, planche sur la composition du plateau du 12 mars 1996. L'hôte principal de Michel sera, ce soir-là, l'acteur José Garcia, qui partage avec Fabrice

Luchini l'affiche du film *Beaumarchais, l'Insolent*. Reste à trouver le jeune talent de service, qui occupe quotidiennement un créneau de cinq minutes, juste avant la rubrique finale tenue par le duo Laurent Gerra-Virginie Lemoine. Nathalie André a, sur son carnet, le nom d'un « drôle de petit bonhomme » qu'elle a découvert deux mois auparavant en banlieue, à Évry, dans son spectacle *C'est tout neuf*. Depuis plusieurs semaines, elle essaie en vain de convaincre son patron de donner sa chance à ce débutant dont Michel Drucker n'a jamais entendu parler : « Toutes les fois que je tentais de le placer, Michel me répondait invariablement : Nathalie, mais c'est qui ton Jamel ? Et chaque fois je le suppliais : prends-le seulement cinq minutes, c'est énorme. » Jusqu'au jour où ça fait enfin tilt : le personnage recommandé par l'ingénieur du son Gilles Hugo et celui vanté par la programmatrice Nathalie André sont… le même homme.

Le 12 mars 1996, Jamel Debbouze se précipite tout fou, mais intimidé comme un petit garçon, au « Studio Gabriel ». Il passe sans transition des trottoirs de sa banlieue aux paillettes des Champs-Élysées. Au signal de son entrée sur le plateau, il se heurte à une difficulté imprévue : prendre place sur un tabouret pivotant presque aussi haut que lui. Mais Jamel a vite fait de contourner l'obstacle, s'adressant à l'animateur-vedette sans façon : « Monsieur Drucker, s'il vous plaît, est-ce que je peux faire un truc ? » Sans attendre la réponse, il oublie le tabouret, se précipite sur Drucker et l'enlace en s'écriant : « Par ici la caméra ! » Et, face à l'objectif, le voilà qui harangue : « Hé ! Maman ! Hé ! les potes ! c'est moi ! j'suis là ! chez Michel Drucker ! » Rien ne semble pouvoir l'arrêter. Son naturel et sa spontanéité tranchent avec le ton de l'émission. Michel Drucker est sous le charme, mais il semble néanmoins se demander : « C'est quoi ce dingue ? » Car son invité, avec la frimousse d'un chérubin en blouson, est remonté comme un zébulon, il parle comme une mitraillette, explose comme de la dynamite. On n'en croit pas ses yeux et ses oreilles : ce gars-là, se dit-on, il a quelque chose que les autres n'ont pas.

Michel Drucker est surpris par tant de spontanéité : « Un regard d'écureuil d'une rapidité incroyable. Une minceur et une fragilité de petit lutin. Il était intimidé d'être ici, mais en même temps on sentait qu'il avait déjà beaucoup de métier, et ce vécu des petits gars de banlieue ayant grandi dans les cités. Une vivacité incroyable qui lui permet de tout saisir immédiatement. En un instant, dans sa tête, il a photographié le décor, la manière dont j'étais habillé, et il s'est dit : ça y est, je suis chez Michel Drucker, ça va rassurer ma mère, je suis en train de réussir, je commence à monter l'escalier, je suis sur la première marche, nous sommes en prime time, en direct, juste avant le 20 heures ».

Comme tous les soirs, quelques instants avant que débute le direct, Michel Drucker est allé saluer chacun de ses invités dans les loges. Quand il pénètre dans celle de Jamel, il a un choc : « Il m'a rappelé instantanément l'époque de mon premier job, quand j'étais moniteur de jeunes délinquants en Vendée. J'étais alors entouré de petits Jamel. La plupart, originaires d'Afrique du Nord, étaient déjà des terreurs venues des premières HLM construites en France dans les années cinquante et soixante. Des caïds en herbe, mais toujours très drôles, n'ayant peur de rien, jetés dans la vie sans filet, mais avec quelque chose de plus que les gosses de bourges : il fallait qu'ils se démmerdent. J'avais beau être fils de médecin, j'étais moi-même en conflit avec ma famille, ayant quitté l'école à dix-sept ans et ne fréquentant que des cancres comme moi. J'ai donc eu très tôt une sympathie pour ces gamins venus de rien qui espèrent devenir saltimbanques avec les moyens du bord. Ils ont le choix entre la réussite artistique sur une scène, un terrain de foot, sinon un ring de boxe, ou alors finir en taule. À peine arrivé à la télévision comme journaliste sportif, j'ai commencé à recevoir des lettres venant de différentes maisons d'arrêt de France, écrites par ces gars dont j'avais été le moniteur aux Sables-d'Olonne. Cette expérience en Vendée m'a marqué à vie. Depuis, j'ai un contact régulier avec le milieu carcéral, et il m'arrive quelquefois de m'y rendre pour aider ceux qui m'écrivent. »

28

Al Pacino

Grâce à Michel Drucker, la province découvre le comique de Trappes et Papy décide d'activer son réseau de relations dans les MJC pour organiser une tournée, des grandes villes au fond des campagnes françaises. Jamel se produit au Chocolat Théâtre de Marseille, puis près de Gap dans les Hautes-Alpes, chez un boulanger, Robert Oddon, qui a installé un café-théâtre dans le prolongement de son arrière-boutique. « Au milieu, il y avait une énorme baignoire », se souvient Jamel, alors accompagné dans sa virée par son frère Karim en qualité de régisseur. « On s'est dit : on y va. On a pris un super-bain moussant, c'était la première fois de ma vie. J'étais à "oilpé" (à poil) quand le boulanger débarque, furieux : "Vous avez piqué toute l'eau du village !" Je me suis dit : merde, c'est le public de ce soir. » Jamel enfile sa djellaba Lacoste, où sa maman a brodé un crocodile pour les besoins du spectacle, et monte sur scène. « Première vanne, pas un rire. Deuxième, rien. Fin du premier sketch : silence. Et j'entends un type mort de rire au fond : c'était Karim aux manettes qui s'éclatait, tellement on faisait un bide. »

La tournée fait une étape remarquée à la Fête de l'Huma, puis échoue à la MJC de Nanterre où un type hurle : « Rentre chez toi ! » Jamel répond : « Rentre chez toi, toi, t'es plus près. » Toute la salle éclate de rire et le type n'a plus qu'à s'écraser. « C'était fini pour lui, je m'en suis occupé pendant une heure, j'ai compris que j'avais là une arme de destruction massive. » Il comprend aussi qu'il doit s'en servir depuis le jour où un homme lui a dit aux abords de l'un de ses spectacles : « On a laissé passer un Arabe [Smaïn, *NDA*], il n'y en aura pas deux. »

À Toulouse, le lendemain de son show, Jamel, qui se plaît bien dans la Ville rose, entraîne Papy au cinoche : *Heat*, de Michael Mann, avec Al Pacino et Robert De Niro en tête d'affiche, vient de sortir sur les écrans français. Le kid de Trappes est dans tous ses états, ses deux idoles réunies dans un seul et même film, ça « déchire » ! Des souvenirs d'enfance lui reviennent en mémoire : « Je n'avais pas assez d'oseille pour aller au cinéma aussi souvent que j'aurais aimé. Quand j'y allais, je m'arrangeais toujours pour voir deux ou trois films pour le même prix, on y allait à quinze et pas seulement pour voir les films… Mais déjà, être dans une salle obscure et de prendre des images plein la gueule, ça nous faisait kiffer comme des malades ! Quand j'étais petit, j'adorais les dessins animés, tous sans exception. Après, ado, ça a tout de suite été Scorcese. L'univers, les ambiances. Je m'y retrouvais… Je ne suis pas un affranchi mais c'était assez proche de ce que l'on vivait, la cité, la famille, la famille surtout. On te rend service, il faut que tu en rendes d'autres. Je me souviens aussi de *Scarface*, ce mec qui part de rien, qui arrive au top et finit par mourir le nez dans la coke. À l'époque, tout le monde dans mon quartier aimait Scorcese, De Niro, Pacino, De Palma, *Les Affranchis, Mean Streets*. On adorait tous quand ça défouraillait à tout-va et qu'il y avait des explosions dans tous les sens… »

À Trappes, le héros, la référence, est le Tony Montana du film *Scarface* de Brian De Palma. C'est lui qui prononce cette phrase culte : « J'ai les mains faites pour l'or et elles sont dans la merde. » Si Papy ne partage pas vraiment le goût prononcé de son protégé pour les films de gangsters, il apprécie le jeu, la faconde des personnages. *Heat* évoque en effet la relation ambiguë d'un flic et d'un gangster sur fond de tensions familiales, l'histoire d'une admiration réciproque entre les deux héros. Temps forts : un face-à-face d'homme à homme, au fond des yeux, dans une cafétéria, puis l'affrontement final sur le tarmac de l'aéroport international de Los Angeles. Et ce soir-là à Toulouse, après avoir pris sa dose de scènes de gangsters avec *Heat*, ce n'est plus, en sortant de la salle, le petit banlieusard en quête de célébrité qui côtoie Papy dans les rues, mais un clone d'Al Pacino. « Jamel m'a embarqué dans un sketch délirant où on s'est retrouvés tous les deux comme des fous à nous repasser le film. Il avait mémorisé toutes les répliques des acteurs, leurs tics, leurs jeux de scène, toute l'histoire, il l'a reconstruite en quelques secondes, là, sur les trottoirs de Toulouse et moi, je suis parti en vrille avec lui ! »

De retour à Trappes, le fils spirituel d'Alain Degois ne se doute pas qu'il vient de passer un cap important de sa carrière naissante. Il retrouve les siens dans la coquette maison de la rue du Moulin-de-la-Galette, plus déterminé que jamais à s'accrocher à ce métier d'artiste qui ressemble de moins en moins à une chimère. Entre deux *one man show* à Paris, il continue à vagabonder, comme au bon vieux temps, à travers les méandres du quartier des Merisiers, son fief. La sortie du film de Michael Mann fait grand bruit dans la cité, tout le monde en parle. « Un jour en passant dans un hall d'immeuble, j'ai vu deux gosses de huit piges se raconter l'histoire de *Heat* et ça m'a fait pleurer de rire. Je me suis dit : "C'est ça qu'il faut que je fasse ! Je vais juste raconter les films à ma sauce." »

Hors des théâtres de banlieue et des tréteaux de MJC, Jamel et Papy engrangent leurs premiers succès sur la scène parisienne. Le bouche-à-oreille, la timide reconnaissance des médias commencent à produire leurs effets même si parfois, dans la petite salle du Movies ou face au ring du Trévise, les réactions du public sont mitigées. « Je me rappelle qu'au Trévise, à l'époque des scènes ouvertes, Dany Boon arrivait et n'avait qu'à ouvrir sa veste pour que tout le monde éclate de rire, pendant que nous, avec Éric et Ramzy, on ramait… » Pourtant, petit à petit, Jamel entre dans le circuit des comiques parisiens, son nom circule chez les organisateurs de spectacles, entre le Trévise, le Movies, le Folies-Pigalle et la Mainate. « J'avais le sentiment d'être à l'apogée de ma carrière, j'étais à fond, je faisais mon truc, je ne cherchais pas à devenir célèbre. »

Un soir, après l'un de ses shows, un homme l'attend dans sa loge. Il se présente comme producteur marié à une comédienne, et propose à Jamel un contrat d'un million de francs avec appartement et voiture à la clé s'il accepte de s'engager auprès de lui pour plusieurs années. Jamel reprend sa respiration. En quelques secondes, tout son passé défile dans sa tête, les galères de fric, les huissiers, les salaires de misère de ses parents. Il brûle de dire oui et de signer sur-le-champ, mais une petite voix à la Tony Montana résonne en lui : « Eh mec, si un type t'offre autant d'oseille, c'est que tu vaux au moins dix fois plus ! » Papy venait pourtant d'annoncer à son poulain qu'il n'avait pas les moyens, lui, en qualité de directeur artistique de Déclic Théâtre, de jouer les managers : « Pour lancer un comédien sur Paris, il faut entre 300 000 et 600 000 francs, notre association n'est pas assez riche pour ça, la seule chose que je pouvais financer c'était le pot d'après spectacle ! » On est loin du million… que Jamel finit par refuser au nez et à la moustache de son père, Ahmed, témoin de la scène, ce soir-là, aux côtés de Papy. Divine inspiration du kid de Trappes qui ne sait pas encore que dans la salle du Trévise une autre surprise se prépare.

Olivia Retaud pilote la « scène ouverte » du Trévise, le fameux *freestyle* où les « artistes » disposent de cinq minutes pour faire leurs preuves. Elle repère Jamel parmi les gugusses qui défilent tous les dimanches à 20 heures – parmi eux il y aussi Gad Elmaleh – avec leurs mini-sketches plus ou moins amusants. « J'ai tout de suite compris qu'il avait un talent pur, inné, et un sens de la scène très prononcé », diagnostique cette experte qui offre son aide à Papy.

Un soir, dans l'assistance, se trouvent deux dénicheurs de talents : Jacques Massadian et Jean-François Bizot. Vingt ans plus tôt, ils ont révolutionné la presse magazine en créant *Actuel*. Aujourd'hui, ils font exploser les ondes avec Radio Nova. Les deux pontes de la bande FM sont en quête d'un chroniqueur cinéma qui déménage. Et c'est là que le sixième sens de Jamel joue à pleins tubes : il choisit justement ce soir-là pour mettre à l'épreuve une critique de *Heat* à sa propre sauce, entre pastiche et dérapage contrôlé, sa dernière trouvaille. La salle est aux anges. Après avoir somnolé pendant une bonne heure devant la procession interminable d'apprentis comiques en tout genre, Massadian et Bizot se réveillent en sursaut pour se taper les cuisses. « Il nous faut ce type, coûte que coûte ! » Ventre à terre, le duo poursuit Jamel dans les couloirs du Trévise et le convoque d'autorité le lendemain même pour négocier son embauche sur les ondes les plus décalées de la capitale.

– Ce que tu viens de nous faire là, tu vas le faire à l'antenne, propose Jacques Massadian. Il te suffit d'aller au ciné et de raconter les films à la radio.

– Quoi ? Vous allez me filer de la thune pour aller au ciné ? Sur la tête de ma mère, j' peux pas le croire !

Jacques Massadian voudrait être sûr de son coup : « On ne sait jamais, on peut se marrer sur n'importe quelle connerie. » Il envoie sa fille aînée au spectacle de Jamel pour demander son avis à une représentante de la jeune génération, histoire de « bétonner ». Celle-ci tombe sous le charme et se fait un plaisir de conforter son paternel dans sa géniale intuition. Et Jamel, accompagné de Papy, peut désormais signer son contrat.

Grâce à ses premiers cachets, il n'a plus besoin de prolonger son contrat « emploi-solidarité » au collège Youri-Gagarine que la principale, Aline Peignault, s'apprête à quitter. Au moment de s'en aller lui aussi, il doit rencontrer la conseillère d'orientation, Mme Rodriguez. Ce jour-là, fidèle à lui-même, Jamel se pointe au rendez-vous avec deux heures de retard, quand il n'y a plus âme qui vive dans l'établissement. Alors il laisse un billet pour s'excuser : « Je suis en retard. J'ai pas pu venir avant. Mais j'arrive. Et je vous aime. » La conseillère d'orientation ne le reverra jamais. Il est parti vers de nouvelles aventures.

29

Croisée des chemins

Papy devient papa. Une petite Jeanne naît au foyer de Marie-Pierre et Alain Degois. Ce dernier constate que sa mission auprès de son fils spirituel s'achève: « Jamel bascule dans le show-biz, un autre monde, avec ses règles et ses fourberies. Ce n'est pas le mien. Je n'y ai aucune compétence. Je ne peux pas aller plus loin. S'il se sent abandonné par moi, c'est dommage, mais je ne peux plus rien faire pour lui. »

Papy laisse Jamel s'affranchir pour s'envoler vers son destin. « Il a suffisamment d'idées pour tenir la route tout seul. C'est toujours lui qui a écrit ses textes, je ne l'ai jamais fait à sa place, je me suis borné simplement à canaliser son expression, à la pousser à aller plus loin plutôt que rester à de simples vannes. C'est lui qui apporte les matériaux; moi, je me suis contenté de les arranger en lui disant: "Attends, tiens, mets plutôt ça… ça c'est trop… enlève donc ça…" Mais c'est quelqu'un qui est capable de travailler en solitaire. Le petit, il a grandi tout seul. Et il faut bien s'affranchir de ses pères, à un moment donné. Il fera son chemin parce que c'est quelqu'un de très intelligent, qui a une réflexion sur son travail. C'est quelqu'un qui a suffisamment de recul, par son humour, par sa façon d'être. Il a du recul sur ce qu'il est, sur ce qu'il fait. Et il ne se leurre pas. Pas d'illusions plus que ça. Il a les pieds ancrés dans la terre bien plus qu'on le pense. Il n'est pas fou, Jamel, il n'est pas fou. »

Papy poursuit sa route vers la jeunesse des banlieues. Jamel prend une autre voie. Leurs chemins se séparent mais l'amitié qui les unit reste indéfectible. « Papy, je lui dois tout, je peux le dire et le signer. Il a été le premier à me dire que j'étais bon, et ça c'est super important. On ne dit pas assez aux gosses qu'ils sont bons quand c'est le cas. Tout le monde a besoin d'être encouragé. C'est Papy qui m'a donné l'envie de faire ce que je fais. C'est lui qui m'a découvert. C'est lui qui a été le véritable déclencheur. Tous les jeunes ont besoin de déclencheur. Ça suffit de nous enfermer en rap / clip où l'on ne peut s'en sortir que par le rap, la boxe thaïe ou encore le raï... Il y a, certes, les études, mais aussi d'autres choses. Les jeunes, ils ne croient pas toujours aux études, alors ils ont besoin de gens comme Papy, qui sont présents, et qui font découvrir autre chose. Des mecs comme lui, on en a besoin, il faut les aider à faire en sorte qu'il y ait des jeunes qui s'épanouissent davantage. Papy, c'est un coach à vie. Et pour moi plus encore : un père spirituel. Quand j'ai une grave décision à prendre, je l'appelle. Quand j'ai un truc bien à te marrer, je l'appelle. Quand j'ai un truc "relou" qui m'arrive, je l'appelle... Je l'appelle tout le temps. »

Papy ne fait plus le taxi entre Trappes et Paris. L'oncle Hamed, demi-frère de la maman de Jamel, prend le relais avec Momo et Karim, les deux cadets. Momo (Mohamed, mais tout le monde l'appelle Momo) est plutôt baraqué ; il soutient son frère aîné depuis le début, partage son sens de l'humour, en rajoute souvent et aimerait bien, lui aussi, faire l'artiste. Karim est un peu plus jeune mais il affiche déjà une certaine maturité, c'est la force tranquille du trio. Peu bavard, contrairement à ses aînés, il se plaît dans les coulisses où il a appris auprès de Papy les rudiments du métier de régisseur de plateau. Momo et Karim sont les porteurs de valises de Jamel, ses hommes à tout faire et aussi ses gardes du corps. Car Jamel et son bras mort – cinquante kilos pour un mètre soixante-cinq – sont de plus en plus ballottés par fans et groupies qui demandent des autographes à la nouvelle « vedette des banlieues ». Il s'y soumet toujours de bonne grâce, s'appliquant à ajouter à sa signature une fleur ou un petit cœur, un bon mot de sa grosse écriture penchée où se mélangent majuscules et minuscules

– des lettres au tracé affirmé, exercé par l'art des graffitis et des tags sur mille murs de béton en guise de cahiers d'écolier.

Jamel, Momo et Karim, « ça marche » pour eux. Certains soirs, dans les chambres d'hôtel à l'issue du spectacle, ils se font des plans. Ils rêvent, comme Tony Montana, le héros du *Scarface* de Brian De Palma, de posséder « un jacuzzi et trois télés où on pourrait regarder MTV un havane au bec ». Ils se décrivent la grosse voiture au volant de laquelle ils voudraient bien frimer : BMW, Porsche, Mercedes, Ferrari 250 GTI 12 cylindres… une « caisse » surtout pour emballer les filles comme « Shéhérazade, la sœur d'un copain de Trappes, une bombe, cheveux longs, extraordinaire de beauté, qui sort avec un enfoiré d'avocat, un mec qui habite l'île Saint-Louis et vient la chercher en Porsche jusque dans le quartier. Elle allait à la fac de Nanterre, c'est là-bas qu'il l'a rencontrée. Elle a grandi avec nous, elle ne nous a jamais regardés une seule fois ! La vraie frustration : t'as pas de Porsche, tu te fais rétamer dans les boîtes de nuit, tu te dis je suis un naze, mes parents n'ont pas l'oseille… Putain la vie de ma mère, ça te motive en même temps ! »

Les boîtes de nuit les attendent, portes grandes ouvertes et tapis rouge, comme à l'Amadeus de Coignères, près de Trappes, quand le grand Rachid Benzine prenait le petit Jamel sous son bras comme sa mascotte et que même le patron, qui fermait les yeux sur l'âge de l'intrus, était plié de rire. Il laissait entrer sans payer et avait droit en échange à la version Debbouze des *Fourberies de Scapin* dans une ambiance de folie. Mais désormais, terminé les singeries dans les boîtes ringardes de banlieues pour traîne-savates ! On va à Paris, aux Bains Douches, draguer les grandes et belles blondes, les top models qui font mine de snober les rebeus tout en croisant leurs yeux. Fini aussi le temps où l'on se faisait virer par le portier pour cause de sale gueule, comme la fois où, « j' te jure, aime se souvenir Jamel, la videuse m'a refusé l'accès en demandant au pote que j'accompagnais : “Qu'est-ce que c'est que ça ?” Alors que j'étais venu avec mon plus beau pantalon repassé le matin par ma mère, avec quatre pinces et un petit revers, j'étais franchement sapé, j' te jure, même que cette fois-là on avait payé le ticket de train entre Trappes et Montparnasse… Aux Bains, on va s'amener désormais à quinze, et il suffira de claquer des doigts pour voir son verre se remplir instantanément. » Et voir les « meufs » rappliquer. Car pour Jamel, les filles, ce n'est pas toujours du tout cuit. En particulier les blondes – celles qui naguère se bousculaient pour porter son cartable : il les fait rigoler, mais n'éveille pas leur flamme. Son humour, plutôt que de le servir, se retourne parfois contre lui. Une arme à double tranchant : « J'étais celui que les filles aimaient bien parce que je les faisais marrer. "Allez Jamel, montre-nous ton cul !" Et puis, quand il s'agit de conclure, la nana part avec le mec d'à côté. J'avais la haine. » Il sait qu'il a plus de chances de conquérir le cœur des brunes qui répondent volontiers à l'ardeur de son regard charbonneux. La plus belle preuve, la fervente Anna-Paola dont l'amour, pour l'heure, le comble…

Dans les bagnoles ou les cages d'escalier, sur les trottoirs dès la sortie des bahuts, à la maison ou dans les teufs, tout le monde écoute Radio Nova. Mais avec Jamel au micro, c'est le kif des kifs, Nova. Depuis longtemps déjà, on rappe avec la radio dans les oreilles, les émissions de Dee Nasty plein la tête, ce bidouilleur de génie qui met en transes toutes les banlieues. On se shoote à la culture *deejay* avec le funk, l'afro, la techno, l'électro… à s'en faire péter les tympans. Et maintenant, voilà Jamel qui nous parle dans notre langue, qui nous envoie des mots et des phrases qui sont notre quotidien autant que la musique et les sons. *Hamdulillah !*

Jamel improvise. Il écrit ses textes au dernier moment, enregistre ses deux chroniques hebdomadaires tard le vendredi soir, quand il n'y a plus personne dans les studios, avec pour seul retour le technicien de service. Mais le retentissement sur les ondes est tel qu'un phénomène de curiosité se crée. Très rapidement, on se presse derrière la vitre comme des papillons de nuit, à n'importe quelle heure, pour assister à l'enregistrement de sa vision de *Homme, femme, mode d'emploi* de Claude Lelouch ou de *Romeo et Juliette* de Baz Luhrman, version « Trappes », avec Leonardo Di Caprio et Claire Danes parlant le verlan.

30

Massadian

Jamel se retrouve dans son élément : « Sans public, je suis mort, je ne sers à rien. » Il a toujours besoin d'être regardé pour donner le meilleur de lui-même. Et le patron de la station, Jean-François Bizot, lui propose désormais de raconter des histoires, n'importe lesquelles, selon son inspiration. Comme d'habitude il puise dans son environnement, celui de la rue, de la banlieue, mais aussi celui de sa nouvelle vie. Car Jacques Massadian, qui prend le relais de Papy, lui fait découvrir un autre monde devant lequel Jamel écarquille les yeux avec un regard d'enfant. Lorsque son nouvel agent artistique sort sa carte dorée de crédit *gold* pour régler la note au restaurant, Jamel s'exclame : « Bientôt j'aurai la même ! » Les signes extérieurs de richesse le fascinent. Quand il voit Massadian piloter sa Jaguar XJS, il crève d'envie de prendre le volant. Le choc entre le petit rebeu de banlieue et la superbe limousine de l'imprésario des beaux quartiers finit par se produire. Un soir, Jacques Massadian donne à Jamel les clés de sa Jaguar pour rentrer chez lui à Trappes : « Tu me la ramènes demain à 14 heures. Déconne pas, hein ! »

Il n'y croit pas, s'empare des clés, s'installe au volant, le caresse doucement, prend ses aises dans l'intérieur en cuir, regarde dans le rétroviseur, s'attend à ce que Massadian change d'avis : « Il va m' faire : c'était une blague, pauv' con, allez descends d' là ! » Mais non, Massadian ne revient pas, il peut appuyer sur « drive » et, c'est bien vrai, il roule en Jaguar XJS, il roule doucement vers

Trappes, se répétant sans cesse « faut pas que je l'abîme ». Il arrive chez lui vers trois heures du matin, déçu car toute la cité dort : « Il n'y avait personne qui pouvait me voir. »

« Le lendemain, dans toute la ville de Trappes on savait que j'avais une Jaguar XJS, de quelle année elle était, et le kilométrage exact et tout et tout… Sur le marché, j' rencontre plein de gens que j' connais, et tous, j' les emmène vers la Jaguar… J' voulais qu'on me voie avec, quoi !

Pour aller de Trappes à Paris, il y a trente bornes. Tu calcules, sur trente bornes, y a des villes à côté, Coignères, La Verrière, une autre ville qui s'appelle Saint-Quentin, y a des p' tits chemins qui emmènent de Trappes à Coignères, Saint-Quentin et tout ça. Si tu veux aller à Paris, t'es pas obligé de te taper tous ces chemins. Eh bien moi, pour aller à Paris, j'allais d'abord à Coignères, et puis j'allais faire un p' tit tour à La Verrière pour voir si tout le monde était là, si on m'avait bien regardé et bien vu et puis je passais ici, et je passais par là, et puis après plein de petits détours comme ça j'arrivais à Paris… Comment j'ai écrasé la Jaguar ? Y a une femme au volant en face de moi qui perdait de l'huile. À soixante kilomètres/heure, j'étais derrière elle, elle décide de s'arrêter, je freine, j' glisse, j' sais pas pourquoi j' glisse d'un coup… Elle avait un problème de frein la Jaguar, j' sais pas quoi, un truc qui m'a fait glisser. J' me suis r'trouvé à faire un tour sur moi-même. Je tape une rambarde de sécurité, j' me retourne encore, je tape un peu le pare-chocs de la dame, j' me retourne et j' me retrouve en sens inverse. Et là, un trente-neuf tonnes arrive, là, comme ça. »

Du massacre de la Jaguar, il fait un sketch sur les ondes. Et sur la lancée, Radio Nova lui ouvre une tribune pour casser cette fois les célébrités. Dans cette perspective, on crée pour lui l'émission « KX » où il interviewe Laurent Fabius, le baron Guy de Rothschild, etc.

Jamel : « Excusez-nous, il est 18 heures 54, c'est la folie sur le plateau parce que monsieur Guy de Rothschild – sur la tête de ma mère que c'est vrai – vient de se lever pour un pas de danse libre. Vous avez appris à danser où, monsieur Rothschild ? »

Guy de Rothschild : « La danse du ventre, ça vient tout seul (…) ! »

Jamel : « Là, c'est impressionnant, à quatre-vingt-neuf ans, c'est assez chaud… »

Il ne manque que les images. Nova s'associe alors à Paris Première pour produire l'émission « Nova Première » à la télé. Une caméra suit Jamel pas à pas sur différents terrains. Il se glisse dans un gala très BCBG d'HEC qui tourne au pince-fesses, il se faufile au Salon du livre pour se payer la tête de James Ellroy qui reste de marbre, quand il ne s'invite pas au vernissage d'une exposition d'art contemporain inaugurée par le ministre de la Culture, Philippe Douste-Blazy. Alors que ce dernier fait mine de contempler un quelconque tableau vaguement abstrait, Jamel se plante à côté de lui et le questionne sans ambages comme s'il s'adressait au boucher de son quartier :

– C'est quoi, ce tableau ?

Silence du ministre un peu surpris, pour ne pas dire agacé d'être importuné.

– Hein, ça représente quoi, ce tableau ?

Douste-Blazy, embarrassé, ne sait pas à qui il a affaire.

– C'est quoi ? Un cochon ?

Le ministre se demande, en effet, si c'est du lard ou du cochon…

– Ouais, peut-être un cochon… poursuit Jamel.

Face à la caméra, Douste-Blazy ne sait comment réagir. Il n'ose se formaliser, tente de se dérober, mais l'indésirable ne le lâche pas. Et l'on voit le ministre coincé, déstabilisé, trouver le salut en fuyant devant Jamel et la caméra…

L'émission fait beaucoup parler d'elle. On ironise sur l'aspect décalé de la situation. On est bluffé par ce jeune Beur qui se moque des hiérarchies officielles et renverse sans vergogne les barrières. Par ce p'tit gars de la rue pour qui l'essentiel semble être la valeur intrinsèque de la personne et non ce qu'elle représente.

Il a un don ineffable pour se faire pardonner les pires insolences, un humour si désarmant qu'il ne se prend jamais les pieds dans le tapis. Il joue de son personnage de modeste condition confronté aux « grands de ce monde », tel un Charlot parlant, propulsé dans l'ère de la télévision. La comparaison flatteuse avec Chaplin est d'ailleurs désormais sur toutes les lèvres, ce qui fait de Jamel une valeur montante du show-biz. Les propositions affluent de toutes parts mais Jacques Massadian veille :

« Il y a une sorte de rapport quasi filial entre nous, Jamel pourrait être mon fils, j'en ai d'ailleurs un de son âge… En tout cas, il écoute ce que je lui dis, on s'enrichit mutuellement. Dans notre aventure commune, je suis en train de devenir le grand méchant car Jamel est un mec trop gentil qui ne sait pas dire non, qui répond à chaque sollicitation, qui dit oui à tout le monde, alors que moi je suis obligé de faire du tri par-derrière. En ce moment, on reçoit des propositions de tous les côtés, c'est totalement délirant. »

On lui suggère déjà des idées de films, des courts métrages, des longs métrages, mais surtout de nouvelles émissions de télévision. Son insolence attire notamment l'attention de Canal Plus, qui s'évertue à renforcer son ton anticonformiste. Les animateurs de la chaîne le verraient bien dans leur jeu, mais le directeur des programmes, Alain De Greef, n'est pas très chaud pour embaucher le fou furieux de Nova, dont il n'apprécie guère les facéties sur Paris Première. Il attend d'en voir plus pour se prononcer. En outre, il se refuse à céder à la démagogie ambiante en recrutant « l'Arabe de service » pour attirer le chaland sur les émissions en clair de Canal. « Je ne le voulais pas dans ce rôle-là. Ce qui me touche en lui, c'est la douceur qu'il dégage. Il ne se fout pas systématiquement de la gueule des gens, il retourne toujours l'humour contre lui. »

Pour échapper au stéréotype ethnique, Jacques Massadian décide de grimer son oiseau rare. Il demande à Jamel de tourner des saynètes de deux minutes trente à trois minutes où il apparaît en marquis de l'époque Louis XV, en Cunégonde, en Karl Lagerfeld…

Mais il a beau être enrubanné ou dénudé, il reste lui-même – à fleur de peau. On le tartine de fond de teint pour en faire un Peau-Rouge, un Chinois… Le caméléon passe d'une couleur à l'autre, mais celles-ci ne le changent pas : ce sont elles qui changent sur lui. Il fait toujours rire en Jamel. Il apparaît également en Cendrillon avec une pastèque en guise de citrouille : « Transforme-toi ! Et en cabriolet, s'il te plaît ! Tu m' fous la honte comme ça… » Et aussi en maître d'hôtel, en CRS, ou encore caché derrière un masque de chirurgien. Autant de personnages avec lesquels il jongle sans se prendre au sérieux : « Je ne suis pas comédien, précise-t-il, faussement modeste. Je ne fais que jouer au comédien, que jouer à jouer. » Avant d'ajouter cependant, fier de ses origines : « Si seulement une personne change d'avis sur les rebeus parmi toutes celles qui me regardent, la partie est gagnée. »

La costumière Pauline Boyer, compagne de Jacques Massadian, se charge des déguisements, et son frère Marc Boyer réalise les films, qu'il coécrit avec Éric Judor (du tandem Éric et Ramzy). Tout se passe en famille, et on a même recours aux services du frangin Momo Debbouze pour des figurations. Chaque tournage est un délire, Jamel métamorphose le plateau en un show permanent. En extérieur, lors des prises de Jamel en CRS dans les rues de Garges-les-Gonesses, il se sent si bien dans son rôle qu'il profite des pauses pour se planter au milieu d'un carrefour, régler la circulation et exiger la présentation de leurs papiers par les automobilistes. En interpellant les individus sur un ton comminatoire plus vrai que nature, il prend un malin plaisir à les voir s'exécuter, la peur du gendarme au ventre.

Le sketch met en scène un CRS à la gâchette tellement facile qu'il tue d'une balle à bout portant un malheureux piéton venu lui demander son chemin. Le gag n'est pas du goût de tout le monde. Quelques semaines plus tard, le film est diffusé sur Canal Plus pour le lancement du nouveau concept de l'émission « Nulle Part Ailleurs ». Ségolène Royal, qui est l'invitée, s'en offusque.

31

Kissman

Depuis le jour où il a assisté pour la première fois à *C'est tout neuf, ça sort de l'œuf*, Jacques Massadian a le sentiment de découvrir une future poule aux œufs d'or. Aujourd'hui, son protégé est sollicité de toutes parts : films publicitaires, courts métrages, animations télévisuelles, etc. Vieux routier de la presse, réalisateur de la seconde version du magazine *Actuel* – son métier d'origine est celui d'imprimeur –, Massadian a des projets d'édition et de production plein la tête. Sur ses conseils, Jamel fonde sa propre société, dont la première activité est précisément la réalisation des saynètes estampillées « Le monde de Jamel » ; c'est une SARL (société anonyme à responsabilité limitée) dont le capital s'élève à 50 000 francs et qui voit le jour le 10 juin 1997 à Trappes. Ses statuts sont déposés le 27 juin au tribunal de commerce de Versailles. Elle prend le nom de Kissman Productions et son siège social s'installe 24, square Gérard-Philipe. Les quatre fondateurs sont : Jamel Debbouze, Moussa Debbouze, Mohamed Debbouze, Jacques Massadian.

Les deux principaux actionnaires, Jamel Debbouze et Jacques Massadian, apportent respectivement 25 000 et 20 000 francs, tandis que Mohamed Debbouze, alias Momo, qui a comme son frère aîné des ambitions artistiques, verse 3 500 francs, laissant à Moussa, jeune frère de l'oncle Hamed, le soin de compléter le capital avec un apport de 1 500 francs.

Selon ses statuts, la société a pour objet, « en France et hors de France », « la conception et la production d'émissions radiophoniques et télévisuelles, la production de spectacles, leur diffusion sur tous les supports, la production de films publicitaires, industriels ou cinématographiques, l'acquisition, la production, l'exploitation par tous moyens de droits, et notamment de droits d'auteur, et généralement toutes opérations financières, immobilières et mobilières se rattachant directement ou indirectement à ce qui précède, susceptibles de favoriser le développement et l'extension des affaires sociales». Jacques Massadian et Mohamed Debbouze sont désignés comme cogérants.

On doit à Jamel le nom de baptême de Kissman: «J'ai pris ce nom en référence au Kissclub, une boîte des années soixante-dix-quatre-vingt, la première discothèque à laisser entrer les Noirs et les rebeus. Mais à condition d'avoir du style et une bonne mentalité. Et les gens qui pouvaient entrer au Kissclub étaient les "kissmen". Rien que des voyous, des mecs en costard Saint-Laurent et en cabriolet, avec les meufs habillées en léopard. Que des mecs enfouraillés, armés. Parce que si t'avais pas tout l'attirail, tu rentrais pas au Kissclub... »

Le 24, square Gérard-Philipe n'est pas qu'un siège social. Certes, l'adresse a l'avantage de faire bénéficier de facilités accordées par la Région pour la création d'entreprises en secteur défavorisé. Mais elle permet aussi de profiter de l'aide au logement pour un jeune couple, car l'appartement est également le nid d'amour de Jamel et de sa jolie fiancée, Anna-Paola, que tout le monde appelle depuis longtemps Paola.

Ils se sont connus à Trappes sur les bancs de l'école. Jamel tente encore vaguement sa chance au BEP Vente action marchande quand Paola, inscrite en section comptabilité, obtient son diplôme haut la main. Mais la fille d'immigrés portugais n'est pas qu'une groupie qui vient acclamer la petite vedette des matchs d'impro. Jamel voit dans le regard de cette brunette pétillante quelque chose que les autres n'ont pas. Pour ses beaux yeux, il improviserait mille fois sur le thème «je t'aime». Avec cette fille-là, il n'y a pas que le jeu, l'envie de faire des vannes, la dérision. Depuis l'âge de dix-sept ans, il est amoureux, amoureux fou de Paola. Ils décident de vivre ensemble, à l'écart des pressions familiales et des bandes de copains un peu trop envahissantes. Destination Élancourt, pas très loin de Trappes, où ils jettent leur dévolu sur un F2, au rez-de-chaussée d'un immeuble cossu et récent de la rue Simone-de-Beauvoir. C'est un ensemble résidentiel de trois étages, encadré d'espaces verts, aux façades ornées de briques de parement et agrémentés de balcons – un îlot de tranquillité loin de la fébrilité des squares de Trappes. Papy accepte de se porter caution lors de la signature du bail. Mais le loyer se révèle rapidement trop lourd au regard des modestes revenus du couple (lui en contrat emploi solidarité au collège Gagarine, elle débutante dans le secrétariat). À contrecœur, Jamel et Paola se résignent à retourner dans le quartier des Merisiers.

L'immeuble du square Gérard-Philipe n'est assurément pas le lieu le plus glamour pour abriter les amoureux. Les montées d'escalier, sans ascenseur, desservent chacune, sur quatre étages, deux logements par palier, au confort rudimentaire, avec des équipements collectifs défoncés. Paola et Jamel habitent un F3 au rez-de-chaussée. Ils ont un goût très sûr question « déco », et leur fantaisie transforme l'austère HLM en un appartement coquet et confortable. Animés d'un enthousiasme et d'une confiance en la vie à toute épreuve, Paola et Jamel ont des tonnes de projets d'avenir. Ils peuvent compter sur l'appui de leur famille et sont entourés d'amis solides qui les encouragent et les rassurent. Du Déclic Théâtre à Issue de Secours, du lycée Henri-Matisse au collège Gagarine, du Moulin-de-la-Galette aux Merisiers, tout le monde se félicite des promesses de leur couple et de leur installation sous le même toit. Bien sûr, Fatima a le cœur serré de voir son fils préféré quitter la maison familiale, mais elle se console en confiant son Jamel à cette petite Paola qu'elle aime comme si elle était l'une de ses propres filles. Dès le jour où elle a été présentée à la famille Debbouze, l'adorable lycéenne est devenue un membre à part entière de la tribu.

Depuis que Jamel a quitté les siens, Paola est son meilleur réconfort. Elle veille sans cesse sur lui, le seconde en toute occasion, se consacre à ses affaires et se charge de travaux de comptabilité pour Kissman Productions. Elle s'occupe de la paperasse, remplit les dossiers auprès de la Cotorep (organisme qui gère les pensions d'invalidité) ; Jamel est en effet déclaré invalide à quatre-vingts pour cent, ce qui lui permet de toucher une pension, mais il refuse de se présenter auprès des organismes sociaux : « Est-ce que j'ai l'air d'un handicapé, moi ? » Il interdit à Paola de l'aider à lacer ses chaussures. Nul n'a le droit de lacer ses chaussures ni de lui donner un coup de main pour se vêtir. « Je n'ai besoin de personne ! Je suis comme tout le monde ! », s'énerve-t-il. Mais Paola est là. Elle sait tempérer son feu follet de fiancé tout en le rassurant lorsqu'il lui arrive de douter. Elle le protège contre lui-même quand il se laisse entraîner par générosité dans des relations troubles que favorise un environnement pas toujours très recommandable – de copains un peu allumés qui partagent leur temps entre le quartier des Merisiers et celui de la maison d'arrêt toute proche de Bois-d'Arcy.

32

Zonzon

Jamel apprend qu'un jeune cinéaste d'origine franco-tunisienne du nom de Laurent Bouhnik entreprend de faire un film de long métrage sur l'univers carcéral. Ce «cousin» pas si éloigné que cela est lui aussi né à Barbès, une quinzaine d'années avant Jamel. Il passe son enfance rue des Martyrs, entre les zines déglingués, paradis des turfistes et des dealers, et les bars à putes. Gamin, il est traumatisé par l'assassinat d'une prostituée au bas de son immeuble. Ses fréquentations sont des mômes à la dérive, futurs taulards ou clochards. Dans cet univers, Laurent trouve la matière première brute pour nourrir sa soif d'images. Pas besoin de s'inscrire dans une école de cinéma: il n'a qu'à regarder le monde qui grouille autour de lui dans les rues de son enfance; il fouine, musarde et engrange les atmosphères interlopes. Armé de sa caméra, il commence par s'entraîner au court métrage et décroche quelques bourses par-ci par-là, puis se lance dans l'aristocratie du genre, le long métrage. Son premier opus, *Select Hôtel* (1995), dépeint le milieu de la prostitution et de la drogue. Le nouveau film qu'il prépare s'appelle *Zonzon*, diminutif de prison, un mot employé par les taulards pour désigner leur cellule. Le sujet fait vibrer Jamel qui se précipite.

Depuis *Les Pierres bleues du désert*, il rêve de refaire du cinéma, avec d'énormes affiches. Il sait aussi que la vie n'est pas qu'un cocktail de gags, de sketches et d'insouciance; que si l'humour permet tout, on ne peut rire néanmoins de tout. Parfois, quand il se retrouve seul avec lui-même, quand il a fini de brasser de l'air sur les plateaux ou à la fin des fiestas, il lui arrive de prendre son bras ballant posé au fond de sa poche, de serrer dans sa main celle de l'enfant qu'il a été ; peut-être lui arrive-t-il de penser à un autre qui n'est plus là, Jean-Paul déchiqueté par le train, et il se dit ainsi, certains soirs, que la vie peut basculer d'un coup, sans prévenir, de la joie aux larmes.

Jacques Massadian connaît cette gravité parfois insurmontable cachée au fond de Jamel. Et il aimerait volontiers le voir alterner avec des rôles plus dramatiques. Le projet de trancher résolument avec un film noir ne lui déplaît pas. Adaptation d'une pièce de théâtre éponyme de Marc Andréoni et Patrick Lassagne, *Zonzon* est un huis clos sur l'univers carcéral. Il s'agit de raconter le quotidien d'une maison d'arrêt à travers les parcours croisés de trois personnages que tout oppose : origine sociale, motif de la condamnation, durée de la peine. Le rôle de Jamel est celui d'un voyou sans envergure nommé Kader, oscillant entre accès de violence et débordements de tendresse.

Au casting, pas de problème pour les deux premiers personnages : les comédiens Gaël Morel et Pascal Greggory correspondent parfaitement à leur emploi. Pour le réalisateur Laurent Bouhnik, les complications commencent lorsqu'il faut trouver le troisième interprète :

« Il me fallait un Maghrébin. Une amie, l'actrice Julie Gayet, me suggère un jeune mec, un certain Jamel Debbouze qui fait un *one man show* dans une petite salle parisienne et qui a une émission sur Radio Nova. Mais ce n'était pas d'un bouffon dont j'avais besoin. Sans l'avoir jamais vu, ayant seulement rigolé en écoutant quelques-unes de ses chroniques à la radio, je convoque le fameux Jamel au casting après avoir vu une vingtaine de candidats et retenu deux acteurs très connus que je ne savais comment départager. Cela se passe dans un studio photo du XVIIIe arrondissement. Je lui fais faire une séquence, un dialogue du film, quelqu'un lui donne la réplique durant une heure. Et là, je suis très emmerdé. Car les deux autres vedettes, entre lesquelles j'hésitais toujours, me permettaient d'avoir France 2 dans la production qui exigeait une star au casting. Or, Jamel était un parfait inconnu. Mais il s'est merveilleusement approprié le texte qui tombait pile poil dans sa bouche – avec ce phrasé de petite frappe gouailleuse – comme s'il l'avait écrit lui-même. Il était enthousiaste, avait envie d'en bouffer, prêt à tout pour se montrer capable d'assurer le rôle. J'ai découvert tout à coup qu'il ne pouvait se servir que d'un bras, mais j'ai vite oublié, car son travail était au cordeau. J'ai sacrifié France 2 à Jamel et je n'ai donc pas eu leur financement. Il a fallu se contenter des quatre millions de francs de Canal Plus, raccourcir le tournage de six à quatre semaines et se montrer plus modeste pour les décors. Et pas question de gaspiller la pellicule en abusant du nombre de prises pour chaque scène. Dès le premier plan avec Jamel, j'ai dit :

– Parfait, c'est bon, on la garde !

– Comment ça, c'est bon ? On n'a fait qu'une prise !

– Oui, une prise suffit, ce que tu viens de me faire, c'est mortel, on passe à la suite. »

La moitié des plans sont tournés ainsi en une seule prise, même la fameuse scène du monologue du mitard, que Jamel a totalement improvisée sur des thèmes lancés par le réalisateur. Son personnage, Kader, cherche à remonter le moral d'un codétenu en pleine déprime (Pascal Greggory) qui ne voit pas le bout de son incarcération. Kader lui raconte la formidable virée qu'ils feront bientôt ensemble dans une boîte, lui décrit la fille qu'il aura pour toute la nuit, leur nouvelle vie… Il lui fait remarquer que les murs de la prison sont verts et que c'est la couleur de l'espoir…

Laurent Bouhnik garde la scène telle qu'elle sort au premier jet. Aucune coupe, pas un plan supplémentaire, rien : « Je n'ai rien voulu toucher tellement c'était sublime et intense. » Dans ce long monologue, Jamel se vide en pensant à haute voix à ses copains des Merisiers emprisonnés à Bois-d'Arcy. Quand il parle à son pote taulard, il s'adresse à son ancien camarade de classe du lycée

Henri-Matisse qui lui écrit régulièrement des lettres depuis sa cellule, ce Hamid avec lequel il ne cesse de communiquer au-delà des murs comme si rien ne les séparait.

« Quand je fais le vide autour de moi, lorsque je suis seul à attendre dans mon coin le signal de l'action, alors je pense à eux, avec qui j'ai grandi, et je peux vraiment me mettre dans la peau d'un détenu. Je suis avec eux en prison. J'y serais d'ailleurs si je n'avais pas été, moi, protégé par ma famille, mon oncle Hamed, la religion. Faire la prière, ça t'évite de tomber dans les conneries, la drogue, les putes à tout-va. Je serais avec eux et je ne verrais que deux options : soit m'évader, soit devenir fou. »

Quand il rentre chez lui aux Merisiers, le soir après le tournage, Jamel se sent encore plus proche de ses anciens compagnons de virées. « Dès que j'entends dire qu'un mec va en prison, ça me fout encore plus les boules. » Mais durant tout le tournage du film, il s'évertue à prendre distance avec sa réalité et s'efforce d'avoir une attitude de véritable comédien. Laurent Bouhnik ne voit jamais la nécessité de le recadrer.

« Il n'a pas fait l'acteur ni l'improvisateur, il a toujours respecté son rôle au millimètre. Il a seulement enrichi son personnage avec ses mots, son jeu, mais sans jamais déraper. Ce fut souvent pour moi de grands moments de cinéma. Un tournage rare. À la fin de l'ultime scène, je n'ai pas pu dire "coupez". Tout le monde sur le plateau restait figé. Et à un moment je me suis rendu compte que la caméra tournait à vide, il n'y avait plus de pellicule. J'ai alors fait signe que c'était fini. Et tous ont applaudi Jamel. »

Pour ce film, Jamel signe son premier grand contrat cinématographique. Sa joie est telle qu'il ne se montre guère exigeant sur les conditions malgré les réticences de son agent Jacques Massadian. Il touche en tout et pour tout une rémunération de 40 000 francs bruts payables en quatre fois : 5 000 à la signature du contrat le 16 novembre 1997, 5 000 le 30 novembre, 15 000 le 15 décembre et enfin 15 000 le 30 décembre. Jacques Massadian doit se contenter de la somme de 4 000 francs bruts, payables en quatre fois également. En échange de sa rétribution, Jamel est taillable et corvéable à merci. Certes, la production lui accorde un repos de douze heures toutes les quarante-huit heures, mais les heures supplémentaires, le travail de nuit, celui du samedi et du dimanche, ne donnent pas lieu à un complément de salaire. Une consolation pour Jamel : alors que son contrat prévoit également une prime de quinze centimes de franc par entrée à partir de 200 000 entrées (et jusqu'à 800 000), *Zonzon* réalise un score de 216 594 spectateurs. Soit un surplus de 2 489,10 francs ! Une manne due au succès populaire du film qui, aux yeux de l'acteur débutant, est la plus belle des récompenses. Un principe de prime au mérite à méditer pour l'avenir…

À défaut d'une paie mirobolante, Jamel gagne l'estime des gens du métier. Guy Bedos s'exclame : « Le talent, c'est comme la beauté, ça ne se discute pas : ce gosse, c'est une bombe ! » « Dans *Zonzon*, estime Laurent Bouhnik, Jamel démontre un talent que seul Michel Serrault partage avec lui : la capacité de passer en un centième de seconde de la désinvolture rigolarde au drame. Pour ce grand écart émotionnel, Michel et Jamel donnent de leur personne comme nul autre, ils font preuve d'une totale générosité, ce que l'on ne rencontre pas toujours chez les acteurs. »

33

Ferrari

La rentrée sera plus que jamais insolente, décrète la direction de Canal Plus à l'aube de l'automne 1997. Productrice de *Zonzon*, œuvre pure et dure aux dialogues bruts de décoffrage, la chaîne cryptée ne supporte pas de se laisser doubler par Paris Première, avec la tchatche corrosive de Jamel et son « Nova Première ». Le langage des banlieues franchit le périphérique, descend les Champs-Élysées et envahit les soirées où il devient désormais très « parisien », sinon de bon ton, de s'exprimer comme dans les cités, accent et vocabulaire assortis. Dans la même veine, Radio Nova explose sur la bande FM avec « Jamel fait son cinéma », l'émission qui décoiffe. Il ne reste plus qu'à la mettre en images.

Depuis les années quatre-vingt, la bande d'*Actuel*, devenue celle de Nova, fait bondir sur les ondes le funk, l'afro, la house, l'acid jazz, le hip-hop, etc., et joue les grands métisseurs musicaux avec des styles venus d'ailleurs. Jacques Massadian est l'un des promoteurs du phénomène. Il introduit le rap dans les nuits parisiennes (au Rex), porte la culture des banlieues sur Nova et s'emploie à la faire entrer dans les studios de télévision. Mais à Canal Plus, il reste un obstacle à lever : le scepticisme du directeur des programmes, Alain De Greef, qui s'interroge toujours sur le cas Debbouze.

Jacques Massadian a son cheval de Troie dans la place en la personne de Bernard Zekri, un ancien journaliste d'*Actuel* imprégné de la vie et des rythmes des cités. Propulsé producteur sur la chaîne cryptée, il est chargé de lancer le nouveau concept de « Nulle Part Ailleurs ». Après avoir été la vitrine de Canal au temps du tandem Philippe Gildas-Antoine de Caunes, l'émission est à la recherche d'un deuxième souffle. Zekri est persuadé qu'il faut y introduire le comique de Jamel. Pour réussir à convaincre le directeur des programmes, il travaille au corps l'homme de confiance d'Alain De Greef, son bras droit Nicolas Plisson, qui enfonce le clou. Le directeur des programmes finit par céder et Jamel Debbouze fait son entrée à Canal par la grande porte, avec d'emblée une rubrique à son nom : « Le cinéma de Jamel ». Exit « Jamel fait son cinéma » sur les ondes, tout se passe désormais à l'écran. En l'occurrence sur Canal Plus à l'heure de grande audience.

Jamel signe un contrat via Kissman Productions pour la diffusion des saynètes tournées l'été précédent, sous le titre « Le Monde de Jamel ». Puis un deuxième contrat pour participer à l'animation de « Nulle Part Ailleurs » deux fois par semaine. Il met le feu sur les plateaux et, au bout de quelques jours, les animateurs en titre s'arrachent sa présence. Alexandre Devoise et Philippe Vecchi assurent la première partie de l'émission, alors que Guillaume Durand conduit la seconde avec des interventions d'Ariel Wizmann, Albert Algoud, Édouard Baer, Benoît Poelvoorde, les Deschiens, etc. La politique de Canal est de provoquer l'éclosion de nouveaux talents, mais tous, en arrivant, ont une arrière-pensée : se servir de la chaîne comme tremplin pour faire du cinéma. Et quand Jamel surgit, il veut tout et tout de suite, comme s'il se livrait à un véritable hold-up.

Guillaume Durand qui, de temps à autre, l'invite sur son plateau, n'est pas dupe de cet arrivisme – fût-il légitime. Il décèle chez Jamel « une certaine volonté d'indépendance mais aussi la conscience des alliances nécessaires à sa réussite ». Son arme fatale : la séduction. Jamel n'hésite pas, quand il croise quelqu'un qu'il admire et dont il pressent l'utilité, à lui sauter au cou et lui claquer des bisous, de préférence en direct sur le plateau. Ce qui donne lieu parfois à de grands moments d'émotion, comme le jour où le géant noir de la *soul music* Barry White est l'invité d'honneur de « Nulle Part Ailleurs »…

À peine débarqué dans la grande maison Canal Plus, le « kid de Trappes » connaît par cœur l'itinéraire obligé pour faire carrière. « Un parcours en trois étapes qui consiste, selon Guillaume Durand, à utiliser d'abord la télé pour se faire un nom ; puis à tirer profit de sa notoriété pour accéder au cinéma ; enfin, stade ultime de l'ascension, avoir les arguments économiques pour faire du business avec la chaîne. Un trajet qui s'effectue sous le même toit à Canal : on fait rire sur le plateau télé, on monte deux étages pour accéder au service de production des films, et on va négocier ses propositions à un troisième niveau. »

Jamel brûle les étapes. Il espère bien profiter de son ascension à Canal Plus pour avoir les moyens de s'offrir très rapidement la voiture de tous ses fantasmes. Après avoir passé son enfance encaqué dans la Peugeot 307 break familiale, il se verrait bien au volant d'une Ferrari. En attendant, il regarde passer avec concupiscence celle de Guillaume Durand. En effet, le journaliste ne résiste pas au plaisir de se rendre chaque jour à son travail à bord de son bolide rutilant, une Ferrari 456, sous les quolibets de ses collègues des « Guignols de l'info » :

« Ça faisait hurler tout le monde à Canal, où l'on me considérait comme un dandy provoc gentiment grotesque. Mais pour moi, posséder cette Ferrari était l'accomplissement d'un rêve de gosse. Un matin, Jamel est venu me parler de ma voiture. J'ai reconnu aussitôt dans son œil l'étincelle qui avait fait briller mon regard devant ma première Ferrari, un modèle jaune, imprésentable, qui m'avait valu une engueulade de Diane, ma femme. Mais ce matin-là, à Canal, je ne sais pas ce qui m'a pris, je lui ai proposé d'emprunter ma voiture : “Jusqu'à demain si tu veux”… En lui disant cela, j'ai eu tout de suite le pressentiment de faire une grosse connerie…

À l'heure du déjeuner, installé dans une brasserie du XVIe arrondissement, boulevard Murat, je vois soudain passer ma bagnole à toute vitesse, avec Jamel et son frangin Momo. Sur le moment, je crains surtout qu'il ne leur arrive quelque chose. Jamel m'a promis qu'il ne prendrait pas le volant à cause de son bras handicapé, mais je me demande si ce n'est pas lui qui conduisait au moment où j'ai vu la voiture débouler... Le soir même, je dîne chez mon assistante, place Saint-Georges. Mon fils Donald, resté à la maison, me passe un coup de fil: "Papa, tu dois téléphoner immédiatement à la gendarmerie de l'Oise, au lieutenant-colonel, pour ta voiture..." Et là, je me dis: on est mal... J'appelle la brigade. Au bout du fil, une voix de stentor me demande si je suis bien propriétaire de la Ferrari: "J'ai devant moi le jeune Debbouze Jamel, qui prétend se l'être fait dérober en oubliant les clés sur le comptoir d'un McDo. Bien évidemment, le dénommé Debbouze ment, nous en avons les preuves, ce type est un danger absolu, il a cassé votre voiture sur un dos-d'âne. Nous allons l'enchrister. Mais pour cela, il faut que vous portiez plainte." Abasourdi, je demande au gendarme de m'accorder dix minutes de réflexion.

Visiblement, ça chauffait gravement pour Jamel. La gendarmerie, c'est l'armée, et ça ne rigole pas. Un petit rebeu qui fait des conneries au volant d'une Ferrari, ça ne passe pas. Et, de plus, Jamel leur avait sûrement raconté un baratin monumental. J'ai rappelé les gendarmes pour leur dire que je ne voulais pas envoyer Jamel en taule. Je lui ai épargné de gros emmerdements et pourtant je n'ai pas eu l'impression qu'il m'en était reconnaissant. Il avait tellement conscience d'avoir fait une connerie qu'il ne voulait pas en parler. Et il n'était pas du genre à se montrer honteux. Une fois sorti de l'embrouille, mes problèmes d'assurance, il s'en foutait. Je ne me souviens pas qu'il lui soit venu à l'idée de me présenter des excuses. J'ai été privé longtemps de ma voiture et ça faisait bien marrer tout le monde à Canal. Mais, pour moi, ce n'était pas un drame national; l'essentiel, c'est que Jamel n'ait pas été blessé. »

Alors que Guillaume Durand et Jacques Massadian ont tout le loisir de comparer les traitements « debbouziens » infligés à leurs belles cylindrées, le bolide Jamel poursuit sa course irrésistible. Il viole les conformismes, retourne le paysage audiovisuel, dynamite la télévision. Il devient la vedette de Canal, reléguant les autres protagonistes aux rôles de comparses.

« Un phénomène exceptionnel, constate Bernard Zekri. Jamais on n'a vu quelqu'un opérer une telle révolution avec aussi peu de présence à l'antenne, seulement quelques heures par semaine, et aussi rapidement dans une émission quotidienne ancrée depuis des années. »

Alain De Greef se félicite de sa décision et finit par concéder : « La capacité d'intervention de Jamel sur le direct vaut celle de Coluche, de De Caunes, Chabat ou Farrugia. » Très vite, une question taraude la direction de Canal : comment garder le petit prodige, l'exploiter mieux et encore plus, de préférence en exclusivité ?

Jacques Massadian craint de voir la machine s'emballer et son poulain devenir un vulgaire produit de marketing télé. Il lui demande de freiner des quatre fers : « Pas question de te laisser bouffer par la télé ! Ton métier, c'est la scène ! »

De semaine en semaine, la popularité du petit chroniqueur bihebdomadaire ne cesse de s'amplifier. Il lui suffit pour cela de désacraliser la caméra comme si elle n'était qu'un quidam, sorte de cyclope sur un seul pied, de la regarder de travers, de la dévisager, de ne pas toujours la respecter ; de la contourner de façon irrévérencieuse, de lui tourner autour comme un feu follet, de coller son visage à l'objectif ou de s'en échapper tel un électron libre courant dans tous les sens à l'autre bout du studio. Il la bouscule, la chahute, la maltraite comme jamais, la méprise ou la vénère selon l'humeur ; bref, il en fait son jouet. Le réalisateur du « Cinéma de Jamel », Denis Thybaud, est sidéré par cette aisance instinctive que l'on pourrait prendre pour de la désinvolture : « Il a tout de suite compris le cadre, c'est-à-dire comment se placer au centimètre près par rapport à la caméra pour que ce soit drôle. C'est assez rare. »

Il met son grain de sel en direct dans toutes les interviews, qu'il transforme en happening ; il s'invite quand on ne l'attend pas, montre sa frimousse, sort sa tchatche à tout propos, s'amuse à charrier les gens, à les déstabiliser, mais sans méchanceté, de façon si funambulesque qu'on s'attend à ce qu'il finisse par s'étaler – alors qu'il réussit toujours à retomber sur ses pieds par une pirouette inattendue qui lui rallie, en fin de compte, toutes les sympathies.

34

Paillettes

La notoriété de Jamel monte en puissance à un rythme effréné. En mai 1998, moins de huit mois après son arrivée sur Canal Plus, l'amuseur public numéro un est devenu une star. Au Festival de Cannes, l'émission phare « Nulle Part Ailleurs » s'installe pour un direct quotidien de la Croisette. La chaîne met le paquet : cinq millions de francs investis pour 133 minutes d'antenne, trois plateaux différents chaque soir, 350 chambres louées dans Cannes et sa région… Jamel déclenche des mini-émeutes et éclipse les célébrités pailletées d'Hollywood et du monde entier. Il débarque entouré de ses potes de banlieue, snobant le prestigieux hôtel Martinez – où la horde suscite des regards d'effroi – pour « squatter » collectivement la modeste résidence Pierre et Vacances. Autour de la piscine, la bande organise des soirées démentielles avec, aux platines, le redoutable DJ Abdel, envoyé de Paris par Bernard Zekri. Les traditionnels galas guindés sont désertés dès minuit, sinon totalement ignorés : le comble du chic consiste à aller s'encanailler au village de vacances en compagnie exotique, celle des rebelles des cités, des fans du free style et autres afro-punks, au son de *jingles* intellotriturés. Renversant us et coutumes, chien fou dans un jeu de quilles, Jamel devient la locomotive des festivités et Cannes *by night* se métamorphose en une sorte de Trappes-sur-Croisette. Les festivaliers en smoking et robe de soirée sentent soudain la naphtaline et prennent un coup de vieux.

De retour à Paris, Jacques Massadian n'est pas mécontent de

voir son protégé retomber les pieds sur terre : « Jamel s'est éclaté à Cannes mais il sait relativiser. Il m'a dit : "Hum… jolie Foire du Trône." » Retourné à Trappes, le frangin, Momo – chargé par Fatima de la protection de son aîné – joue les « grands frères » : « Au festival, on a connu la pure folie. Jamel, comme tout le monde, a un peu perdu la boule à cause de tous ces gens qui l'acclamaient. Mais je l'ai laissé s'amuser parce que c'est un kif et que c'est bien compréhensible de délirer un peu. »

Dans la capitale, la « jamelmania » ne fait cependant que commencer. La star de Canal + est invitée dans les soirées branchées, les rendez-vous mondains du tout-Paris maniéré, où son franc-parler et sa gestuelle chaloupée font merveille. En bon musulman, Jamel ne boit pas (d'alcool), ne fume pas (de tabac), mais cela ne l'empêche pas de « s'éclater ». Il fait la rencontre de gens de toutes sortes de mondes – pas seulement du beau et du grand, mais de multiples milieux, notamment dans certains clubs plus ou moins fermés où il sympathise avec des personnages qui ne demandent qu'à lui rendre service. Pour se protéger des excès de ses fans, il s'offre une sécurité rapprochée sans laquelle il ne fait plus un pas dehors. Culture de bande, esprit de tribu : Jamel ne se sent jamais fort qu'entouré d'une forêt de muscles, dont la nature l'a hélas privé. On reste dans le folklore à la Tony Montana. Le chef de sa garde prétorienne s'appelle Boualem Talata (alias, successivement, Khalid, Thariq, puis Boubou pour Jamel et son entourage) ; il est secondé par de grands Blacks, Alain Etoundi, dit Bif, et Olivier Koffidjin, dit Molive, sans oublier le frère de DJ Abdel, Hichem Lamriq dit Django.

Le monde de Jamel s'est mué en une sorte de manège enchanté. Cheval de bois ou carrosse d'or, il se précipite comme un enfant sur tout ce qui arrive et se laisse griser par chaque nouvelle rencontre. À cet égard, la dernière révélation s'appelle Nadia Mourine. Il la croise pour la première fois dans les coulisses du Zénith, où le chanteur de raï Cheb Mami, qui se produit en vedette, a invité Jamel à présenter des sketches en première partie, parmi lesquels son tube du moment, le numéro de « la parabole ». Elle est la compagne du violoniste de la star algérienne. Quelques mois plus tard, en avril 1999, ils se retrouvent à la Cigale, où cette fois c'est Jamel qui tient la tête d'affiche. Nadia assiste au spectacle avec deux amies qui insistent pour rejoindre l'humoriste dans sa loge à la fin de son *one man show*. Celui-ci n'est pas insensible au charme de ces demoiselles et les invite aussitôt à dîner. La conversation dévie sur les questions d'argent, notamment sur le casse-tête du moment de Jamel : ses déclarations au fisc. Qu'à cela ne tienne, Nadia a la solution : elle compte parmi ses relations une fonctionnaire employée aux Impôts qu'elle propose de présenter à l'artiste. L'offre tombe à point nommé au moment où Jamel est en proie aux angoisses du businessman naissant, peu préparé aux caprices du système. En cette année 1999, il est urgent de remettre bon ordre dans ses affaires financières. De plus, Jacques Massadian, pilier fondateur de Kissman Productions, a commencé à retirer ses billes en se séparant d'une fraction de ses parts lors de l'assemblée générale du 16 janvier 1998, tout en restant cogérant et salarié. Un poste qu'il se résout à quitter le 9 juin 1999. Autant de décisions motivées par son désaccord sur la tournure que prend la carrière de son poulain qui, à ses yeux, se laisse phagocyter par Canal Plus. En outre, il regrette que Jamel s'engage dans une voie cinématographique à laquelle il refuse de souscrire.

Après avoir dû, non sans douleur, couper le cordon avec Papy, Jamel se sent à nouveau « abandonné ». Cette fois encore par un protecteur auquel il voue une affection quasi filiale, malgré leurs dissensions. L'enfant de Trappes se retrouve plus vulnérable que jamais. Le succès, la célébrité, l'argent, tout va trop vite pour lui. Il a besoin d'être sécurisé physiquement par ses gardes du corps, mais aussi d'être protégé psychologiquement, sinon materné. Et, tel un oiseau tombé du nid, il se réfugie sous l'aile de Nadia Mourine.

Âgée de vingt-six ans, née à Luxeuil-les-Bains (Haute-Saône) en 1973 dans une famille immigrée comme Jamel, elle partage avec lui des racines marocaines. Elle capte l'attention par un regard magnétique, une éloquence charmeuse doublée d'une assurance à toute épreuve, qui lui permet de mettre tout le monde dans sa poche d'un battement de cils. Elle prétend connaître Dieu et le diable des deux côtés de la Méditerranée, exhibe un gros carnet d'adresses et affirme posséder des compétences de gestionnaire hors pair pour remettre à flot n'importe quelle société en déroute…

En vérité, une revanche sur la vie pour cette jeune femme orpheline, à l'âge de deux ans, de son père mort à trente et un ans dans un accident de voiture. Nadia, sa sœur aînée Fatima (née en 1971), ses frères jumeaux Mustapha dit Mouss et Abdellah dit Abdel (nés en 1974) sont élevés par leur mère, Mahjouba, ouvrière puis employée de bureau chez Peugeot à Montbéliard. Leur tragique situation familiale émeut l'un des patrons des usines automobiles au point qu'il décide de pourvoir à l'éducation des enfants jusqu'à leur déménagement en région parisienne, en 1989. Alors que Fatima se destine au secrétariat, que Mouss et Abdel s'orientent vers des carrières de footballeurs en intégrant l'école du Red Star, Nadia rêve déjà de business. En classe de terminale, elle entre comme caissière chez McDonald's pour se faire de l'argent de poche. En moins d'un an, elle est propulsée successivement manager des fast-food de Neuilly, des Champs-Élysées puis de La Défense, avant d'être débauchée pour exercer ses talents à Eurodisney. Son goût pour les chiffres et la gestion la conduit également à enseigner les mathématiques et l'informatique en qualité d'aide-éducatrice au collège Liberté de Drancy. Séduit par la jeune femme, Jamel lui signe un chèque en blanc et l'engage comme assistante financière à Kissman Productions. Dès lors, Nadia Mourine déploie un zèle spectaculaire pour se montrer incontournable et faire en sorte qu'aucune décision ne se prenne sans son aval.

Elle prend aussitôt une part active à la signature des contrats, fait fonction d'agent en s'octroyant un pourcentage sur chaque négociation qu'elle mène tambour battant au profit de son nouveau patron ; elle gère la comptabilité et fait déménager les dossiers de Kissman Productions du square Gérard-Philipe à son propre domicile, jugeant que conserver les papiers confidentiels d'une société de production dans une cité battue par tous les vents, au fond d'un appartement en permanence visité, est bien trop hasardeux. On n'est jamais assez prudent... Elle détient aussi le contrôle du carnet de chèques personnel de Jamel, car ce dernier n'est pas du genre à sortir avec attaché-case et chéquier. Il préfère laisser sa collaboratrice se charger de parapher en son nom, quitte à reproduire chaque fois sa signature afin de régler toutes les factures – d'autant qu'il n'est pas facile de manipuler un chéquier d'une seule main.

Jamel ne s'habitue pas à l'argent venu trop vite, qui coule entre ses doigts comme l'eau du robinet, et même comme un torrent qui lui fait peur. Plutôt que s'efforcer de l'endiguer en capitalisant sa fortune tel un financier avisé et scrupuleux, il préfère le laisser filer au bénéfice de son entourage : frères, parents, cousins, cousines, copains sans oublier sa nouvelle collaboratrice, qui bénéficie de toute sa confiance. Il donne en effet à Nadia pleins pouvoirs et toutes les procurations – verbales s'entend – pour le décharger des contraintes de l'argent et de la paperasse. Entre ces deux-là, point n'est besoin de formaliser les choses par écrit, la parole suffit, et pas l'ombre d'un doute ne vient troubler leur complicité. Nadia Mourine signe tous les chèques, donne les ordres de virements, contrôle ainsi tous les comptes bancaires (personnels et professionnels de Jamel), laissant à sa sœur Fatima le soin de la remplacer dans ses fonctions durant ses déplacements aux côtés de l'artiste.

Nadia a le sens des affaires, mais aussi celui de la famille. Elle sait qu'elle est la bienvenue rue du Moulin-de-la-Galette, où Fatima Debbouze la prend en affection, lui parle dans sa langue d'origine pour lui livrer certaines confidences, échangeant avec elle des secrets de femmes. L'entourage de Jamel tombe en admiration devant son charisme et même lui prête volontiers des pouvoirs surnaturels, notamment des dons de guérisseuse, en espérant qu'elle les exerce sur le père, Ahmed Debbouze, pour le soulager de ses troubles neurologiques. Nadia s'attire la sympathie de Momo, Karim, Hayat, Rachid et Nawal. Avec ses propres frères et sa sœur aînée, ils sont appelés à former une vaste tribu. Mouss et Abdel partagent avec Jamel la même passion pour le ballon rond, et leur sœur Fatima propose ses compétences de secrétaire au bénéfice de Kissman Productions.

Fatima est assistante de direction auprès d'une société d'informatique dans le XVIe arrondissement de Paris, où elle habite un modeste studio, au 22, avenue de Versailles. Aussi douce que sa sœur est autoritaire, la jeune femme de vingt-huit ans préfère une vie bien réglée de mère de famille (divorcée, elle a un petit garçon de cinq ans) à celle, plus aventureuse, de sa cadette. Physiquement, elles sont aussi comme le jour et la nuit. Autant Nadia est du genre sportive, un rien garçonne et volontiers intimidante, autant Fatima est délicate, pleine de prévenance quand elle vous dévisage de ses grands yeux noisette soulignés de mascara. Jamel, en quête de sollicitude autant que de bons conseils en affaires, trouve chez Fatima le complément idéal de sa sœur cadette. Il prend en affection la mère et l'enfant et leur propose de les installer dans un appartement plus grand et plus confortable au 181, avenue de Versailles, dont il se porte caution pour la signature du bail en juillet 1999. Après quoi, il emmène Fatima chez Conforama à Saint-Quentin-en-Yvelines, et lui offre lave-linge, canapé et mobilier pour la chambre de son fils. Désireux de rester proche de celle qu'il adopte comme sa grande sœur, il lui demande de lui dénicher une garçonnière à proximité de chez elle, où il installerait également un bureau. Fatima jette son dévolu sur un appartement de soixante-dix mètres carrés, à deux pas de son domicile au 33, rue Claude-Terrasse, un confortable pied-à-terre parisien qui a le mérite de simplifier la vie de Jamel en ne l'obligeant plus à rentrer chaque soir dans sa banlieue. Il en profite pour y emmener ses conquêtes du moment, des blondes du monde de la nuit parisienne, starlettes de la télé qui font régulièrement la une des magazines people, mais dont les ébats avec Jamel restent mystérieusement à l'abri des paparazzi. Il est vrai que Boualem Talata monte la garde. Il y installe régulièrement ses pénates nocturnes pour ses « petites affaires » personnelles et les besoins de la sécurité de Jamel. Et quand le magazine *Voici* a le malheur de tromper sa vigilance en publiant une photo indiscrète de son patron, il accompagne ce dernier au siège de l'hebdomadaire pour avertir le rédacteur en chef de ce qu'il risque s'il s'avise de diffuser à nouveau des clichés volés : « Écoute-moi bien, menace-t-il, il n'y aura pas de procès avec nous, mais s'il y a encore du Jamel dans ton canard, je le fais exploser ! »

Jamel n'est pas avare du temps consacré aux sœurs Mourine, ni de son argent pour leur venir en aide. Nadia et Fatima profitent largement de sa générosité : cadeaux allant du simple colifichet au mobilier d'un appartement, voyages à New York, Miami, Marrakech, sans oublier les coquettes commissions qu'il s'engage à verser à Nadia sur les investissements et les contrats professionnels qu'elle négocie pour lui.

Afin de défiscaliser ses revenus, elle lui conseille un placement de « bon père de famille », avec l'achat d'appartements susceptibles de bénéficier de l'« amortissement Périssol ». Cette formule permet de financer une acquisition en mettant son bien en location. Pas question évidemment d'acheter à Paris, où les logements risqueraient d'être squattés *illico* par les frères et les potes. On opte donc pour une province cossue et distinguée aussi loin que possible de la capitale. Le charme discret d'un immeuble bourgeois bordelais en pierre de taille fera l'affaire. Jamel y investit, en août 1999, dans quatre appartements d'une surface respective de 177, 100, 80 et 50 mètres carrés. L'ensemble est négocié par Nadia à un prix défiant toute concurrence de 1 700 000 francs, sa commission s'élevant à 10 % de la somme, soit 170 000 francs à la charge de Jamel. Tout à son euphorie de nouveau propriétaire, celui-ci invite Nadia à choisir également un appartement pour elle, ce qu'elle refuse. Elle décline également la commission proposée par l'agent immobilier bordelais en échange de ses services de négociatrice.

Été 1999 : Nadia Mourine veut démontrer au clan Debbouze qu'elle est capable d'organiser au Maroc, sous le parrainage de la famille royale, une vaste opération humanitaire autour d'un spectacle produit par Jamel. Celui-ci caresse en effet l'ambition de se lancer dans la production de galas événementiels ; les bénéfices de la soirée iraient aux orphelins du Maroc, via l'Observatoire national des droits de l'enfance. À l'affiche, Cheb Mami, Cheb Khaled, DJ Abdel et Cut Killer. Une équipe technique de Kissman est envoyée en repérage à Rabat et un matériel de pointe doit être acheminé par avion Transal marocain depuis l'aéroport de Villacoublay (Yvelines). Les ingénieurs du son et de l'éclairage sont accueillis par Khalid El Quandili qui se charge de tout coordonner sur place.

Quelques jours avant la soirée, Jamel débarque à Rabat en famille avec la belle Paola et l'incontournable Nadia. Ils s'installent dans une luxueuse villa avec piscine, surplombant l'océan. Tout s'annonce sous les meilleurs auspices. Khalid s'est employé à résoudre les problèmes logistiques en faisant jouer ses relations, s'assurant notamment le soutien personnel de l'une des sœurs du prince héritier. Hélas ! Le 23 juillet, le roi Hassan II meurt subitement après trente-huit ans de règne. Dans le royaume en deuil, toutes les manifestations festives sont annulées *ipso facto*.

Quelques jours plus tard, les funérailles ont lieu en présence de personnalités politiques du monde entier, dont le président Jacques Chirac, proche de la famille royale. Khalid El Quandili s'y rend, accompagné de Jamel et de Nadia Mourine.

Une semaine après la disparition du roi, Khalid El Quandili reçoit un étrange coup de fil du palais. Il reconnaît la voix familière de l'un des conseillers du nouveau monarque, Mohamed VI :

« Qu'est-ce que c'est que cette histoire avec ton Jamel Debbouze ? » Avant que Khalid ait le temps de répondre, l'homme enchaîne sur un ton qui se veut tranchant, voire menaçant : « Ce Jamel vient de m'appeler pour me raconter une histoire totalement abracadabrante ! Il prétend que feu notre souverain communiquerait de l'au-delà avec son assistante, et qu'à travers elle il aurait des messages à délivrer à ses enfants ! Permets-moi de te dire que cette invention grotesque constitue un véritable outrage à la famille royale ! Je ne veux plus en entendre parler et te prie de bien vouloir y mettre bon ordre, séance tenante ! »

Khalid tombe des nues. Il répond dans un souffle : « Bien sûr, je m'occupe de cela tout de suite… » Le champion du monde de kickboxing, mort d'inquiétude, compose le numéro de la villa où Jamel a élu domicile avec les siens : « Il me répond : je n'ai rien à te dire, je ne veux pas te voir ! Dans sa voix, une tonalité inhabituelle qui ne fait qu'accroître mon angoisse. Quelque chose de grave se passe dans la villa… Je saute dans ma voiture et fonce en direction de la corniche. Dans le jardin, Jamel, qui fait les cent pas, me lance : "Casse-toi, je ne peux pas te laisser entrer, tu ne comprendrais pas…" Puis il finit par lâcher : "La bonté divine m'est tombée du ciel avec Nadia, cette fille est exceptionnelle, elle a sauvé ma boîte, a sauvé ma carrière, elle a des dons surnaturels, elle est capable de traverser les murs…" Et Jamel continue son délire en me racontant que feu le roi, à travers elle, veut s'adresser à ses enfants… Je fixe Jamel droit dans les yeux et je lui dis : "Maintenant, tu vas me laisser entrer dans cette maison."

Jamel me cède le passage, j'arrive dans le séjour et là, je vois l'impensable : assise dans un fauteuil blanc, Nadia Mourine, vêtue de blanc des pieds à la tête, fixe le plafond, comme connectée à l'au-delà. Autour d'elle, les membres de la famille Debbouze semblent attendre que le message divin tombe du ciel. Effaré, j'observe la scène, sans voix. Un instant, je croise le regard de Paola qui se tient à l'écart dans un coin de la pièce. Je lis dans ses yeux tout le scepticisme du monde. Mais l'amour qu'elle porte à Jamel lui interdit visiblement de manifester son désarroi. »

Le lendemain, Khalid El Quandili sermonne Nadia Mourine, mais pour Jamel la crédibilité de son assistante reste intacte. Il continue à lui accorder toute sa confiance.

35

H

Jamel a la capacité de passer d'un monde à l'autre sans transition, comme du rire aux larmes sur grand écran. Il suscite autant d'intérêt dans les carrés VIP des boîtes de nuit que dans les cours de récréation des lycées et collèges, où l'on rivalise dans l'art de l'imiter. Les potaches s'habillent comme Jamel (baskets et casquette), adoptent l'attitude de Jamel (la main droite fourrée au fond d'une poche) et emploient le vocabulaire de Jamel à la vitesse de Jamel : celle d'une mitraillette. On se repasse en boucle les vannes entendues à la télé sur Canal ou Paris Première, on se répète comme des leitmotivs ses formules : « Sur la tête de ma mère… », « Dis-moi pas qu' c'est pas vrai ! », « Rira bien qui rigolera vers la fin », « On ne va pas en faire une tagine ! », « Comment qu' je lui ai occis la gueule ! », « J' te like »… Et on « jamellise » l'enseignement en expressions brevetées : « Monsieur le Directeur de la République », le « Loiret-Garonne », le prof « d'histoire-géométrie »…

Lorsqu'un ancien partenaire de Jamel au théâtre d'improvisation passe sur Paris Première dans l'émission « Recto-Verso », pour une enquête sur les débuts de l'icône de Trappes, il devient lui aussi une vedette. Cédric Egain, animateur du Déclic Théâtre, est surveillant au collège de La-Clé-de-Saint-Pierre à Élancourt, ville voisine de Trappes, version BCBG, quand il est interviewé pour les besoins du magazine de Paul Amar : « Le lendemain matin de l'émission, arrivant dans la cour de l'école, j'ai vu une marée humaine déferler vers moi au moment où je poussais la grille. Ma cote avait subitement grimpé en flèche. J'étais assailli par une horde de collégiens qui me demandaient des nouvelles de Jamel. J'avais été tellement habitué à jouer avec lui dans l'équipe d'impro de Papy que je ne comprenais pas un tel engouement. D'autant que ces élèves-là étaient pour la plupart des enfants français de souche, issus de familles des quartiers les plus huppés d'Élancourt. Mais tous s'identifiaient à Jamel. Je me suis alors rendu compte qu'il ne parlait pas seulement aux jeunes des cités, mais à toute une génération. »

Chez les ados, la « jamelmania » atteint son paroxysme avec la diffusion de la sitcom *H*, sur Canal. Le terme « sitcom » est la contraction de *situation comedy*, genre qui fait un tabac sur les télés d'outre-Atlantique en première partie de soirée. La lettre *H* renvoie à Humour et Hôpital. Car la série, qui se veut humoristique, est enregistrée en public afin d'être ponctuée de rires en fond sonore. Elle met en scène, au départ, l'équipe médicale du service orthopédique d'un hôpital de la banlieue parisienne, où Jamel incarne un réceptionniste véreux. Il a pour partenaires Éric Judor – un voisin de la ville nouvelle de Saint-Quentin-en-Yvelines qu'il connaît grâce aux matchs d'impro organisés par Papy – qui campe l'infirmier obsédé sexuel ; Ramzy Bedia – habituellement acolyte de Judor dans le tandem Éric et Ramzy – joue le rôle du brancardier abruti ; le comédien helvétique Jean-Luc Bideau est le chirurgien déjanté et incompétent tandis que Catherine Benguigui fait le médecin frustré et Sophie Mounicot la chef de service perverse…

Sur cette équipe, Canal Plus mise gros. Les acteurs reçoivent des salaires mirobolants, notamment 200 000 francs par épisode pour Jamel qui, à l'annonce du cachet, n'en croit ni ses yeux ni ses oreilles. « Lorsque je lui ai dit combien il allait être payé, il a cru que je m'étais trompé de zéros », lâche le producteur Jean-Pierre Ramsay Lévi. La chaîne prend aussi le risque de lancer un comique de situation débridé, sans tabou, flirtant parfois ouvertement avec la crétinerie, bref : un genre politiquement incorrect que la télévision française traditionnelle s'interdit. Au studio 1000 de la Plaine-Saint-Denis, les acteurs font tout et n'importe quoi. On se lance les accessoires, la vaisselle et la nourriture à la figure, les chaises volent, les décors partent à la renverse entre courses-poursuites et fous rires… Jean-Pierre Ramsay Lévi fait mine de maîtriser le tournage : « Ce sont des mômes, des mômes hilarants… Jamel, tout comme Éric et Ramzy, n'a jamais connu ce genre d'expérience. Ce sont des mecs incroyablement doués, mais assez incontrôlables », précise-t-il pendant qu'une bataille de bouteilles d'eau fait rage… « Étant issus tous trois de la performance individuelle, il leur faut apprendre le travail d'équipe. En ce moment, ils réalisent que c'est beaucoup de boulot. Le soir, ils repartent épuisés. »

Jamel est électrique. Face aux quatre caméras seize millimètres qui filment en présence d'un public inconditionnel, il transforme chaque plateau en happening. Quand la régisseuse réclame le silence entre deux prises, il réplique : « Si je veux, j' fais le silence. Tu ne donnes pas d'ordre à Jamel, pigé ? » Et l'hystérie repart de plus belle jusqu'au moment où retentit enfin le signal « action ! ». Les caméras se remettent à tourner et Éric Judor patauge dans sa scène. Colère de Jamel : « Dis donc, Bamboula, il t' faut des bananes pour que ça redémarre ? » On reprend la scène. Puis c'est au tour de Jamel. Il se permet d'improviser un nouveau délire qui semble la suite de celui entamé hors tournage. « Il lui arrive de changer des passages entiers par rapport à ce qu'il doit jouer, les auteurs s'arrachent les cheveux ! », confie une figurante. Les dialogues sont écrits au pied levé, la veille de chaque tournage, sinon le matin même, par les scénaristes formés à l'école de Canal (*Le Vrai Journal* de Karl Zéro, *Les Guignols de l'info*, l'édito quotidien de « Nulle Part Ailleurs », etc.). Mais si l'écriture est approximative, les talents d'improvisateur de Jamel ne font que l'améliorer. Dans ce fourre-tout à la va-comme-j'te-pousse, il construit un numéro ciselé comme un petit bijou. « Coupez ! » intervient une voix qui reprend : « Ce monsieur Jamel est un grand pro-fes-sion-nel ! » Le réalisateur Édouard Molinaro, vétéran du cinéma comique français, met tout le monde d'accord. Bien que partageant la réalisation, au gré des épisodes, avec Williams Crépin, Peter Kassowitz, Éric Lartigau, Marco Pauly, Jean-Luc Moreau, Frédéric Berthe et Charles Nemes, son jugement fait autorité :

« Une nature exceptionnelle, ce Jamel Debbouze. Comme j'en ai peu connu en quarante ans de métier. Pas depuis Louis de Funès ou Michel Serrault, précise le réalisateur d'*Oscar* (1967) et d'*Hibernatus* (1969). Comme chez de Funès ou Serrault, son comique est basé sur une vérité intérieure. Même lorsqu'il joue les choses les plus délirantes, il a la vérité au fond des yeux. C'est une caractéristique des grands comiques. »

Les règles de la sitcom américaine sont bafouées, le scénario déraille dans des inepties, les gags sont lourds et d'un goût souvent douteux, mais Jamel y puise une liberté qu'il n'imaginait pas concevable à la télévision. Il y prend tellement de plaisir qu'il rêve d'aller au-delà d'un empilage de vannes pour potaches boutonneux :

« Je voudrais qu'au niveau des thèmes abordés ça aille plus loin, que ça arrache. On m'a demandé d'écrire un épisode, mais je crois que le CSA ne l'acceptera jamais, c'est sûr et certain. Moi, je voudrais parler de shit, de proxénétisme, de n'importe quoi, les choses que les gens connaissent… Bon, pour l'instant, en écriture de sketches, je ne suis pas au top, je travaille toujours à la dernière minute, c'est pas ça. Alors qu'en me donnant un peu de mal, en deux ans je deviens Seinfeld au moins [Jerry Seinfeld, humoriste et animateur de *talk-shows* américains, *NDA*]… De toute façon, il faudra bien que j'arrive à bosser, parce que mon personnage actuel risque de n'être qu'un phénomène de mode, ce qui est dangereux. Car si ça s'arrête pour moi, je ne peux rien faire d'autre sinon retourner chez ma mère. Ou braquer… »

Le rôle va s'éterniser au fil de soixante et onze épisodes de vingt-deux minutes, passant du décor de l'hôpital à celui d'un bistrot, d'un restaurant à un pavillon de chasse, d'histoires de curés à celles de militaires, de Blanche-Neige au Père Noël, etc. Jusqu'au jour où Jamel déclare : « C'est de la merde. » Ce qui n'étonne plus personne autour de lui. Il laisse volontiers Éric et Ramzy en faire des tonnes et tirer la couverture à eux, continuant pour sa part en roue libre, uniquement pour des raisons matérielles :

« Je vais encore le faire parce que je m'y suis engagé et que c'est un travail de quatre-vingts personnes qui est en jeu, mais c'est la dernière fois. Finies les clowneries, les glissades sur les peaux de banane, les trucs qui ne veulent rien dire, les gags gratuits… Place au verbe, place aux mots, place au jeu, à l'acteur, au comédien. Place à l'artistique. »

L'humoriste consent néanmoins à effectuer d'ultimes gaudrioles pour une nouvelle saison en échange d'un contrat astronomique (conclu en décembre 1999), négocié par la redoutable Nadia Mourine qui prend Jean-Pierre Ramsay Lévi et les financiers de Canal Plus à la gorge : « Je les attaque d'entrée sur un coup de poker : si vous voulez continuer avec Jamel, il faut maintenant doubler la mise. Six millions pour treize épisodes ! décrète-t-elle. Ramsay Lévi me répond qu'il ne peut pas faire mieux que quatre millions, soit un million de plus que la saison précédente, la même somme accordée à Éric et Ramzy. De son côté, Jamel veut laisser tomber. En réalité, il a en tête un projet de film pour le cinéma *(Astérix et Obélix, Mission Cléopâtre)*. Je lui dis que rien n'est encore sûr et qu'il n'est pas à l'abri financièrement pour se permettre d'abandonner *H*. Ramsay Lévi se concerte avec ses partenaires de Canal Plus : ils tenaient tellement à garder Jamel qu'ils ont accepté mon offre de six millions, mais payables en deux parties, trois millions sous forme de cachets, les trois autres en salaires – ma commission étant fixée à 720 000 francs TTC. Par la suite, j'apprends que Ramsay Lévi conseille à Jamel de m'écarter et de choisir un autre agent… »

36

Pygmalion

Jamel tire sa révérence, avec des thunes plein les poches. Mais il a gagné plus encore : la complicité intellectuelle de l'un des scénaristes de la série, Abd-el-Kader Aoun, dit Kader Aoun, employé depuis 1997 à la société Canal Plus Idées. Fils d'immigrés algériens, né en 1971 à Montfermeil au sein d'une famille de huit enfants, celui-ci a grandi à Bobigny (Seine-Saint-Denis), cité de l'Abreuvoir. Excellent élève, il se destine dans un premier temps à des études d'ingénieur en réussissant les classes de maths-sup et maths-spé, avant de s'orienter vers Science po. Un cursus si exemplaire qu'on pourrait se demander ce qu'il vient faire chez les saltimbanques de Canal Plus. Sauf que cet échalas barbu et chevelu, aux allures de Christ chaussé de Nike Air, est un fan d'*Affreux, sales et méchants*, la satire féroce du cinéaste d'extrême gauche italien Ettore Scola. Il a acquis les rudiments de sa conscience politique lors de la marche des Beurs, dès sa sortie de l'enfance, en 1983, puis à l'occasion de voyages de jeunesse à Cuba et en ex-URSS. Son humour puise dans la dérision, il se fait le porte-parole sarcastique des minorités actives, de ceux qui ont une conscience politique et voudraient faire les révolutions.

« Je suis bien content d'avoir rencontré cet enfoiré ! se félicite Jamel. On a les mêmes goûts, on rit des mêmes choses. Et puis, ce mec-là, il sait tout. C'est un puits de science. Il me fait découvrir un tas d'artistes, de films, et de livres. Kader, c'est ma bibliothèque, je m'en sers tant que je peux. Il a lu tous les bouquins et il m'aide à avoir des références, des repères. Quand je ne sais pas un truc, je lui demande. »

Kader Aoun est un pygmalion discret, souvent modeste, qui joue les éminences grises sur la pointe des pieds, toujours en retrait : « Jamel est beaucoup plus cultivé qu'il ne veut bien le dire. C'est un type qui sait plein de choses, mais trop humble pour l'admettre. »

Jamel, en effet, apprend vite ; il dévore les livres, comble son retard. Un souvenir le hante :

« J'avais huit ans et demi, j'étais en voiture avec mon grand-père quand un type nous est rentré dedans. Comme mon grand-père ne savait pas lire, c'est l'autre qui a rempli le constat… Il a fallu rembourser les deux voitures ! Ce jour-là, ma conscience politique, je l'ai prise en pleine gueule. »

Il a aussi longtemps souffert de ne pas savoir s'exprimer oralement. Notamment à l'école face aux enseignants, ou devant les adultes qui l'entouraient :

« À seize ans, on ne sait pas vraiment se servir comme il faut de la langue française quand on se retrouve à parler en public. C'est à mourir tellement on se retrouve à court de vocabulaire. Je disais : "Présentement, nous, ce qu'on voudrait, c'est revendiquer c'est que…" On part dans des phrases qu'on ne maîtrise pas, c'est à la fois triste et à mourir… de rire. »

Depuis, Jamel excelle dans l'art de déformer les mots pour masquer ses lacunes. Il a appris à faire de ses bégaiements une marque de fabrique, à transformer ses déficiences en figures de style, voire en néologismes. Il casse aussi le français pour y injecter de l'arabe sinon le changer en verlan, ou y introduire des interjections. Dans son glossaire, racketter devient « faire du tennis » ; il remplace « consacré » par « consécramé » ; la pudeur se métamorphose en « pudicité » ; le mot animosité est recyclé en verbe « animositer », tout comme l'expression « à boire et à manger » se mue en « le boirer et le manger », etc. : autant de « jamelismes » adoptés dans les cours de récréation.

Sous les préaux des écoles, dans les lycées ou collèges, on se récite par cœur les épisodes de *H*, mais aussi les répliques d'un film qui fait fureur: *Le ciel, les oiseaux et... ta mère!* Plus de 1 200 000 spectateurs se reconnaissent dans les plans plus ou moins galères de quatre banlieusards de Saint-Denis, filmés avec tant de naturel et de fraîcheur qu'on croirait un vrai reportage, caméra au poing, sur les dernières vacances de Jamel et de ses potes Lorant Deutsch, Stéphane Soo Mongo et Julien Courbey. À Biarritz, entre la plage de sable fin et la maison de location au confort bourgeois gagnée dans un concours, les quatre loustics apprennent les joies de la coexistence estivale, pas toujours pacifique. Dragues foireuses pour les uns, parties de Scrabble peu orthodoxes pour les autres, le tout arrosé de copieuses crises de fou rire et d'engueulades dans un verlan parfaitement maîtrisé.

D'origine algérienne, le réalisateur Djamel Bensalah dévore la pellicule comme Jamel mange ses mots dans l'impro. Banlieusard de Saint-Denis, né un an avant son copain de Trappes, il embarque d'abord ce dernier dans un court-métrage, *Y'a du foutage dans l'air*, qui décroche une mention au festival de Clermont-Ferrand. Une œuvrette où les «zonards» ont déjà le beau rôle, et dont *Le ciel, les oiseaux et... ta mère!* est un peu la suite, en version long métrage qui passe sans transition, avec la même fine équipe, des parkings souterrains du 93 au soleil de la côte basque. Un film d'ados réalisé par un metteur en scène de vingt et un ans: «J'ai fait tout ça avec mes tripes, entre potes, et j'en suis fier. Ce n'est pas autobiographique, mais c'est proche de ma vie parce que j'ai grandi dans les cités. Là où l'amitié n'est pas un vain mot.»

Jamel y prend son pied:

«Un truc fait sans prétention, comme ça, entre jeunes, les mains dans les poches... C'était génial. On se disait: si on fait 150 000 entrées, on sera content! Le scénario n'était pas très épais... mais le tournage un vrai kif! Quand Bensalah disait "action!", c'était encore plus jouissif que d'entendre rire 1 500 personnes. Je n'avais jamais ressenti ça. Je me disais: "Elle est bizarre, cette sensation... C'est possible d'en avoir encore un peu, s'il vous plaît?" Je ne pensais pas kiffer presque autant que sur scène ! Et de voir que ça plaisait à Bensalah, ça multipliait le truc par mille ! »

Jacques Massadian ne voit pas le film du même œil. Le scénario est pour lui un tissu d'inepties. « J'ai demandé plusieurs fois à Bensalah de retravailler son texte, mais en vain. J'ai également tenté de dissuader Jamel de se commettre dans cette bouffonnerie, peine perdue là aussi ! » Mais ce premier désaccord entre Massadian et Jamel tourne à l'avantage de ce dernier. Porté par la « jamelmania », Jamel devient, selon un sondage, le numéro un des comiques pour les jeunes de quatorze à vingt-quatre ans, et leur héros préféré après Zinedine Zidane.

Les propositions de tournage affluent à un rythme délirant : courts et longs métrages, spots publicitaires, émissions de télé, etc. Jamel envoie tout le monde aux pelotes. Il est taraudé par le désir de remonter sur scène : « Les séries télé et le cinéma ne me donnent pas les mêmes sensations que le contact avec le public. Là, tu ne peux pas tricher. Tu es bon, et ça fonctionne ; tu es mauvais, nique ta race ! » Il est impatient de voir à nouveau le rideau pourpre se lever, pressé de se jeter à l'avant-scène, de bondir comme un lionceau pour lancer d'entrée : « Sur la tête de ma mère, que ça m' fait plaisir d' vous voir ! »

37

Chaud devant

L'homme de la situation, celui qui lui permet de concrétiser ce désir de renouer avec les planches, Jamel l'a rencontré au printemps précédent, à Casablanca, à l'occasion d'un festival d'humour programmé par le père de Gad Elmaleh, mime renommé et organisateur de spectacles dans la grande métropole artistique marocaine. Parmi les invités, Gustave Parking et Jean Dujardin, venus eux aussi présenter des sketches, et, dans la salle, le producteur incontournable des artistes de *one man show* en France : Jimmy Lévy. Natif de Tanger, cet ancien professeur de philosophie a passé toute sa jeunesse à Genève, où il a lancé son premier humoriste, le Suisse Jean-Pierre Miserez, en 1978. Quatre ans plus tard, il débarque à Paris, achète le théâtre du Palais des Glaces et devient le mentor de la plupart des comiques de la scène française : les Vamps, Patrick Timsit, Jean-Marie Bigard, Pierre Palmade, Élie et Dieudonné, Dany Boon, Gad Elmaleh, Éric et Ramzy et bien d'autres. Il pose pour la première fois son regard d'expert sur le nouveau prodige de Canal Plus : « En voyant arriver ce petit bonhomme encombré d'un fatras d'accessoires, djellabah, parabole, etc., tout déglingué et tout fragile, j'ai eu une sorte d'hallucination. Il possédait au centuple ce qui rend un artiste de *one man show* irremplaçable, quelque chose d'inné : le style. » À la fin du festival, au moment de se séparer à l'aéroport, Jamel tend un bout de papier à Jimmy Lévy, un coin de nappe déchiré sur lequel il a écrit : « On signe quand tu veux. Rendez-vous derrière l'église. »

– OK, lui répond Jimmy Lévy, mais pour cela il te faut un spectacle que tu n'as pas.

– D'accord, je m'y mets, je crée un nouveau *one man show*.

Quelques mois s'écoulent, aucune nouvelle de Jamel, encore moins d'un éventuel projet de spectacle. Le ludion semble s'être volatilisé, éparpillé au gré des sollicitations que lui soumet Canal Plus. Jusqu'au jour où Jimmy Lévy le relance et le met au pied du mur :

– On signe, on commence le 1er avril, je loue la Cigale et je mets en place la production.

– T'inquiète pas, je travaille déjà avec le mec qu'il faut.

Dans l'ombre se tient en effet Kader Aoun. Il sait répondre aux attentes et aux besoins de Jamel, n'ignore rien de son psychisme, devine comment il fonctionne, comment l'utiliser et en tirer parti : « La scène reste son principal élément, il y est comme un poisson dans l'eau. Il a besoin physiquement d'un public devant lui. Le plus surprenant chez lui, c'est le geste, il occupe l'espace, on dirait qu'il danse avec les vannes. »

Jamel et Kader se mettent au travail, il ne leur reste plus que quelques semaines avant la date fatidique annoncée sur toutes les affiches qui couvrent les colonnes Morris aux quatre coins de Paris. Ils coécrivent un nouveau spectacle, inspiré cette fois de la *stand up comedy* à l'américaine dont ils sont des fans invétérés. Jamel met les bouchées doubles, comme une bête de scène encore frémissante au souvenir des leçons d'initiation à ce genre prodiguées par Saïd Naciri, il y a quatre ans : « Quand j'ai découvert le *stand up*, j'ai vraiment découvert ma voie, parce que cette expression-là me convient tout à fait. » Le théâtre est désormais sa raison de vivre : « J'ai appris à m'aimer le jour où je suis monté sur scène, j'ai réussi à affronter d'autres regards, à assumer qui j'étais et à être fier de mon appartenance. » De la complicité avec Kader Aoun naît le spectacle intitulé *Jamel en scène*.

La première est un triomphe, même si la représentation démarre avec deux heures et demie de retard, Jamel retournant comme une crêpe un public surchauffé, au bord de la mutinerie. Depuis, le show est ovationné chaque soir par une salle archicomble, occupée à cent vingt pour cent de ses capacités : la plupart y découvrent la *stand up comedy*. Parmi un public black-blanc-beur, des « bobos » en extase et des VIP qui en prennent plein les mirettes. Car le bouche-à-oreille fonctionne comme le téléphone arabe : c'est *le* spectacle qu'il faut voir, c'est *ici* qu'il faut être. On reconnaît, mêlés aux banlieusards, Christophe Dechavanne, Alain Chabat, l'agent artistique des stars Bertrand de Labbey, Jean-Pierre Bacri et Agnès Jaoui, Claude Berri, Guy Bedos, Gérard Lanvin... Des artistes mais aussi des producteurs, toutes sortes d'agents côtoyant un public qui s'identifie plus au rap qu'au théâtre. Parmi les quidams, l'ancien compagnon de route du temps des matchs d'impro à Trappes, Cédric Egain, 24 ans, qui n'avait pas revu Jamel depuis ses débuts à la salle Jean-Baptiste Clément dans *C'est tout neuf*, un premier *one man show* qui lui laissait une impression mitigée :

« Jamel n'avait pris aucun risque, si ce n'est celui, énorme, de monter seul sur scène. À la Cigale, je l'attendais avec d'autant plus d'appréhension que des spectacles de *stand up*, j'en avais vu des quantités avant celui-là, dans des petites salles parisiennes, plus nuls les uns que les autres. Du coup, j'avais un a priori très négatif pour ce genre. »

Cédric s'installe dans son fauteuil, le cœur battant. Dans quelques minutes, il va voir apparaître sur scène son vieux pote de Trappes devant tous ces « parigots » plus ou moins snobinards, parmi ces lascars de la banlieue qui l'attendent eux aussi au tournant et dont il reconnaît quelques spécimens dans la salle, casquette vissée sur le crâne, verbe haut, roulant des mécaniques dans leur pantalon baggy ou leur survêtement flamboyant.

« J'attendais avec angoisse le moment fatidique, celui où l'artiste entre sur scène, j'avais la gorge nouée, comme à chaque fois que je vais voir jouer un copain... Il a déboulé comme une bombe sur les planches, et j'ai pris une claque magistrale ! Il avait bossé, il s'était affirmé, tout en gardant son authenticité brute de banlieusard. Au bout d'un quart d'heure, j'étais devenu un clampin comme les autres dans l'assistance. Ce n'était plus mon pote que je regardais mais un vrai pro. J'avais oublié que c'était le mec avec qui j'avais joué… Je n'éprouvais pas d'envie, mais une immense admiration : ce petit enfoiré avait réussi à me piéger. Un sacré tour de passe-passe ! »

Le spectacle marche très fort. Jimmy Lévy n'en revient pas :

« On est au-delà du phénomène artistique ; ce que j'entends dans la salle, ce n'est pas seulement un public qui vient reconnaître un talent mais des spectateurs qui viennent voir quelqu'un dans lequel ils se reconnaissent. C'est un phénomène sociologique. »

Jamel lui non plus n'en revient pas, et pas davantage son proche entourage, qui avait tenté pourtant de le dissuader de remonter sur les planches, lui conseillant plutôt de continuer dans la télé, sinon le cinéma, où son avenir se dessine comme un boulevard pavé de pétales de rose.

« Tous pensaient que j'en avais plein les yeux de la télé et du cinéma… Mais dans ma tête je n'ai jamais bougé, la télé et le cinéma c'est uniquement pour avoir du monde dans ma salle, du monde pour ce spectacle où j'ai tout mis, tout ce que j'ai emmagasiné, tout ce que j'ai vécu avant… Après ça, je ne sais pas ce qui va se passer, mais si ça s'arrête là-dessus j'aurais vraiment kiffé, je serais parvenu à mon but. À chaque étape, je me dis qu'il ne peut rien arriver de mieux, que ça peut bien s'arrêter tout à l'heure. »

Le spectacle pourrait s'arrêter là. Mais le contrat à la Cigale tout juste terminé, il enchaîne dans un autre théâtre, le Bataclan, où il continue à faire salle comble. Galvanisé par son succès, Jamel n'oublie pas pour autant ses vieux compagnons du Déclic Théâtre et ceux de sa cité. Notamment Papy, qui voudrait créer un vivier pour favoriser l'éclosion de jeunes artistes locaux.

« En banlieue, il y a plein de talents, insiste Jamel. Des mecs qui savent jouer, des mecs qui savent écrire, des mecs qui savent dessiner, des mecs qui savent chanter, il y en a plein. C'est une mine et on ne le sait pas. On s'en aperçoit un peu quand l'un d'entre eux s'en sort. Maintenant qu'on s'intéresse à moi, qu'il y a des projecteurs sur moi, je vais essayer de véhiculer ça au maximum. »

Afin d'aider financièrement la création d'un nouveau local à Trappes, Jamel décide de produire au Bataclan une soirée dont la recette sera entièrement versée au Déclic Théâtre pour la réalisation de son projet. Il obtient la participation bénévole de Gad Elmaleh, Éric et Ramzy, Dieudonné, Pierre Palmade. Ce 1er novembre 1999, on se bouscule au Bataclan à raison de 250 francs la place. Plus de 1 200 personnes assistent à cette soirée exceptionnelle de sketches improvisés, au terme de laquelle les dons affluent, notamment un chèque de 5 000 francs remis par Jean-Pierre Bacri, qui s'ajoute à 180 000 francs de bénéfices pour le Déclic Théâtre. Jamel n'en espérait pas tant : « Tout le monde a été si gentil ce soir que j'ai du mal à réaliser. » Remerciant de tout cœur le public, en particulier celui venu de sa banlieue, Jamel est tellement ému qu'il décide d'offrir à sa chère ville de Trappes le coup d'envoi de la tournée en province de son spectacle.

« Il ne peut rien m'arriver de mieux... tout pourrait s'arrêter », se répète Jamel. Il voudrait arrêter le temps, le fixer pour toujours... Pour le passage à l'an 2000, Canal Plus lui donne carte blanche. Une consécration : l'émission célébrant le réveillon s'intitule « Le Jamel Show ». À cette occasion, il décide de réunir une nouvelle fois tous ses amis comme pour la soirée au Bataclan, les paillettes en plus. Autour de lui, il fait venir Alain Chabat, Dieudonné, Élie Semoun, Gad Elmaleh, Omar (Trappiste lui aussi) et Fred, Bruno Solo, les Robins des Bois, le groupe Zebda et, cerise sur le gâteau, Ophélie Winter. L'émission – des sketches et des duos sur des textes de Kader Aoun – est enregistrée quelques jours avant le réveillon pour être diffusée à plusieurs reprises en *prime time*.

Le passage à l'an 2000 s'annonce euphorique, Jamel est sur un nuage après son triomphe au Bataclan, dont la dernière vient d'avoir lieu ce jeudi soir 30 décembre.

Pourtant, il redescend brutalement sur terre cette même nuit, vers deux heures du matin. Dans le XVIIIe arrondissement de Paris, un jeune automobiliste rennais, au volant de sa R5, s'arrête à un feu rouge, au carrefour du boulevard Barbès et de la rue Marcadet, derrière la Jaguar XK8 toute neuve de Jamel. Le feu passe au vert et l'artiste, en pleine discussion avec les passagers d'une 605 arrivée à sa hauteur – dans laquelle se trouve le chanteur du groupe Alliance ethnique – tarde à redémarrer. Le conducteur de la R5 klaxonne en vain, puis décide de doubler par la droite, via le couloir de bus. Il percute la Jaguar qui déboîte au même instant. Paniqué, il prend la fuite en empruntant un sens interdit. Une course-poursuite s'engage, puis les véhicules se retrouvent. Que se passe-t-il alors ? L'automobiliste originaire de Guignen (Ille-et-Vilaine), Jérôme Daniel, étudiant de vingt-trois ans, affirme avoir été agressé par l'un des passagers de Jamel : « Un grand Black m'a empoigné au col en disant qu'il allait m'envoyer à l'hôpital si je ne signais pas le constat d'accident. » Avant d'ajouter : « Jamel m'a frappé au visage. » Le conducteur de la R5 dépose plainte contre Jamel Debbouze pour « violences volontaires » auprès du parquet de Rennes : il présente un certificat médical assorti de sept jours d'arrêt de travail. Mais l'affaire restera sans suite, l'étudiant décidant de « laisser courir »…

38

Jour de l'an

Le 1er janvier 2000 est organisée au Palais omnisports de Paris-Bercy (POPB) une soirée intitulée « Danse Maghreb 2000 ». Plus de 17 000 personnes sont au rendez-vous. En *guest star*, Jamel Debbouze vient présenter ses vœux à la communauté maghrébine. Il est accompagné de son frère Karim, de son assistante Nadia Mourine et de la sœur de cette dernière, Fatima. Il a laissé la Jaguar XK8 chez le carrossier pour prendre le volant de sa Mercedes 4 × 4 ML, immatriculée en Allemagne. Il est suivi par une autre voiture à bord de laquelle se trouve, entre autres, son garde du corps Boualem Talata. Peu avant minuit, les occupants des deux voitures repartent pour se rendre dans un restaurant. À peine sortis du parking de Bercy, ils tombent sur un convoi de gardes mobiles chargé d'escorter un transport de matériel forain destiné au démontage de la grande roue dominant la célébration de l'an 2000 sur les Champs-Élysées. Histoire d'éviter les embouteillages, la voiture de Jamel et celle qui la suit s'intercalent entre les véhicules du convoi. Un motard de la police fait signe à Jamel de s'écarter, mais celui-ci refuse de se prêter de bonne grâce aux injonctions des forces de l'ordre. À partir de là, les versions divergent.

Selon la police, Jamel Debbouze ne s'arrête qu'au feu rouge suivant et refuse de présenter ses papiers. Le ton monte et, dans une bousculade, l'humoriste tombe malencontreusement à terre, renversé par un policier qui se croit menacé. Avant de s'affaler, Jamel, « particulièrement excité », toujours d'après la police, « gesticulait dans tous les sens avec un doigt tendu en direction des forces de l'ordre». Puis il aurait lancé: «Attention, je vois Chevènement demain!»

Selon Jamel, la vérité est toute autre. Il s'agirait d'une «bavure», qu'il explique ainsi.

«Je me suis arrêté au premier feu rouge. À cet instant, un motard est arrivé à mon niveau et s'est mis à crier: "Dégage! Dégage!" J'ai baissé ma vitre et, ne comprenant pas, j'ai eu un temps de flottement. Il m'a redit: "Tu ne comprends pas? Dégage! Dégage!" Je lui ai fait remarquer qu'il pouvait me le demander un peu plus poliment. J'ai essayé de me serrer le plus possible vers la droite… Il m'a regardé, a mis sa moto devant mon véhicule et là, après être descendu, a ouvert ma portière et, très violemment, m'a sorti pour me plaquer contre ma voiture. J'ai vu mon frère se précipiter vers le motard en lui disant: "Lâchez son bras, vous allez lui faire mal, il est handicapé…" Le motard a pris ma tête, la cognant à plusieurs reprises… Ensuite je n'ai rien pu voir, car j'étais maintenu face contre la voiture… Le deuxième motard a dit à mon frère: "Ferme ta gueule, écarte-toi!" Et c'est en entendant Nadia [Nadia Mourine, son assistante, *NDA*] dire: "Arrêtez de le frapper!" que j'ai compris que mon frère se faisait cogner… Le second motard m'a dit: "Ferme ta gueule, t'es un peu trop médiatisé pour moi!" Là, j'ai reçu un coup de matraque dans l'abdomen et un second coup sur la tête… Le deuxième semblait être asséné avec un objet très dur, et très violemment… Je me suis évanoui.»

Jamel recouvre ses esprits un peu plus tard, sur un lit de l'hôpital Saint-Antoine, dans le XIIe arrondissement de Paris. Il apprend que les forces de l'ordre, après son malaise, ont eu maille à partir avec son garde du corps, Boualem Talata. Il apprend aussi qu'une photo de lui à terre a été prise, que toutes les radios ne parlent que de lui, qu'une meute de reporters de la presse écrite et de la télévision fait le pied de grue devant l'hôpital. Mais ses proches le protègent, tout son entourage est à son chevet, notamment ses frères Mohamed et Karim ainsi que son assistante Nadia Mourine, toujours accompagnée de sa sœur Fatima et de son frère Mouss. Au troisième étage de Saint-Antoine, devant la porte de la chambre, le fidèle Boualem Talata monte la garde. Celui-ci a reçu des ordres stricts de Nadia Mourine afin d'assurer un filtrage scrupuleux des visites. Ainsi, si Rachid Benzine ou Jimmy Lévy sont les bienvenus, Khalid El Quandili, lui, se voit interdire l'accès à la chambre. Se présentant en ami, le président de Sport-Insertion-Jeunes vient également désamorcer le conflit entre Jamel et la police, craignant que l'incident ne réveille la paix armée des banlieues :

« Ce jour-là, je n'étais pas en grande forme, je souffrais des cervicales et j'étais alité lorsque j'ai appris par la télévision ce qui était arrivé à Jamel. Malgré mon piteux état, je n'ai pas hésité une seconde à prendre un taxi pour aller rendre visite à celui que j'ai toujours considéré comme un petit frère, sa célébrité ne changeant rien à mes yeux. Devant la porte de la chambre, Boualem Talata m'empêche d'entrer. Je connais bien Boualem. Bien avant que Jamel ne me le présente comme son garde du corps, il avait participé à des stages de boxe que j'organisais dans sa ville de Dreux. Ne comprenant pas sa réaction, je lui demande si l'interdiction émane de Jamel lui-même. Il me répond que non. J'insiste donc pour entrer, mais Boualem me barre le passage. Je le mets alors à distance. Mais il se jette sur moi, me prend la joue droite entre ses dents et ne me la lâche plus… Si j'avais voulu me défendre, il m'aurait défiguré. Il a fallu que les médecins s'interposent pour qu'il finisse par me libérer. »

Khalid se retrouve à son tour aux urgences, la joue en sang, un doigt écrasé… Pris de remords, Boualem en personne vient lui rendre quelques instants plus tard le cellulaire confisqué dans l'échauffourée. Le garde du corps de Jamel présente ses excuses au président de Sport-Insertion-Jeunes et lui explique que l'interdiction d'approcher la star de Canal Plus viendrait en réalité de Nadia Mourine. Khalid en déduit que cette dernière n'a pas oublié a façon dont il l'avait sermonnée quelques mois plus tôt, l'été précédent, dans la villa de Rabat…

Dans les heures qui suivent l'hospitalisation de Jamel, un cliché le montrant contre terre, encadré par deux CRS en train de lui prendre le pouls, l'un au niveau du cou, l'autre au poignet, atterrit à l'Agence France Presse. Il est diffusé dès les journaux du lendemain matin par toutes les chaînes de télévision, avant de faire le tour des rédactions parisiennes.

À Casablanca, Naïma Lemcherqui est devant son poste, elle fond en larmes... L'image de son petit protégé allongé sur le bitume, encadré de deux policiers, se grave pour toujours dans sa mémoire. Les jours suivants, la presse relate les développements du fait-divers en long et en large.

Le lundi 3 janvier, en début d'après-midi, Jamel Debbouze sort de l'hôpital Saint-Antoine en catimini, une minerve autour du cou, après trente-six heures en observation. Il dépose plainte contre X avec constitution de partie civile pour « violences volontaires [1] » et produit un certificat de six jours d'interruption temporaire de travail, qui fait état d'un traumatisme crânien, cervical et abdominal, mais sans lésion, les résultats du scanner étant négatifs. Le parquet confie une enquête à l'Inspection générale des services (IGS), la « police des polices ».

Le mardi 4 janvier, on apprend dans les colonnes du *Parisien* que Jamel a été condamné à trois mois de prison avec sursis, en mai 1999, par le tribunal de Versailles, pour « non-respect d'un feu rouge, outrage à une personne dépositaire de l'autorité publique et refus de se soumettre aux vérifications d'usage ». Le mercredi 5 janvier, toujours selon *Le Parisien*, les enquêteurs de l'IGS entendent pendant deux heures Jamel, son frère Karim, Nadia Mourine et la sœur de celle-ci, pour connaître leur version des faits. Nadia Mourine affirme que Jamel a été frappé à coups de talkie-walkie, une information qu'aucune autre déposition ne vient confirmer.

Le jeudi 6 janvier, à la lecture du *Figaro*, on devine pourquoi

1. Le juge d'instruction Jean-Baptiste Parlos rendra un non-lieu le 15 juin 2001.

Jamel aurait refusé de présenter ses papiers aux policiers le soir de son interpellation : son permis de conduire est caduc depuis le 20 février 1998, faute de s'être soumis aux visites médicales obligatoires en raison de son bras handicapé.

Au milieu de la semaine qui vient de s'écouler, un témoin apparemment neutre s'est présenté spontanément pour donner un coup de projecteur inattendu sur l'affaire. Selon cet aide-soignant, qui promenait son chien aux alentours de minuit dans le quartier de Bercy, ce n'est pas Jamel qui a été sorti violemment de sa voiture par les policiers, mais l'automobiliste qui le suivait. Jamel se serait alors retourné contre les forces de l'ordre.

Quelques heures plus tard, Jamel est invité à s'expliquer au sujet de ce conducteur. À l'identité judiciaire, on lui soumet une série de portraits d'individus soupçonnés d'avoir des relations avec le grand banditisme. Portraits numérotés, photos prises de face ou de profil, sinon les deux à la fois, ou encore portraits-robots… Quand apparaît soudain le visage de Boualem Talata.

De son côté, dès sa sortie de l'hôpital Saint-Antoine, Khalid El Quandili avait décidé de ne pas en rester là. Il s'était rendu directement au commissariat de police du XIIe arrondissement pour porter plainte contre Boualem Talata, Mouss et Nadia Mourine : « C'est elle qui a donné l'ordre à Talata de m'agresser, il est normal qu'elle soit mise en cause et rende des comptes à la justice. » Or, quelques heures plus tard, selon Khalid El Quandili, Nadia Mourine annonce à Jamel que la plainte est déposée contre lui…

Khalid se sentirait bien seul s'il n'avait le soutien de… Ahmed Debbouze, le père de Jamel : « Il m'a fait part de son écœurement face à ce qui s'est passé, lui aussi se rend compte que beaucoup de choses ont dérapé dans la vie de son fils depuis plusieurs mois, en raison des gens qui l'entourent. »

L'affaire prend des proportions inattendues lorsque les présentateurs de talk-shows s'en mêlent, alléchés par l'odeur du scandale. Thierry Ardisson dégaine le premier. Khalid est invité à s'expliquer sur le plateau de « Tout le monde en parle », sur

France 2 : « Je n'y ai dit que du bien de Jamel, répétant qu'il était victime de son entourage. » La semaine suivante, c'est Karl Zéro qui s'empare de l'histoire en conviant Jamel Debbouze en personne dans le studio du *Vrai Journal,* sur Canal Plus. Khalid, devant son poste, n'en revient pas : « Jamel dit qu'il n'était au courant de rien à propos des coups que j'ai reçus et, en plus, il affirme qu'il ne me connaît pas ! » Apparemment, Jamel Debbouze a un trou de mémoire : il a oublié l'homme qui lui a fait connaître le roi du Maroc, l'a fait jouer devant François Mitterrand, lui a ouvert les portes des télévisions françaises et marocaines… L'humoriste tente de minimiser l'affaire : « Je ne suis pas Malik Oussekine [1], et je regrette que tout cela ait pris de telles proportions… J'ai reçu deux coups, il n'y a pas mort d'homme. »

Entre-temps, Nadia Mourine remue ciel et terre pour que Khalid retire sa plainte. Ce dernier est l'objet d'incessantes pressions : « Plusieurs personnes m'appellent pour que je retire ma plainte contre Jamel ; je leur explique que je n'ai aucun grief contre lui puisqu'il n'est pour rien dans l'agression. Sa Majesté le roi Mohamed VI en personne, alerté, très gêné, croit devoir m'en parler personnellement. Il n'apprécie pas que la presse marocaine, qui s'est emparée de l'affaire, nous présente, Jamel et moi, comme étant en guerre. J'accepte donc de retirer ma plainte, au grand soulagement de Nadia Mourine… » Quelque temps plus tard, Khalid El Quandili, « soucieux de préciser les choses », rencontre Jamel Debbouze : « Je lui ai parlé comme on enguirlande un petit frère ! »

1. Un jeune étudiant maghrébin, décédé à la suite d'une intervention de la police lors des manifestations étudiantes de décembre 1986.

39

La Merise

Dans l'euphorie de la soirée triomphale organisée au Bataclan pour le Déclic Théâtre, Jamel avait promis d'offrir à sa ville de Trappes le coup d'envoi de la première grande tournée de sa carrière. Le 1er février 2000, dans la cité des Merisiers, il donne le départ d'un tour de France de plus de soixante shows en trois mois, qui doit le conduire de Trappes à Marseille, en passant par Lyon, Toulouse, Clermont-Ferrand, Lille, Strasbourg ou Grenoble, avec des incursions en Belgique, à Liège et Bruxelles, en Suisse, à Genève et Lausanne, etc. Pour la soirée inaugurale de Trappes, le prix des places a été ramené à une somme modique afin de permettre à tout le monde d'y avoir accès. Jamel se produit à la salle de la Merise, là même où, cinq ans plus tôt, on l'avait jeté comme un malpropre lorsqu'il était venu proposer son premier spectacle avec Papy. « Pas assez connu ! », lui avait-on envoyé à la figure. Ravalant son humiliation, il s'était juré de revenir un jour en pleine gloire pour y jouer devant les siens. Et ce soir-là est arrivé.

Dans la salle, aux premiers rangs, sa mère Fatima, son père Ahmed, ses frères et sœurs, ses professeurs du collège Gustave-Courbet et du lycée Henri-Matisse, l'ancien maire de Trappes, Bernard Hugo, les responsables associatifs, ses copains d'impro, etc. La foule est si dense à l'entrée du théâtre et la cohue est telle que certains profitent de la situation pour resquiller et accaparer le haut des gradins. Mais qu'importe : ce soir on fête le retour de l'enfant du pays. Il ne manque que les cotillons et les confettis. Le spectacle s'annonce sous les meilleurs auspices.

Dès le début du show, des quolibets retentissent au sommet des gradins. Des lazzi fusent et descendent vers le reste de l'assistance, créant un brouhaha guère propice au bon déroulement de la représentation. Jamel garde néanmoins sa maîtrise et, pour mieux contrôler la situation, entame un dialogue avec son public. S'il excelle dans l'art de vanner les gens, il sait aussi établir une relation respectueuse avec eux. Mais les trublions du haut des gradins ne réagissent que par des insultes. Ils sont une soixantaine, âgés de moins de dix-huit ans, à créer une zizanie de plus en plus délibérée. Le reste de la salle réclame le silence alors que la pagaille s'installe, lorsque la lumière générale se rallume. Sur ordre de Jamel, le régisseur de plateau, son frère Karim, a en effet commandé au régisseur lumière, Stéphane Krumhorn, de stopper momentanément le spectacle. Jamel demande le calme et l'obtient. Le show repart. Mais la chienlit reprend. Les perturbateurs s'interpellent, s'appellent mutuellement à haute voix sur leurs téléphones portables, les faisant sonner à tout-va, rendant l'exhibition de Jamel inaudible pour une grande partie du public. À nouveau la salle se rallume, jusqu'à l'extinction des portables et l'obtention d'un semblant de silence.

Quand le spectacle recommence, la brève accalmie laisse place cette fois à des claquements de sièges, des altercations. La salle se rallume une troisième fois, puis une quatrième. Excédé, Jamel traverse la scène, escalade quatre à quatre les gradins jusqu'aux rangs des provocateurs et les affronte. Il leur fait face et dévisage certains d'entre eux : « Ah, c'est toi ! Et toi aussi ! Et toi !... Je sais qui vous envoie ! On n'en restera pas là ! Je dois donner un spectacle, il y a des gens qui, eux, ont payé... »

Quand Jamel redescend sur scène, les insultes redoublent. Cette fois en direction de sa famille : « Fils de p... », etc. La poursuite du spectacle s'avère impossible. Les techniciens du son et de l'éclairage qui officient au fond de la salle, là où sévissent les émeutiers, sont prêts à remballer leur matériel. On craint des jets de projectiles. La fin de la représentation est bâclée, Jamel horrifié, humilié devant les siens.

Le rideau tombe, il rentre chez lui écœuré. Il s'interroge auprès de ses proches : « Qu'est-ce que ça veut dire, tout ça ? Ça veut dire que c'est mort ? Que nous ne pouvons plus vivre à Trappes ? Qu'il faut que ma famille s'en aille ? Demain, je ne vois pas ma petite sœur retourner à l'école dans cette ville. Je dois déménager toute ma famille… »

Autour de lui, on tente de le rassurer, on se hasarde à quelques explications : « Tu ne peux pas réussir sans entraîner des jalousies ; c'est débile, mais c'est humain. Il y en a qui sont condamnés à rester toute leur vie dans la cité, et qui la passeront à maudire ceux qui se sont barrés. »

Entre Jamel et Trappes, quelque chose s'est brisé, rien ne sera plus comme avant. Jamais il n'aurait cru que sa réussite pourrait susciter contre lui une telle violence. Mais depuis l'été dernier, quand Paola et lui ont quitté le rez-de-chaussée du 24, square Gérard-Philipe pour s'installer quatre kilomètres plus loin à Élancourt, chemin de la Coudriette, dans la maison cossue d'un quartier résidentiel, il s'est écarté de la réalité du quotidien de Trappes. Déménager de Trappes à Élancourt, pour un Arabe d'ici, c'est afficher ostensiblement sa différence sociale. Il est passé « du côté des imposables », alors qu'il avait fait le serment de ne jamais quitter la cité. « Parce que j'y ai vécu des moments forts, parce que c'est grâce au contexte de Trappes que je suis ce que je suis, que je fais ce que je fais », déclarait-il encore le printemps d'avant à la jeunesse locale, dans les colonnes de *Paroles de jeunes*, le journal édité par la municipalité.

Un mois après la soirée gâchée de la Merise, le conseil municipal décide de le nommer « citoyen d'honneur de la ville », lors d'une délibération au cours de laquelle vingt-neuf conseillers de gauche votent pour, trois de droite contre, tandis que six s'abstiennent. Mais Jamel choisit de ne pas aller chercher la médaille d'or qui l'attend à la mairie. À la Merise, dans le hall d'accueil, toutes les vedettes qui se sont succédé dans la salle depuis sa création ont leur portrait géant affiché sur un mur : soixante-seize portraits dont Faudel, Élie Semoun, Renaud, Juliette Gréco, Jean-Louis Trintignant…, mais pas Jamel Debbouze.

40

Évasion

Jamel est sur les routes, par monts et par vaux. Sous la bannière de Show Devant Production – société de Jimmy Lévy avec laquelle l'humoriste a signé son contrat de production pour *Jamel en scène* –, la tournée laisse peu de répit. Tous les jours on se rend dans une ville différente, avec des sauts sans transition de Cherbourg à Enghien, ou de Reims à Mantes-la-Jolie. Le rythme est éreintant, mais Jamel « kiffe ». Il se grise dans l'évasion, rien n'est plus excitant que cette virée à la conquête d'un public différent chaque soir, de groupies inconnues, de restaurants et d'hôtels variés, de nouvelles boîtes de nuit. Autant de lieux où il débarque entouré de ses hommes, comme s'il était à la tête d'un commando. L'équipe trace sa route à bord de trois voitures. La première emporte les techniciens, le régisseur lumière Stéphane Krumhorn, le régisseur son Philippe Alix. La deuxième, deux gardes du corps, Hichem Lamriq dit Django et Olivier Koffidjin, dit Molive, auxquels s'adjoint Karim Debbouze, régisseur de plateau. La troisième, le *road manager* Pascal Joseph, chargé de récupérer les chèques pour Show Devant Production, la société de Jimmy Lévy se contentant de vendre le spectacle alors que les frais d'hôtels et de logistique sont réglés par les organisateurs locaux. Jamel accompagne Pascal, quand il ne le suit pas à bord d'une quatrième voiture, autonome celle-là, conduite par Boualem Talata.

À part l'administrateur Pascal Joseph, homme de Jimmy Lévy, toute la bande fait corps avec Jamel, qui a imposé ses potes à la signature de son contrat. Ces derniers ne le quittent pas : les copains de toujours, mais aussi la famille, notamment le Tonton Hamed qui assure le *merchandising* (vente de tee-shirts, affiches et autres colifichets) et Momo qui s'improvise parfois chauffeur. Mais autant Karim accepte avec humilité le rôle de régisseur de plateau (qui se résume à préparer un tabouret, un bloc-notes, une serviette et deux bouteilles d'eau pour Jamel), autant Momo nourrit encore quelques velléités artistiques et ambitionne de percer dans le monde du rap. Être relégué au rang de chauffeur sous les ordres de son frère n'est pas toujours de son goût. Mais tout se règle en famille. Rien ne va plus, en revanche, lorsque Jimmy Lévy tente d'imposer comme garde du corps un ancien militaire qui flippe à la vue du premier type venu portant un sweat à cagoule – la tenue réglementaire adoptée par beaucoup de fans de Jamel. Bref, devant tout ce qui arbore le look « racaillon ». Le protégé de Jimmy Lévy se fait chambrer, puis virer.

On chahute et on tchatche à tout-va. Jamel a besoin de cette ambiance-là. Autour de lui, les vannes fusent sans arrêt, il ne peut se séparer du vivier de son inspiration. Surtout quand Hichem improvise de véritables sketches avec Hamid, ami d'enfance du Moulin-de-la-Galette puis du lycée Henri-Matisse, souvent appelé en renfort pour servir de chauffeur. Car Jamel ne conduit plus, officiellement depuis la fameuse nuit de Bercy. De toute façon, il le sait, on le lui a dit et redit : conduire d'un seul bras est trop dangereux. Il en a fait l'amère expérience dès sa première voiture chic : une 306 Peugeot cabriolet vert bouteille Roland-Garros, qu'il s'était offerte en 1998 avec ses premiers cachets de Canal Plus. Il roulait sur l'autoroute A13 sous une pluie battante tout en dévorant un Big Mac, le téléphone portable collé à l'oreille, quand son portable est tombé. Se penchant pour le ramasser, il manque de s'encastrer dans le cul d'un poids lourd au moment de se redresser. Il freine à mort, mais trop tard, sa voiture part en vrille pour finir sa course après plusieurs tonneaux. Il s'en sort sain et sauf (avec seulement quelques points de suture à la tête) et le pompier qui vient le délivrer de son amas de ferraille lui demande un autographe…

Malgré son statut de vedette, Jamel aime toujours autant se donner le frisson. Jimmy Lévy a beau lui imposer des interdictions drastiques, notamment celle de toucher au volant d'une voiture ou de prendre le moindre risque susceptible de mettre en péril son intégrité corporelle, il ne peut s'empêcher de tenter le diable. À Grenoble, alors qu'il profite de quelques jours pour se refaire une santé dans les Alpes et réajuster le spectacle, Jamel et sa bande s'abandonnent à un délire total. Le comique décide de monter sur des skis pour la première fois de sa vie et arrive en jeans-baskets au sommet des pistes de Chamrousse, qu'il dévale en se prenant pour Jean-Claude Killy. Il finit cette fois en « s'éclatant la gueule », au propre comme au figuré. Commentaire d'un témoin : si Jimmy avait su, il serait devenu « ouf » !

Les frasques de l'équipée ne s'arrêtent pas toujours à l'entrée des hôtels. Le 7 avril 2000 à Angoulême, la nuit se termine par une course-poursuite dans les couloirs du Mercure Centre, où la bande se lance dans une bataille de seaux d'eau avec concours de tee-shirts mouillés. Victime désignée : une jeune fille chargée de seconder Tonton Hamed au merchandising. Elle se retrouve trempée des pieds à la tête, incapable de remettre la main sur la clé de sa chambre. Au moment où le réceptionniste arrive pour dépanner l'infortunée, Jamel, qui vient de se faire rincer à son tour, crie vengeance, décroche l'extincteur et prend pour cible le malheureux employé de l'hôtel. Tout l'étage est en émoi. Les protagonistes « s'éclatent » jusqu'au lendemain, où le directeur de l'établissement exige de connaître le nom de la société responsable des méfaits. « Glem Production ! » lui répond-on sans vergogne. Gérard Louvin, qui en est le patron, reçoit le coup de fil incendiaire de l'hôtel. Il alerte Jimmy Lévy, qui pique la colère du siècle.

Pour se défouler, rien ne vaut une bonne virée en boîte de nuit. Jamel et sa bande ont tout loisir de dépenser leur trop-plein d'énergie dans les établissements qui accueillent les *afters* organisés après le spectacle, en accord avec la production. Très lucratives, ces heures sup' festives sont incontournables. Pour 10000 à 15000 euros, le patron d'une discothèque sinon d'un night-club de la ville étape ou des environs peut s'offrir la présence de Jamel afin de se faire de la publicité. Le *deal* prévoit également la présence d'un DJ – lequel empoche le tiers de la rémunération –, en l'occurrence DJ Abdel (frère d'Hichem, le garde du corps), l'ami d'enfance de Barbès, ou son homologue scratcheur de platine Cut Killer. Si le DJ est tenu d'assurer la programmation musicale de la soirée jusqu'à la fermeture, Jamel peut se contenter, lui, d'une courte apparition dans le carré VIP. Toute sa bande l'accompagne et s'éternise comme bon lui semble, drague à tout-va, consomme à l'œil et pas uniquement de l'eau, parfois aussi du Coca. Moment très attendu de tous : un concours un peu spécial où rivalisent Hamid et Momo. C'est à celui des deux qui pêchera la fille au physique le moins avantageux sur la piste de danse. Jamel, au contraire, vise toujours la plus jolie gazelle se déhanchant sous la boule à facettes. Il n'hésite pas à déléguer en rabatteur l'un de ses acolytes pour lui rapporter sa proie. À ce jeu-là, il y a bien longtemps qu'il ne se prend plus de veste.

À l'heure du réveil, le souci majeur consiste à sortir Jamel de son lit pour reprendre la route. L'artiste, en effet, a du mal à émerger de son sommeil avant deux heures de l'après-midi, ce qui, de surcroît, le handicape sérieusement pour accomplir ses prières quotidiennes – un rite auquel il est très attaché malgré les aléas de la vie de saltimbanque.

Après les réjouissances, il arrive à Jamel de retourner de nuit dare-dare à Paris en voiture, même s'il se produit à l'autre bout de la France : 800 kilomètres d'une seule traite ne lui font pas peur. Puis de repartir le lendemain par avion afin de rejoindre son équipe pour le gala suivant. Jamel ayant la manie d'être perpétuellement en retard, son entourage jongle avec les réservations sur les lignes régulières. Après avoir épuisé tous les horaires, on doit parfois se résigner à faire appel aux services d'une compagnie de jets privés. Un soir, alors qu'il décolle du Bourget à point d'heure, il n'y a plus d'autre solution que de téléphoner au préfet pour faire rouvrir l'aéroport de Valence. Le plus souvent, Jamel atterrit dans la salle de spectacle à la dernière minute, laissant aux organisateurs le temps de s'arracher les cheveux alors que lui, porté par un stress et une exaltation extrêmes, déboule sur scène plus performant que jamais. Inversement, quand il se donne le temps de répéter comme un bon élève, il lui arrive d'être franchement mauvais. Ainsi, lorsqu'il s'entraîne plusieurs heures pour les besoins de l'enregistrement du spectacle *Jamel en scène* (sur DVD et VHS) prévu sur deux représentations, il est tellement vidé lorsque la caméra se met en route au moment du lever de rideau qu'il faut avoir recours à une soirée supplémentaire. Cette fois-ci, il arrive en transe juste cinq minutes avant l'heure, au bord de l'implosion, et donne l'un de ses meilleurs shows. L'artiste a besoin de sa dose d'adrénaline. Il est excellent quand il fonctionne en surrégime.

Jamel est aussi imprévisible que son public. Leurs rapports sont si passionnels, l'identification des fans à leur idole est telle que cela se traduit régulièrement par d'énormes coups de gueule dans la salle, quand ce ne sont pas les projectiles qui déferlent sur la scène. On ne sait jamais comment cela va tourner au lever du rideau, ni comment cela va se terminer après qu'il sera tombé. À Grenoble, à la sortie du spectacle, les « jamelmaniaques » se jettent sur sa voiture pour l'empêcher de partir, ils la fracassent et l'écrasent. La star, otage de son succès, est sans cesse au bord de la rupture.

41

Ambiance

Dix ans après le drame de la gare de Trappes, Jamel vit toujours dangereusement – au maximum de ses capacités physiques, beaucoup trop pour un asthmatique : sans sa réserve de Ventoline[1], il est sûr d'échouer à l'hôpital. Quand Paola n'est pas à ses côtés pour s'occuper de sa santé, il frôle la catastrophe. Heureusement, il se trouve toujours une bonne âme dans son équipe pour emporter le précieux médicament. Mais son entourage craint aussi de le voir craquer à cause de son bras paralysé. Son visage, parfois, se crispe sous l'effet de la douleur. Il suffit qu'il se mette torse nu et découvre ses cicatrices qui vont d'une épaule à l'autre pour avoir une idée de ce qu'il a pu endurer. On sait qu'il vit des moments de souffrance intense.

« Son bras est un membre à la fois mort et toujours vivant, explique l'un de ses compagnons de tournée. Car alimenté en sang. C'est un corps mort qu'il porte constamment avec lui. Le cerveau ne comprend plus ce que fait cette partie inerte rattachée au buste. D'un côté, tout s'est développé musculairement, alors que de l'autre, tout est atrophié. Et cette distorsion crée chez Jamel des tensions nerveuses insupportables. »

Mais Jamel ne tolère pas que l'on s'inquiète de sa santé. Il a toujours horreur qu'on le traite en handicapé, se considère comme quelqu'un en possession de cent pour cent de ses moyens. Et lorsqu'il entend parler de son bras, il devient presque fou.

1. Médicament destiné au traitement des crises d'asthme.

Depuis les événements de la nuit du 1er janvier à Bercy, accompagner Jamel en tournée devient de plus en plus difficile pour Boualem Talata. Il se sent sous surveillance et on voit tourner autour de lui des types qui ne ressemblent pourtant pas à des flics. Un soir, devant un théâtre où Jamel doit se produire, un jeune technicien fume sa cigarette, histoire de se détendre avant de reprendre son service, lorsqu'une grosse Mercedes pile devant lui. À son bord trois hommes à la mine patibulaire, sapés en « costard-cravate style mafioso » ; ils ont entre trente et quarante ans, des « papas », comme disent les jeunes pour désigner des types qui ont de la bouteille. L'un d'eux sort de la voiture et interpelle le fumeur sans préambule : « Ils sont là les mecs qui font la sécurité de Jamel ? » Le technicien s'éclipse pour informer discrètement Talata, qui l'entraîne au tabac du coin, à bonne distance, afin de tenter de repérer le trio. Le gorille est visiblement ébranlé. Sa vitrine officielle, « garde du corps de Jamel Debbouze », s'effrite comme un vernis usé. « Boubou », qui passe pour le meilleur des compagnons de route, toujours enjoué et prêt à rendre service, est aux abois et personne ne sait pourquoi. Et personne ne doit savoir. Pour continuer de protéger efficacement Jamel, il décide de déléguer une part de ses responsabilités à Alain Etoundi, dit Bif, un grand Black d'origine camerounaise. Talata fait aussi appel à d'autres gars parmi lesquels certains n'apprécient pas trop la plaisanterie. Ses consignes sont sans ambiguïté : « Je te colle sur ce boulot-là, s'il arrive quelque chose à Jamel je t'explose la gueule… » Il leur met tellement la pression que l'un d'entre eux, un certain Adil, vire parano. À la moindre vanne, il ouvre la boîte à gifles. L'ambiance devient tendue.

Pour dissiper les méfaits du tabac – et les vapeurs d'alcool chez certains –, on improvise quelquefois des matchs de football avec les équipes locales. Jamel joue attaquant ; derrière, Momo et Karim doivent lui fournir de bons ballons. Ce sont des matchs où l'on s'essouffle autant à s'invectiver qu'à courir. Jamel est rapide et très bon dribbleur, mais il lui a toujours manqué la dimension physique qui aurait pu faire de lui un véritable footballeur. Un rêve qu'il a pourtant caressé dans son enfance à Barbès, puis lorsque la famille Debbouze s'est installée rue du Moulin-de-la-Galette, là où a grandi, cinquante mètres plus loin, Nicolas Anelka, de trois ans son cadet. Les deux gamins ont souvent joué ensemble balle au pied dans le quartier, avant que l'un fasse carrière sur la pelouse des grands stades et l'autre sur les planches des théâtres. Ils s'amusent désormais à afficher leur réussite sociale en faisant crisser les pneus de leurs bolides autour du rond-point de leur enfance, Nicolas aux commandes de sa Ferrari et Jamel au volant de son cabriolet Mercedes SLK230 Kompressor. À telle enseigne que le lotissement du Moulin-de-la-Galette a été rebaptisé le Beverly Hills de Trappes.

Le club de football de Trappes est une véritable institution, et ce sport une activité qui réunit la cité au-delà des différences ethniques, et cimente toutes les générations. On est fier aussi d'avoir vu Patrick Vieira, originaire de Dakar (Sénégal), vainqueur de la Coupe du Monde 1998 avec l'équipe de France, faire ici ses débuts à l'âge de huit ans en 1984, l'année où il arrive en France avec sa famille pour s'installer au square de la Commune de Paris. C'est là qu'il évolue pour la première fois sous un maillot de footballeur aux couleurs de Trappes, qu'il porte jusqu'en 1987. On se plaît à vanter ses qualités de champion, d'autant plus que, « honnêtement, ce n'était pas le meilleur joueur du quartier », estime un ancien joueur trappiste, Arnaud M'Bizi. « Ce n'était pas lui qu'on prenait quand on tirait les équipes, même s'il était déjà plus grand que tout le monde, mais trop longiligne. Jamais on n'aurait cru qu'il deviendrait le formidable joueur qu'il est aujourd'hui. Il était gentil, ne cherchait pas les problèmes, mais détestait déjà la défaite. »

À défaut d'avoir pu faire un joueur, Jamel est devenu un supporter. Un rôle réducteur qu'on l'encourage à dépasser chaque fois qu'il se rend au stade assister à un match. Fan du club de Trappes – devenu le Trappes-Saint-Quentin Football Club – depuis l'adolescence, attentif aux moindres résultats de l'équipe fanion, il s'enrhume lorsque celle-ci tousse sur le terrain, il grimpe aux arbres quand elle gagne. Il aimerait aujourd'hui, à travers sa médiatisation, entraîner dans son élan le « Onze » de son cœur pour en faire un club-phare. Lui donner une image dynamique qui occulterait celle d'une banlieue réputée désœuvrée et sinistrée. Il pourrait s'impliquer par ce biais dans le destin de la cité qui l'a vu grandir. Jamel rêve… peut-être d'un tremplin politique, pensent certains. Qu'importe ! En tout cas, il a une véritable ambition au service de sa ville et n'hésite pas à répondre oui quand on l'invite à partager le fauteuil de président d'honneur du club avec Nicolas Anelka. En attendant d'autres distinctions.

42

L'exécution

Jamel en scène reprend son souffle avant de s'attaquer à un sommet : l'Olympia, à partir du 26 décembre 2000. Toute la bande de « Mel-Ja » (Jamel pour les intimes) et de Show Devant Productions est saisie de fièvre par cette perspective, quand une terrible nouvelle s'abat sur l'équipe comme une douche glaciale : Boualem Talata vient d'être assassiné.

Le 19 novembre 2000, alors que Boualem, son frère Robert et leur camarade Mourad Meddour se rendent à Dreux, avenue Kennedy, pour présenter leurs condoléances à la famille de leur ami Hakim Megherat, mort dans un accident de voiture, ils font face, à la sortie du domicile du défunt, aux trois frères Djenane (Amar, Saïd, Mohamed), accompagnés d'un comparse, Adil Mabrouk, qui exigent le règlement d'une dette de 200 000 francs. Entre les deux clans, le contentieux est déjà lourd : incendie d'un domicile des frères Djenane, arnaque sur divers véhicules et surtout cette ardoise portant sur des livraisons de stupéfiants. Mais Talata a du répondant : on le sait lié à Djilali Zitouni [1], propriétaire d'un bar du VIIIe arrondissement, le Beyrouth, et patron du marché parisien clandestin des machines à sous.

Talata n'a pas le temps de présenter ses arguments. À peine a-t-il fait quelques pas que les calibres jaillissent des poches et que

1. Abattu de plusieurs balles de gros calibre, le 25 juillet 2001, à bord de sa Mercedes.

les frères Djenane font feu avec leur 6,35 et Adil Mabrouk avec son 9 mm. Touchée par plusieurs balles, l'immense carcasse de Boualem s'écroule alors que son frère Robert et son ami Mourad perdent leur sang. Puis Adil Mabrouk achève le garde du corps de Jamel d'une ultime balle de 9 mm dans la nuque et signe l'« exécution ».

Alors que les assassins ont pris la fuite, Robert Talata et Mourad Meddour, grièvement blessés, sont évacués par hélicoptère vers le centre hospitalier de Rouen. En revanche, il n'y a plus rien à faire pour Boualem Philippe Talata, dit « Boubou », dit « le gros », ou « le petit Blanc », ou encore Bachir – selon les milieux qu'il fréquentait –, ancien boxeur, fils de harki, marié et père de trois enfants : il avait trente-deux ans.

Adil Mabrouk est en fuite. Les frères Djenane sont arrêtés peu après, mis en examen pour homicide volontaire et écroués. Beaucoup observent qu'ils sont désormais plus en sécurité derrière les barreaux qu'à l'extérieur, vu le poids de Talata dans le milieu. Depuis plusieurs semaines, il était cité parmi les exécutants possibles de l'assassinat de Francis Vandenberghe, dit Francis le Belge, ancien parrain de la pègre marseillaise, retiré à Paris et abattu deux mois plus tôt, le 27 septembre 2000, alors qu'il patientait devant un quart Vittel au comptoir d'un PMU de la rue d'Artois, près des Champs-Élysées. Mais Francis Vandenberghe ne se contentait pas de blanchir l'argent qui remplissait ses poches, grâce au rachat à bon prix des tickets gagnants des heureux parieurs ; il avait aussi des activités du côté des machines à sous et empiétait sur les plates-bandes de Djilali Zitouni, nouveau caïd des bandits manchots, suspecté d'être le commanditaire de son assassinat. Mais il n'y a nul témoin pour dire qui se cachait sous le casque du motard qui tira neuf balles sur l'ex-parrain marseillais, ni pour identifier le complice qui l'attendait dans la rue sur une Honda Enduro.

La presse voit dans la mort de Talata, bras droit de Zitouni, un avatar des rivalités pour le contrôle des machines à sous – rivalités qui opposent la nouvelle vague des petits truands de banlieue à l'ancienne génération du grand banditisme. À moins qu'il ne s'agisse d'un épisode de plus dans la guerre qui fait rage au sein du milieu depuis l'élimination de Francis le Belge.

Mais l'entourage de Jamel avait de « Boubou » une tout autre vision, en dépit de sa réputation sulfureuse. On appréciait la loyauté et la générosité de l'homme, toujours prêt à rendre service, avec au besoin une petite « gourmandise » pour dépanner. Son courage et sa force physique suscitaient l'admiration. Il n'avait pas souvent l'ocasion de faire usage de ses poings : il lui suffisait d'apparaître pour calmer les ardeurs des plus agressifs. « Boubou » avait su s'imposer progressivement auprès de Jamel en se rendant indispensable, sans même que la vedette de Canal Plus l'ait sollicité pour se charger de sa sécurité. Dans le sillage de la star, son affabilité lui ouvrait toutes les portes, notamment à Canal Plus, même si les hôtesses ne s'aventuraient guère à bichonner son pittbull blanc. Toutes les portes aussi du monde de la nuit, où il était accueilli à bras ouverts en même temps que Jamel. Sa popularité n'avait cessé de grandir à mesure qu'il prenait de l'importance dans la vie de son illustre employeur, au point que le garde du corps, installé ainsi dans la vitrine de Jamel, se croyait à son tour protégé…

Mais, de leur côté, les policiers de la brigade des stupéfiants et du Quai des Orfèvres constataient sa montée en puissance parallèle au sein du milieu. Les truands, toujours très attirés par le monde du show business, voyaient d'un bon œil l'importance prise par Talata grâce à Jamel. L'homme de confiance de Zitouni pour le contrôle des machines à sous tenait son jackpot : Jamel Debbouze. Mais cela ne suffisait pas à en faire un véritable caïd, car un caïd, dit-on à la PJ, ça flingue, ça ne se bat pas. Un vrai caïd ne se laisse pas mettre « à l'amende » pour n'avoir pas honoré sa dette de *dealer*. Talata a « carotté », il a payé.

Exit Talata, il faut pourvoir à son remplacement. Alain Etoundi, dit Bif, Hichem Lamriq dit Django, Olivier Koffidjin dit Molive prennent la succession.

43

Trappistes

Son nom s'étale en lettres de feu géantes, rouges et or, sur le fronton de l'Olympia, boulevard des Capucines à Paris : la consécration. Pour couronner le tout, Jamel vient de s'offrir enfin la voiture de ses rêves, la Ferrari 360 Modena noire dernier modèle, d'une valeur de 160 000 euros, et se plaît à passer et repasser devant la façade illuminée, se mêlant au flot des automobiles et aux embouteillages du quartier de l'Opéra pour mieux contempler sa réussite, la tête dans les étoiles comme un enfant : « La classe ! T'imagines, les cinq lettres de mon nom en rouge juste sous OLYMPIA, j'en rêve depuis toujours. » Il ne craint pas de se faire photographier accroupi sur le toit de sa voiture devant la façade illuminée du music-hall.

Pendant les répétitions, on le voit s'envelopper le corps dans le velours du rideau rouge de l'avant-scène qui va bientôt se lever pour trois semaines à guichets fermés. On le voit aussi prier. Dans sa loge aux miroirs cernés d'une multitude d'ampoules, c'est le défilé incessant de tous les potes. On y prend ses aises, on se vautre dans les fauteuils où se sont affalées auparavant les plus grandes célébrités de la chanson française : Édith Piaf, Jacques Brel, Gilbert Bécaud, Charles Aznavour… Au moment où il va faire ses premiers pas sur cette scène mythique, il ne peut s'empêcher de penser à ceux qui lui ont ouvert la voie : « Je ne remplirais pas cette salle si des Fellag et des Cheb Mami ne m'avaient pas montré le chemin. Je pense aussi à Smaïn, Farid Chopel, Karim

Kacel. » Il pense aussi à sa mère qui sera là, au premier rang, et qui a toujours peur pour lui. Elle lui disait encore, juste avant qu'il ne se jette à corps perdu vers son public : « J'espère qu'il y aura du monde, que ça va bien se passer, que les gens vont rigoler… T'es sûr qu'ils vont rigoler, les gens ? » Paola aussi a le cœur serré, mais elle ne veut rien montrer à son héros. Elle se sent un peu perdue au milieu de cet univers de paillettes. Momo et Karim sont présents pour le rassurer ; les enfants Debbouze prennent ici leurs quartiers pour trois semaines. Sans compter tous ceux qui viennent l'encourager : Gad Elmaleh, Joeystarr, Gérard Depardieu, Rachid Arhab, Gérard Darmon… Johnny Hallyday ne vient pas, mais il lui fait parvenir un petit mot dactylographié signé de sa main : « Je pense à toi ce soir pour tes débuts à l'Olympia. Bienvenue dans le temple qui nous a tous réussi et qui te réussira aussi bien que pour moi. »

Jimmy Lévy s'emploie tant bien que mal à contrôler cette effervescence et notamment celle du proche entourage de l'artiste, qu'il surnomme affectueusement le « bandit manchot » :

« Le problème avec Jamel, c'est qu'il faut gérer un environnement qui le parasite. D'abord le cercle de la famille, puis celui des gens de Trappes, et enfin le harcèlement lié au monde du showbiz. Cela va du "on veut des Nike gratuites" aux promesses d'interviews exclusives avec couverture à la clé faites à dix journaux en même temps. Sans compter la difficulté à gérer Jamel lui-même, à le freiner dans ses impulsions délirantes. J'ai eu toutes les peines du monde à le raisonner pour lui éviter de commettre une énorme gaffe : il voulait s'exhiber sur la scène de l'Olympia au volant de sa nouvelle Ferrari. Je lui ai dit : "Jamel, tu n'es plus un gosse de la cité, tu gagnes un million de francs par mois. Que vas-tu trouver dans le regard des gens à qui tu vas montrer ta bagnole, si ce n'est la frustration et la jalousie ?" Il refusait de comprendre, il insistait comme un enfant qui veut montrer son jouet en s'exclamant : "La Ferrari, c'est la classe !" Son idée était de prouver à ses fans qu'un pauvre petit rebeu handicapé parti de rien peut atteindre les sommets. Je soupçonne Kader Aoun d'être l'inspirateur de cette théorie de l'exemplarité. »

Trois semaines plus tard, après une vingtaine de représentations triomphales, Jamel organise une fête à l'occasion de la dernière de son show à l'Olympia. Il choisit la salle du Bataclan, spécialement aménagée pour ce monumental *after.* Plus de 300 personnes sont conviées autour d'un énorme buffet : gens du monde du spectacle, tout son entourage professionnel et familial, mais aussi ses amis des banlieues. Il a proclamé *urbi et orbi* qu'il suffirait, en guise de bristol, de montrer une carte d'identité indiquant Trappes. L'intérieur de la salle évoque l'ambiance de Marrakech, avec un décor marocain de poufs, tapis, lanternes et poteries bigarrées en terre cuite. DJ Abdel trône derrière ses platines, chauffant l'atmosphère en alternant savamment rythmes de raï et de rap. Jamel débarque resplendissant du boulevard des Capucines et gare sa Ferrari juste devant le Bataclan, où le trottoir est noir de monde. On se bouscule pour pénétrer à l'intérieur du théâtre où sont déjà installées plusieurs centaines d'invités, VIP en tête. Euphorique, propulsé par la foule enthousiaste, porté en héros au milieu de la salle, il multiplie embrassades et effusions, alors que des larmes commencent à monter aux yeux de ses admirateurs.

Mais… non, ce n'est point de l'émotion, plutôt l'effet des premières bombes lacrymogènes qui éclatent à l'extérieur. La salle est tellement bondée qu'il devient impossible de respirer, mais dehors, c'est encore pire. Les videurs se battent avec des jeunes Trappistes surexcités qui ne comprennent pas pourquoi on leur refuse l'entrée alors que d'autres de leur cité ont été admis dans le sanctuaire des réjouissances, brandissant leur carte d'identité pour faire valoir leur bon droit. Ils hurlent à l'« arnaque », profèrent des obscénités sur Jamel et le show-biz, essaient de pénétrer en force. Furieux d'avoir été refoulés, une poignée d'entre eux décident de « faire sa fête à la Ferrari à Jamel ». Celle-ci ne résiste pas longtemps à leurs assauts : un parpaing est balancé sur la vitre arrière, les ailes sont matraquées à coups de barres de fer et de jets de canettes de bière, un véritable massacre. Jamel n'a plus qu'à porter plainte. Son histoire d'amour avec la ville de Trappes vient d'encaisser un nouveau coup dur. Sa générosité n'y fait rien : les rancœurs se sont accumulées. Et la rançon de la gloire le frappe en plein cœur.

44

Fortune

Au Maroc, où l'on pratique depuis toujours le téléphone arabe, le petit engin cellulaire que l'on peut emporter partout avec soi constitue le moyen idéal pour perpétuer l'ancestrale tradition, promesse d'un développement phénoménal. Encore faut-il, pour le vulgariser, lui assurer la plus efficace des publicités. Tel est le souci de la société Maroc Telecom, l'entreprise la plus riche du royaume chérifien[1], dont les patrons voient en la personne de Jamel Debbouze la mascotte de rêve, même si l'humoriste n'est pas encore très connu au Maroc lorsqu'il signe avec eux son premier contrat publicitaire, dès le mois de juillet 1999. Durant cet été-là, il donne certes quelques représentations de *Jamel en scène* à Casablanca et Rabat, mais sa popularité n'égale pas celle d'un Gad Elmaleh, natif de Casablanca, dont le père est une personnalité influente et respectée dans le milieu artistique marocain. Pour autant, l'espièglerie et le langage branché de Jamel n'échappent pas aux décideurs de Maroc Telecom qui, tout comme les jeunes du pays, sont également sensibles à ses facéties à la télévision. De plus, le prénom du comique, prononcé « Jamal » au Maroc, colle parfaitement à celui du service de carte prépayée GSM dénommée « Jawal » (le « voyageur » ou l'« itinérant ») dont cette campagne doit assurer la promotion.

1. Chiffre d'affaires consolidé de Maroc Telecom en 2006 : 22 615 000 dirhams, soit environ 2,6 millions d'euros.

Dès les premiers spots diffusés sur les chaînes marocaines, Jamel alias Jamal cartonne auprès des jeunes, le public cible du produit. Il y prononce pour la première fois l'une de ses expressions fétiches, qui traverse aussi sec la Méditerranée: « Dis-moi pas que c'est pas vrai » ; ou encore celle-ci, plus locale: « Jawal, c'est comme Jamal mais c'est Jawal », que les gamins reprennent en chœur dans les rues. Pour les besoins d'un dialogue téléphonique, on a créé le personnage de Jennifer, celle à qui l'humoriste conte fleurette au bout du fil tout en lui faisant miroiter les dernières nouveautés de Maroc Telecom. Jamel partage à plusieurs reprises la vedette avec Essam, le fils de Fatima Mourine, alors que toute une bande de vieilles connaissances de l'humoriste vient jouer les faire-valoir à ses côtés: Momo, son copain Yacine, Omar et Fred, Mounia Meflahi, une jeune actrice amie de Jamel qui prête sa voix à la fameuse Jennifer, sans oublier Fatima Mourine elle-même.

Résultat: en moins d'un an, Jamel conquiert la célébrité au pays du Rif, « Jawal » devient l'une des marques les plus connues au Maroc et rencontre un succès gigantesque avec près de onze millions d'utilisateurs (pour une population de trente millions d'habitants). Et des retombées financières proportionnelles sur le compte marocain de Jamel Debbouze… Un premier contrat est négocié par Nadia Mourine, qui fait passer la proposition de rémunération initiale de 300 000 francs à un million de francs nets d'impôts, dont 100 000 francs de commission pour la jeune femme. En mars 2000, Nadia réussit à tripler la rémunération de Jamel: il reçoit trois millions de francs, toujours nets d'impôts, pour la réalisation de cinq nouveaux spots, dont 650 000 francs pour sa collaboratrice.

La pub pour le téléphone portable est un tel filon que, dès l'été 2001, Jamel veut réitérer l'expérience en servant cette fois la cause d'Universal Music Mobile ; il tourne lui-même à Trappes, cité des Merisiers, et à Aubervilliers, plusieurs séquences pour en assurer la production. Le spot, hélas, fait long feu : victime collatérale de la tragédie du 11 septembre, le côté résolument « rebeu » de la publicité n'est plus de saison chez la filiale de l'Américain Universal.

Ses revenus cinématographiques ne sont pas, en revanche, à la hauteur de ses ambitions. Son cachet pour *Le Ciel, les oiseaux...* ne dépasse pas les 15 250 euros quand les comptes s'arrêtent officiellement sur 1 201 559 entrées payantes. En outre, il n'a touché que quatre pour cent sur la vente des premières vidéos, qui aurait rapporté pas moins de trente-huit millions d'euros. Quant aux droits sur le tournage de ses premiers sketches (*Le Monde de Jamel*), ils sont bloqués par Canal Plus qui assurait une partie de leur production.

Plus question donc de se laisser entraîner dans des contrats hasardeux. Il décide de gérer enfin sérieusement sa carrière et choisit de renoncer définitivement aux apparitions éclairs comme dans *Les Deux Papas et la Maman*, de Jean-Marc Longval et Smaïn, aux côtés d'Antoine de Caunes et Arielle Dombasle (1996) – un coup de pouce de Smaïn au débutant Debbouze. Il fait également ses adieux aux courts métrages, après *Les Petits Souliers* d'Éric Tolédano et Olivier Nakache, avec Gad Elmaleh, Roschdy Zem, Atmen Kelif, et *Granturismo* de Denis Thybaud, avec Gérard Darmon. « J'ai fait des courts métrages uniquement pour faire plaisir à des amis. Le copinage, dans ce métier, ce n'est pas bon, parce que finalement tu ne fais jamais les choses bien quand tu veux rendre service. »

Quand on a une maison de production à faire tourner, on ne perd plus son temps à batifoler dans des œuvrettes. « J'ai débarqué dans le show-business comme une petite fille qui vient cueillir des marguerites dans une prairie. Pour me marrer et faire kiffer », avoue Jamel. Dorénavant, on passe aux choses sérieuses. « J'ai besoin d'avoir autour de moi des gens qui m'offrent une structure. »

Depuis quelques mois, son protecteur Jacques Massadian a quitté le navire. Nadia Mourine, qui le jugeait trop gourmand, a conseillé à Jamel de le licencier. Massadian était également entré en conflit avec Jimmy Lévy, qui refusait de prendre en compte la commission de dix pour cent qu'il s'octroyait sur les contrats de son poulain. Par ailleurs, Lévy lui reprochait d'avoir marché sur ses plates-bandes en organisant des représentations de *Jamel en scène* au Maroc.

Mais Jimmy Lévy, déstabilisé lui aussi par la dispersion de l'artiste, craque à son tour :

« Impossible de supporter son entourage. J'ai vécu des moments hallucinants en tournée, où la bande de gens qui le suivent est deux fois plus nombreuse que l'équipe nécessaire au spectacle : les frères, les copines, les copains, les gardes du corps, ce petit monde se croit tout permis en se réclamant de Jamel, s'autorisant des conneries en son nom, se prenant pour des stars. Bref, tous ont attrapé la grosse tête avant lui. Tous ces *yes men*, ces courtisans qui le flattent ont fait barrage entre lui et moi. Impossible de lui parler plus de trente secondes sans que l'un d'entre eux vienne nous importuner et Jamel, trop sensible à la flagornerie, se montre incapable de les repousser. J'en avais assez de tout ce cirque, j'ai pris de la distance. »

Jamel fait alors la connaissance de Bertrand de Labbey de la Besnardière, qui lui est présenté par Jean-Pierre Ramsay Lévi, le producteur de *H*. Le patron de l'agence artistique Artmédia gère les carrières des plus grandes stars du cinéma français et s'occupe notamment des intérêts de Gérard Depardieu, Catherine Deneuve, Daniel Auteuil ou encore Isabelle Adjani. Jamel est ébloui, il a l'impression d'avoir rencontré Dieu en personne. Dès lors, ses rares contacts avec Jimmy Lévy deviennent conflictuels. « Il y a un froid entre nous, constate ce dernier, et certains en profitent pour entrer dans la brèche. Je vois s'engouffrer Rose Léandri qui dirige Backline, filiale de l'agence artistique de Bertrand de Labbey. Profitant de mon absence, elle drague Jamel en douce pour récupérer la poule aux œufs d'or. À partir de là, il est l'objet d'une opération d'intox systématique, au point qu'il finit par croire que je m'emploie à l'escroquer. Je lui rétorque : si tu penses que je t'ai volé des milliards comme tu le dis, fais-moi donc un procès ! »

Un soir de tournée, Jamel appelle Jimmy Lévy pour lui annoncer qu'il met fin à leur collaboration. Pour ce dernier, c'est un grand soulagement.

Propulsé au sein de l'écurie prestigieuse de Bertrand de Labbey alors qu'il n'est qu'au début de sa carrière cinématographique, Jamel a toutes les chances d'être relégué au rang de menu fretin. Mais c'est mal connaître le flair du patron d'Artmédia, qui voit déjà en lui une graine de grand acteur: «La première chose qui m'a frappé chez lui, c'est son regard. Charbonneux, joyeux, vif et brillant. Il joue sur son instinct, mais derrière une apparente facilité se cache un vrai travail. Lorsqu'il saura vraiment discipliner ses dons, quand il sera un peu plus structuré, rien ne l'arrêtera», diagnostique son nouvel agent qui passe pour le serpent froid de la planète show-biz.

Lorsque Bertrand de Labbey lui fait rencontrer le cinéaste Jean-Pierre Jeunet, c'est pour lui proposer de jouer l'«Arabe de service» (l'épicier d'un coin de rue, à Montmartre). Jamel y voit un rôle de composition: «Rien à voir avec tout ce que j'ai fait jusque-là. Un commis d'épicier qui est dans sa bulle, à part, pas fou, mais un peu simple. Il a beau avoir vingt-quatre ans, il a six ans d'âge mental. Très naïf, très attachant.»

Jean-Pierre Jeunet découvre vite que Jamel veut aller au-delà de son don d'improvisation. Et ce qui pourrait n'être qu'une formalité devient un vrai travail: il fait le métier de comédien: «Il n'a pas fait du Jamel, il est devenu Lucien», constate Jeunet. Jamel a choisi la difficulté: «Je n'ai jamais fait ça. Et ça restait dur à tenir sur la longueur. Mais quand tu as un mec comme Jean-Pierre Jeunet en face de toi, aussi doux, aussi doué, c'est facile. Sa précision est hallucinante! Il n'y a jamais de temps mort sur le plateau. S'il jouait aux échecs, il aurait toujours quatre coups d'avance. Le scénario est une pure merveille. Je l'ai lu, ça m'a déchiré…»

Effectivement: *Amélie Poulain* est le film de l'année 2001, numéro un au box-office avec plus de huit millions d'entrées. Et ce succès international devient une œuvre culte.

Quand Alain Chabat lui propose, via Bertrand de Labbey, un rôle dans *Astérix et Obélix, Mission Cléopâtre*, Jamel répond immédiatement oui pour jouer Astérix. On lui explique poliment que le rôle est déjà attribué, car le film est la suite du précédent, *Astérix et Obélix contre César* (réalisé par Claude Zidi en 1999), où Gérard Depardieu et Christian Clavier sont réputés irremplaçables dans le couple moustachu de Goscinny et Uderzo. On propose à Jamel d'enfiler l'humble tunique de Numérobis, l'architecte qui réalise pour la reine Cléopâtre un somptueux palais destiné à César. Le personnage, troisième au générique, sera revu et corrigé spécialement pour Jamel, à cent lieues du maître-d'œuvre rampant de la bande dessinée. Il devient un ludion monté sur ressort, qui bredouille autant que ses plans bafouillent, un histrion taillé sur mesure rabâchant à bouche que veux-tu: « Il est un peu bien le palais, hein ? » Car on mise sur le public populaire de Debbouze. Bref, on a affaire à un clone de *Jamel en scène*.

Soit. Jamel accepte bon gré mal gré ce rôle de second couteau. Il ne sera pas Astérix, mais Numérobis. À défaut du cachet pharaonique réservé aux deux guerriers gaulois, il est sûr de tenir sa revanche en pariant sur des émoluments proportionnels au nombre d'entrées. Avant même de signer son contrat de dix-neuf pages, il est convaincu que le film fera un tabac.

45

Le contrat du siècle

« Entre la société Renn Productions, représentée par son P-DG Claude Berri, et Jamel Debbouze, il est convenu d'un salaire brut de 3 350 000 francs payable en plusieurs fois : 335 000 francs à la signature, 2 680 000 francs répartis à la fin de chaque semaine de tournage, 335 000 francs à l'issue de la postsynchronisation. »

En plus de ce salaire, Jamel encaisse une avance sur droits d'auteur de 2 220 000 francs sur les recettes nettes du producteur, répartie en cinq versements, soit 220 000 francs à la signature du contrat puis quatre fois 495 000 francs du premier jour de tournage à la fin de la postsynchronisation.

Enfin, clause capitale aux yeux de Jamel, la récompense du public : si le film atteint huit millions d'entrées, Jamel Debbouze recevra 1 800 000 francs en un seul versement, ainsi que quatre-vingt-dix centimes de franc par entrée supplémentaire et ce, sans limitation de somme ni de durée.

Le contrat se caractérise également par des clauses spécifiques :

« – Au cas où la collaboration de Jamel Debbouze dépasserait les cinquante-cinq jours de tournage prévus, le producteur lui verserait une somme de 80 000 francs par jour supplémentaire payable quotidiennement.

– Le producteur prend à sa charge tous les déplacements de l'acteur, son logement dans un hôtel de première catégorie choisi d'un commun accord, étant entendu que le montant du défraiement quotidien versé à Jamel Debbouze sera au moins égal à celui versé au réalisateur, Alain Chabat.

– Le producteur engage le frère de Jamel Debbouze [Momo, *NDA*] afin que celui-ci l'assiste durant toute la durée du tournage, notamment en qualité de chauffeur exclusif.

– Sur le générique, ainsi que dans toute la publicité du film, le nom de Jamel Debbouze sera cité au-dessus du titre du film, en troisième position, dans les caractères les plus favorisés. Cependant, dans les pays où Mlle Monica Bellucci [Cléopâtre, *NDA*] possède une notoriété importante, et notamment en Italie, le nom de Jamel Debbouze sera cité en quatrième position sur la même ligne que celui de Mlle Bellucci.

– Les caractères du prénom de M. Jamel Debbouze auront la même disposition typographique que celle utilisée pour son nom. »

Et Jamel Debbouze signe le 19 juin 2000. Il entérine le résultat de négociations initiées par… son assistante Nadia Mourine. Celle-ci a mené rondement les tractations :

« Au départ, quand on ne lui propose que deux millions et demi de francs pour tourner dans *Astérix*, Jamel est furieux et me charge de contacter son agent Bertrand de Labbey pour faire monter les enchères. Je décroche aussitôt mon téléphone et précise au patron d'Artmedia : pour douze secondes de spots publicitaires avec Maroc Telecom, Jamel reçoit trois millions de francs, pas question qu'il se contente de deux millions et demi pour quatre mois de tournage ! De Labbey me rétorque que c'est un honneur pour Jamel de tourner avec Depardieu et Clavier. Je lui réponds que c'est plutôt un honneur pour Depardieu et Clavier de tourner avec Debbouze. En effet, je lui précise, sûre de mon coup, que les entrées se feront sur le nom de Jamel Debbouze et non pas sur son “pack SFR Depardieu-Clavier”. Et j'exige six millions de francs, plus ma commission. Impossible, répond de Labbey, Depardieu touche déjà six millions. J'accepte de transiger à cinq millions et demi mais avec un pourcentage sur les entrées. Il ne veut rien entendre, ajoutant que des petits Arabes comme Debbouze, il y en a plein les banlieues. Du tac au tac, je lui rétorque : dans ce cas-là, allez donc vous-même trouver un autre Jamel dans les cités, bonne chance ! Et je raccroche. Il me rappelle aussitôt et me dit : OK pour cinq millions et demi avec un pourcentage sur les entrées. Après quoi j'ai bien compris que de Labbey me vouait aux gémonies. »

Après des premières séquences de piraterie tournées dans les studios aquatiques de l'île de Malte, l'équipe du film s'installe pour quinze semaines dans le Sud marocain, à Ouarzazate, aux studios Atlas. L'économie locale est bouleversée par l'armada d'une superproduction au budget de cinquante millions d'euros, avec, par ordre décroissant : 2000 figurants, 1500 colombes, 72 acteurs, 41 chevaux, 23 dromadaires, 19 chats, 17 grenouilles, 12 sangliers, 3 pigeons, 3 crocodiles, 1 âne, 1 agneau... Et une multitude de scorpions et de serpents qui, eux, ne sont pas prévus au casting. Pas plus que les tempêtes de sable et les variations de température qui rendent les journées de travail particulièrement éprouvantes.

Les difficiles conditions de tournage mettent d'autant plus en valeur le travail des techniciens locaux qui œuvrent autour de Jamel. Éclairagistes, preneurs de son, machinistes, hommes à tout faire des plateaux de cinéma, etc., il apprécie la compétence de cette corporation, bluffé de voir « les premiers assistants gérer 2000 figurants dans trois langues différentes, là où, habituellement, la plupart des productions étrangères arrivent comme des colons, sans rien déléguer sur place, et repartent en laissant derrière elles des poubelles sur le sable ». Jamel prend conscience du professionnalisme des Marocains dans son propre métier : « On n'a pas que des babouches et des loukoums, on a aussi des gens capables, avec un vrai potentiel. Il ne manque plus que l'infrastructure. »

Les artistes sont logés dans des maisons autour d'un lac où l'on peut pratiquer le jet-ski. Jamel dispose d'un avion privé dont il se sert pour faire venir sa famille. Outre Momo, qui décroche un rôle de marchand de souvenirs (le vendeur de sphinx), il invite ses autres frères Karim et Rachid, ses sœurs Hayat et Nawal, son père et sa mère, ainsi que ses potes :

« Quel intérêt de prendre un jet privé tout seul ? Le kif, c'est de pouvoir être dix dedans, de mettre du rap à fond et de demander au commandant de bord : “On peut conduire deux minutes ? Juste un petit virage, laissez-nous faire un dérapage…” »

En fait de dérapage, Jamel se paie le luxe d’organiser des fêtes jusqu’à l’aube pour pallier l’indigence criante de l’unique discothèque du bled :

« Dans cette partie du désert, il n’y avait qu’une boîte avec un DJ, un videur, un barman, un disque, un spot et une seule meuf. Ouarzazate, c’est magnifique, mais au bout d’un moment t’as envie de revoir Paname, j’ te jure. Malgré tout le respect que j’ai pour mon pays d’origine. »

Par une belle journée ensoleillée, tous les participants au film sont invités à se réunir pour la photo souvenir. Jamel tient à ce que son père et sa mère, présents ce jour-là à Ouarzazate, y figurent à ses côtés. Au milieu des techniciens, acteurs, réalisateur et assistants, Alain Chabat au premier rang, Christian Clavier, Claude Rich, Gérard Depardieu à l’extrême droite, Momo Debbouze juste derrière eux, Jamel au centre de la photo levant un bras victorieux ; un couple assis à sa gauche, intimidé et souriant parmi ces gens d’un autre monde, elle coiffée de son voile blanc, lui la moustache fière et frémissante : Fatima et Ahmed Debbouze.

Pendant les interruptions de tournage, entre deux scènes, Jamel s’emploie à jauger sa popularité au Maroc en faisant la causette (et non pas Cosette, selon la formule bien connue de l’humoriste) avec des figurants locaux… Grosse déconvenue. Alors qu’il n’espérait que compliments et flatteries en tout genre, une avalanche de récriminations et de frustrations le submerge. On lui reproche de ne rien faire pour défendre le cinéma dans le royaume chérifien, sinon de se contenter de servir de mascotte pour le compte de la richissime compagnie Maroc Telecom, de jouer les apôtres de l’action humanitaire dans des interviews. Or, pas un dirham ne serait encore tombé dans l’escarcelle des œuvres caritatives… Jamel est sidéré. Il a pourtant confié à Nadia Mourine le soin de gérer les dons consacrés aux sociétés de bienfaisance marocaines. L’idée d’être considéré comme un nabab atterrissant en jet privé au milieu des autochtones lui fait horreur. Autour de lui, des regards de défiance, une incrédulité que jamais il n'aurait soupçonnés. Plus cruels encore que les gestes hostiles de certains Trappistes lorsqu'il traverse la cité des Merisiers au volant de sa Ferrari. Au Maroc, cette suspicion de ceux qu'il considère comme les siens, il ne la supporte pas. D'autant qu'il n'a jamais ménagé ses efforts ni sa générosité pour son pays d'origine. Sans le clamer sur les toits, il a multiplié les dons. En observant un proverbe arabe que sa mère Fatima ne cesse de lui répéter : « Fais le bien et oublie-le. » Sur quoi son père Ahmed se plaît à répliquer : « Fais le mal et souviens-t'en. » Alors Jamel se pose une question : où est donc passé l'argent ?

46

Le million

À l'issue du tournage d'*Astérix*, conquis par la gentillesse et la compétence des techniciens et figurants marocains, Jamel leur fait la promesse d'investir personnellement dans le cinéma au Maroc : « Mon objectif est de créer une infrastructure pour lier l'utile à l'agréable, travailler tout en faisant travailler les autres. Ce serait idyllique. Inch' Allah ! » Le gouvernement marocain s'implique en offrant, par l'intermédiaire de la wilaya[1] de Marrakech, un terrain de trente hectares à proximité de cette agglomération. Jamel annonce quelques mois plus tard la création, avec la collaboration de Serge Berdugo, ancien ministre du Tourisme au Maroc, et du producteur Alex Berger, des Studios cinématographiques de Marrakech. Un projet ambitieux prévoyant la construction, à quatorze kilomètres de la ville, de quatre plateaux de 500 à 2 000 mètres carrés, avec des décors extérieurs, des salles de montage, de projection, de maintenance, pour accueillir des tournages de films, de séries, de jeux TV et de production musicale. En outre, la réalisation d'un centre de formation professionnelle audiovisuelle ainsi qu'un centre administratif pour accompagner les productions internationales devrait permettre la création de nombreux emplois. L'ouverture des Studios de Marrakech est prévue pour 2004.

Le film *Astérix et Obélix, Mission Cléopâtre*, sorti en salles le 30 janvier 2002 sur 945 écrans français, produit par Renn Pro-

1. Collectivité territoriale correspondant à une région administrative.

duction, filiale de Pathé, se solde à l'heure des comptes par 14 488 577 entrées : c'est le deuxième succès commercial de l'histoire du cinéma français après *La Grande Vadrouille* (dix-sept millions de spectateurs). Conformément à son contrat (converti en euros), Jamel Debbouze encaisse 2,120 millions d'euros, ce qui fait de lui l'acteur français le mieux payé de l'année 2002, grâce essentiellement à la clause d'intéressement (le producteur s'étant engagé à lui verser une somme de 274 000 euros, plus 0,14 euro par entrée si le film atteignait 8 millions de spectateurs en France). Une éventualité sur laquelle le producteur Claude Berri ne misait pas, pas plus que les deux têtes d'affiche Gérard Depardieu et Christian Clavier, qui touchent respectivement près de 1,4 millions d'euros et 1,65 millions d'euros (Christian Clavier dépassant Gérard Depardieu grâce à une prime d'intéressement de 550 000 euros).

Ces résultats exceptionnels valent à Jamel la couverture du supplément économique hebdomadaire du *Figaro*[1], où le journaliste Mohamed Aïssaoui souligne : « Un seul rôle dans l'un des plus gros succès du cinéma français et le jeune homme, qui fêtera ses vingt-huit ans en juin, arrive en tête du palmarès des stars françaises les mieux payées. » L'enquêteur précise, en guise de comparaison, que les rémunérations les plus élevées perçues par des acteurs français sont proches de celles des P-DG du CAC 40, « Jamel Debbouze et Gérard Depardieu gagnant cependant un peu moins que les patrons de Danone, Carrefour ou Total ». En revanche, selon Mohamed Aïssaoui, un chanteur comme Patrick Bruel, à lui tout seul, « a engrangé en 2002 pour l'interprétation d'un seul album plus de 5,2 millions d'euros », soit autant que Jamel Debbouze, Gérard Depardieu et Christian Clavier réunis pour *Astérix et Obélix, Mission Cléopâtre*.

Les informations du journaliste du *Figaro* ne semblent guère appréciées par Jamel Debbouze, si l'on en croit ses réactions sur

1. *Le Figaro Entreprise* du 19 mai 2003.

France 2, au journal de 20 heures et sur le plateau de « Tout le monde en parle », chez Thierry Ardisson.

« Il m'a traité de fils de bâtard, s'amuse encore Mohamed Aïssaoui. Il ne comprenait pas que quelqu'un d'origine algérienne comme moi ait pu faire ces révélations ! Mais, en réalité, je suis sûr que Jamel était plus qu'heureux de voir ses gains étalés sur la place publique, car cela équivalait pour lui à une forme de reconnaissance dans le milieu du cinéma. C'est à cette époque qu'il a eu cette formule : je suis passé du RMI à l'ISF. »

Kissman Productions quitte officiellement Trappes et la cité des Merisiers pour avoir pignon sur rue dans les beaux quartiers de la capitale, dans le VIe arrondissement, au 9, rue Huysmans, entre Saint-Germain-des-Prés et Montparnasse, terre d'élection du monde de l'édition. Au rez-de-chaussée d'un immeuble cossu en pierre de taille, trois pièces desservies par un long couloir, une quatrième donnant sur une petite cour, le tout sur quatre-vingts mètres carrés et sous plafond à moulures, avec ordinateurs (le dernier iMac de chez Apple), des sofas pour accueillir le défilé incessant des copains, frangins, cousins, ainsi que trois horloges indiquant l'heure de Miami (clin d'œil à Tony Montana), Casablanca (la capitale artistique du Maroc) et Paris (ville où Jamel a vu le jour à 5 heures 40 le 18 juin 1975). Désormais « associé unique et gérant unique » de sa société, il en a fait modifier l'article 4 des statuts indiquant le transfert du siège (depuis le 28 décembre 2000) et l'article 6 précisant que les 500 parts sociales lui sont attribuées en totalité. Il en est maintenant l'unique patron et règne à la manière d'un P-DG de vingt-cinq ans qui roule en Ferrari, même s'il fait « Cosette » le soir devant le bon peuple sur une scène de music-hall, en évoquant les misères ou petits bonheurs de la vie dans le milieu concentrationnaire de banlieue.

Jamel impose ses tarifs. Il ne tourne plus à moins d'un million d'euros par film. En marge des propositions qui affluent, il continue à faire cliqueter le jack-pot en signant un contrat de publicité avec Orangina, qui se lance dans un lifting de son image un peu vieillotte. « Jamel Debbouze s'est d'emblée imposé à nous, explique dans *Stratégies*[1] Cyril Thouret, chef de groupe chez Orangina Schweppes. C'est lui qui incarne le mieux l'humour auprès de notre cible, les quinze-vingt-cinq ans. » Jamel exige d'avoir carte blanche pour la conception et la réalisation de plusieurs spots et présente ses idées de scénarios. L'une d'elles, mettant en scène « les buveurs d'Orangina anonymes », est refusée par le Bureau de vérification de la publicité en raison de ses allusions à l'alcoolisme. Jamel trouve la solution en sirotant la pulpeuse boisson sous le regard croisé d'un ange et d'un diablotin, allusion subtile au rêve récurrent du capitaine Haddock, sollicité lui aussi par l'ange et le démon, mais pour… une bouteille de whisky !

« C'était à la fois génial et flippant de lui laisser une totale liberté. Mais il s'est énormément investi, sans donner l'impression qu'il ne faisait la campagne que pour l'argent », estime, dans le même numéro de *Stratégies*, le directeur associé d'Orangina, Frédéric Torloting, sans être dupe. Car Jamel goûte au moins autant à la pulpe d'orange qu'aux juteuses retombées de son contrat. Il est devenu un homme d'affaires dont la fortune s'est faite en quatre coups de cuiller à pot : les spots de publicité au Maroc et en France, les ventes en VHS et DVD de *Jamel en scène* (410 000 exemplaires qui lui valent une « vidéo de platine »), l'intéressement aux résultats d'*Astérix et Obélix, Mission Cléopâtre* (14 488 577 entrées), le doublage pour les studios Disney du lémurien Zini dans *Dinosaure* (5 045 199 entrées).

L'argent, il n'a pas honte d'en gagner. Pas honte de l'exhiber ni de le claquer outrancièrement pour prendre sa revanche sur un temps où il n'en avait pas :

« Toute ma vie, j'ai voulu ce que j'ai aujourd'hui. Toute ma vie, j'ai couru pour faire ce que je fais, pour monter sur scène et que ça marche, pour rouler dans les plus belles voitures, être accueilli

1. *Stratégies* du 28 mars 2003.

comme un prince dans les boîtes de nuit et faire entrer quinze mecs avec moi, pour aller dans les restaurants les plus chics. Et aujourd'hui, on voudrait que je me cache ? Aucune chance ! Je regarde les gens droit dans les yeux et je n'ai aucun problème avec l'argent. Avec l'argent que je touche, et avec ce que je vis. »

L'argent lui brûle les doigts. Déjà, au collège Gagarine, quand il ne gagne que 2700 francs par mois, dès que la paie tombe il court s'acheter une paire de Nike à plus de 1000 francs. Il veut tout, tout de suite. Aujourd'hui, il est aussi fier de ses bolides griffés Pininfarina[1] qu'il l'était naguère de ses pompes à virgule : « J'ai toujours rêvé de pouvoir m'offrir une Ferrari. Quand ce jour est enfin arrivé, j'ai mis mon grand-père dedans tellement j'étais fier. En voyant le cheval qui en est le sigle, comme le lion est celui des Peugeot, il m'a dit : "C'est quoi comme Peugeot, ça ?" "C'est une Ferrari. " Il m'a alors répondu : "Donc, c'est une Ferrari Peugeot !" »

Ses parents se montrent encore plus désorientés.

« Ils ne veulent pas monter dedans car elle démarre trop vite, ironise Jamel. Ils préfèrent les voitures où il faut allumer les bougies de préchauffage, attendre que le diesel se mette en route, afin qu'ils soient en condition pour le départ. »

La réussite de leur fils est arrivée si rapidement que Jamel se sent coupable de leur avoir aussi brutalement confisqué leurs repères :

« Quand je prend cinq millions de francs pour faire *Astérix*, je pense aussitôt à mon père qui a travaillé à la Comatec dans les couloirs du métro pour 5000 francs par mois. Même un million de francs, il ne sait pas ce que cela veut dire : "Un million, c'est la roue du millionnaire ?" Ça me permet de garder les pieds sur terre. »

De son côté, Fatima est simplement contente pour son fils dès l'instant que sa bonne fortune le rend heureux. Son bonheur immédiat lui suffit, même si elle a du mal à cacher sa gêne la pre-

1. Designer réputé de voitures de luxe italiennes.

mière fois qu'il l'emmène dîner dans un grand restaurant, ou lorsqu'il remplit pour elle un « caddie » de produits choisis dans les rayons de luxe d'un hypermarché. Ce qui l'embarrasse, c'est de le voir dilapider ostensiblement son argent pour des dépenses qu'elle juge superflues. Elle est tout heureuse, en revanche, quand il offre des billets d'avion à la famille pour le plaisir toujours sacré des retrouvailles. Grâce à Jamel, Fatima ne fait plus de ménages.

Ahmed ne descend plus, depuis longtemps, dans les couloirs du métro. À cause de sa maladie, son fils le fait soigner à Casablanca par un éminent neurologue. Le chef de famille se résigne, bon an mal an, à être dépossédé de son autorité patriarcale au profit de son aîné, alors que les rapports entre le fils et son père ont souvent été conflictuels. Avec la réussite de Jamel, l'antagonisme a peu à peu changé de nature : la véhémence répressive d'Ahmed, père sévère de six rejetons, s'est muée en une sorte de passivité revendicatrice à l'égard d'un fils aîné coupable de l'avoir privé de son rôle dominant. Un renoncement qui a finalement ses bons côtés : ainsi, lorsqu'il rend visite à Jamel et Paola dans leur nouvelle maison du chemin de la Coudriette, à Élancourt, Ahmed Debbouze n'hésite pas à décrocher du mur deux tableaux orientalistes de son goût pour se les approprier après en avoir fait compliment à Jamel. Un jour où ce dernier se rend chez un chausseur-maroquinier haut de gamme pour y dénicher un cadeau de fête des mères à l'intention de Fatima, il s'empresse de l'accompagner. Laissant Jamel choisir un sac pour sa mère, Ahmed essaie plusieurs paires de chaussures avant de jeter son dévolu sur deux modèles du dernier chic. Un brin étonné, Jamel l'interroge : « Tu as de l'argent en ce moment ? » « Pas de problème ! » lui répond le paternel avant de poser ses boîtes devant la caissière et d'inviter d'un geste son fils à régler le tout.

À ses frères Momo et Karim, il offre le grand voyage en Californie. Los Angeles, Hollywood, les studios de cinéma, les Cadillac, Malibu Beach... Tout ce qui les a toujours fait rêver. Ils s'y rendent avec quelques «cousins», garde du corps inclus, notamment Molive qui suit Jamel comme son ombre même s'il en fait deux fois le volume. Pas seulement pour le fun et la frime, mais aussi pour travailler. Jamel y enregistre notamment un rap avec son idole Snoop Dog pour agrémenter le générique d'*Astérix et Obélix, Mission Cléopâtre*. L'enfant de Trappes, qui nourrissait depuis sa banlieue une fascination pour le milieu sulfureux de la mafia, a toujours eu aussi un gros faible pour la culture *gangsta-rap* américaine, dont Snoop Dog est une figure emblématique. Le projet de bande originale du film d'Alain Chabat est l'occasion de réaliser un vieux fantasme: entrer dans la vie d'un rappeur pur et dur et s'y faire accepter comme membre à part entière. C'est ainsi que Jamel débarque entouré de sa propre tribu dans la demeure clinquante du rappeur afro-américain. Sûr de son bon droit, l'humoriste franco-marocain présente frangins et copains au maître des lieux, entouré lui aussi de sa cour. Parmi les visiteurs, le bon Hamid, tout heureux, n'hésite pas, avec l'autorisation de Jamel, à siffler une dizaine de canettes de bière Budweiser stockées dans le frigo géant de la star, avant d'aller s'affaler dans le sofa au côté de Nat Dog, frère spirituel de Snoop, pour lui arracher sa playstation des mains et s'employer à lui en expliquer le bon usage dans un français aussi nébuleux que la fumée d'un joint... Mais qu'importent les entorses au savoir-vivre: la scène ne se déroule pas chez Nadine de Rothschild et, entre tribus urbaines, on finit toujours par se comprendre, au risque d'échanger quelques mandales.

Le rêve américain se poursuit avec le cultissime réalisateur noir Spike Lee, qui propose à Jamel de jouer dans son prochain film. Quoi de plus flatteur que d'ajouter à son *curriculum vitæ* le nom du chef de file du cinéma contestataire, qui manie critique sociale et autodérision avec une insolence que bien des cinéastes français pourraient lui envier? Jamel n'a qu'un regret: il ne maîtrise pas suffisamment la langue de Shakespeare pour prétendre à la tête d'affiche. Il se contente donc, dans *She hate me*, d'un très humble rôle de portier d'immeuble, qui grâce à ses fonctions voit défiler à longueur de journées des hordes de riches lesbiennes venues se faire engrosser contre espèces sonnantes et trébuchantes par un jeune cadre au chômage. Évidemment, nul besoin de connaître l'anglais pour jeter des œillades lascives à ces drôles de dames. Jamel s'en acquitte avec beaucoup de bonne volonté, mais sa performance ne suffit pas à lui ouvrir toutes grandes les portes d'Hollywood. Dans l'euphorie de leur rencontre, il est question que le cinéaste américain signe la réalisation du DVD du prochain *one man show* que Jamel envisage d'écrire avec son compère Kader Aoun[1]...

1. Ce projet restera lettre morte.

47

Partage

Outre sa famille et les potes qui ont grandi avec lui, la générosité de Jamel va surtout vers les enfants déshérités du Maroc. Le sens du partage lui a été d'abord inculqué par sa mère : « C'est dans son sang, jamais elle n'a fait à manger pour deux personnes, toujours pour plusieurs. Aider, c'est inné chez elle. » Puis l'altruisme est venu du monde associatif :

« Si on ne vous tend pas la main à un moment donné, c'est difficile d'y arriver tout seul. J'ai appris cela avec Papy et le Déclic Théâtre. Par la vie associative. Il est primordial de s'entraider, on ne peut pas vivre dans son petit coin et réussir dans sa vie. Il faut se serrer les coudes et être là pour les autres tant que c'est possible. Maintenant que j'ai la possibilité d'offrir mon aide, je voudrais faire de mon mieux. »

Pour autant, les premiers pas de Jamel dans l'œuvre de bienfaisance au Maroc le conduisent vite dans une impasse. Dès 1999, lorsqu'il engage Nadia Mourine, il lui confie, les yeux fermés, la mission de gérer son action pour venir en aide aux petits orphelins de son pays d'origine. Mais alors qu'il multiplie les opérations philanthropiques – dîners de gala et spectacles au prestigieux théâtre Mohamed V de Rabat se succèdent entre 1999 et 2000 –, aucune trace sur le terrain, rien de concret sinon les regards dubitatifs de tous ces figurants rencontrés à Ouarzazate sur le tournage d'*Astérix*… Où est passé l'argent ? Il ne reste plus rien dans les caisses au moment d'alimenter celles des œuvres caritatives. Les bénéfices des opérations semblent s'être évaporés en frais divers : nuitées dans les palaces, locations de voitures de luxe, dîners, cadeaux, billets d'avion, etc., au profit d'un entourage de plus en plus gourmand. Autour de l'artiste, les soupçons se sont tout naturellement braqués sur Nadia Mourine, celle qui tient les cordons de la bourse. En effet, toutes les apparences sont contre elle. Jamel finit par se pencher personnellement sur ses différents comptes bancaires : plusieurs centaines de milliers de francs sont déclarées manquantes, en particulier au Crédit industriel et commercial. Jamel en parle à son assistante, évoquant la possibilité d'attaquer la banque pour des virements effectués sans son autorisation. Or Nadia n'est pas dupe. Elle est l'auteur de ces différentes opérations réalisées selon elle avec l'accord de son patron. Mais que peut bien peser une simple procuration verbale face à la justice ? La négociatrice surdouée n'a pas vu venir le danger. Rejetée par un milieu de décideurs où elle fait figure d'empêcheuse de tourner en rond, où l'on s'entend pour ne rien lui lâcher, elle comprend qu'elle n'a plus qu'à se séparer de Jamel, sans avoir encaissé de commissions ni sur *H* ni sur *Astérix*. Son départ est accueilli avec soulagement. Même si Jamel Debbouze attend près d'un an pour se résoudre, en mars 2001, à porter plainte contre elle et sa sœur Fatima.

Depuis les reproches essuyés à Ouarzazate lors du tournage avec ses compatriotes marocains, Jamel sait qu'il a une dette autant morale que financière à régler à l'égard des enfants déshérités du pays. L'occasion lui en est donnée à Casablanca lors d'un gala caritatif organisé par la Chambre de commerce britannique, où il se produit avec Gad Elmaleh. Quelques heures avant le lever de rideau, il visite les locaux de l'association l'Heure joyeuse, dont la vocation est multiple dans un pays où la pauvreté reste endémique dans les villes comme à la campagne : secourir les bébés hydrocéphales et dénutris, soutenir leurs mamans, accueillir les enfants des rues en leur offrant une chance d'insertion grâce à une formation scolaire et professionnelle et à des partenariats avec les grandes entreprises, participer au développement du monde rural en équipant des écoles et en organisant des collectes de vêtements et autre matériel de première nécessité. Ce jour-là, comme tous les vendredis, les gamins se pressent autour du rituel « Couscous du cœur », qui leur donne la possibilité de manger à leur faim, de prendre une douche – car ils sont refusés par les hammams en raison de leurs maladies de peau – et d'avoir des vêtements propres. Parmi cette foule dépenaillée, cinq mères tiennent dans leurs bras leurs nourrissons hydrocéphales au corps rachitique, ne pesant guère plus d'un kilo : une vision qui terrifie Jamel. La présidente de l'Heure joyeuse, Leila Cherif, est témoin de ce choc :

« Très impressionné, Jamel a voulu agir tout de suite. Il m'a dit : "Je vais affréter immédiatement un avion pour emmener ces enfants à Paris et les faire soigner." "Pas question, lui ai-je répondu, au Maroc, nous avons les moyens de les opérer et notre association prend en charge les frais de l'intervention chirurgicale, en partenariat avec l'hôpital de Casablanca." »

À défaut de pouvoir faire plus dans l'immédiat, Jamel part dévaliser les boutiques de layette pour en distribuer aux mamans. Le soir même, lors du gala au Hyatt Regency de Casablanca, où chaque table est réservée à raison de 300 euros par personne, avant de donner son spectacle il se met à raconter ce qu'il a vu à l'Heure joyeuse, insistant sur la crédibilité de l'association, jamais démentie en cinquante ans de bénévolat. La vente aux enchères qui suit connaît un succès énorme et ne rapporte pas moins de 100 000 euros.

Jamel rencontre à l'Heure joyeuse une maman des bidonvilles de Casablanca dont le fils a un bras handicapé. Bouleversé, l'artiste insiste auprès de Leila Cherif pour offrir le voyage en France au petit garçon et à sa mère afin qu'il soit opéré par les meilleurs spécialistes, espérant épargner à cet enfant les souffrances qu'il a lui-même endurées après son accident à la gare de Trappes. Mais, là encore, il se heurte à l'opposition de la présidente de l'association, confortée par l'avis de plusieurs chirurgiens marocains qui connaissent bien le cas du gamin. Jamel apprend ainsi que sa mère se sert de lui pour mendier dans les rues avec son bras malade… Pour mieux le convaincre de l'impossibilité de soigner le petit autrement que par une amputation et le recours à une prothèse, les médecins lui font parvenir leurs rapports de diagnostic dont Jamel accepte à contrecœur l'augure.

L'enthousiasme de Jamel, son envie d'aider à tout prix le poussent parfois à porter des jugements hâtifs à l'encontre du simple bon sens.

« Dans la misère, il ne faut pas se tromper, souligne Leila Cherif. Mais la générosité spontanée de Jamel en fait quelqu'un de totalement différent des autres personnalités de la *jet-set* internationale. Nous avons reçu du beau monde ici (Mohamed Ali, Jacques Attali, Sophie Marceau, Smaïn, Jean-Paul Belmondo, etc.) personne ne s'est impliqué avec la même ferveur que Jamel. À l'exception de Gad Elmaleh, natif de Casablanca, qui donne beaucoup au Maroc, la plupart des célébrités viennent faire un petit tour et puis s'en vont. Je suis même obligée, parfois, de refuser leur présence lorsqu'elle est trop exigeante. Ainsi, ai-je un jour été contactée par Melita Toscan du Plantier, l'épouse du producteur de cinéma, qui me proposait de faire venir Nathalie Baye et Emmanuelle Béart, mais pour cela il fallait payer leurs billets d'avion et mettre une limousine à leur disposition ! J'ai décliné l'offre en expliquant que je n'avais pas de budget à cet effet, et lorsque mon interlocutrice a dit qu'elle s'adresserait au palais royal pour obtenir les privilèges en question, je me suis carrément fâchée. Ici, on ne travaille pas dans les petits-fours ! »

La situation sociale du Maroc déprime Jamel, surtout celle de sa jeunesse. Une jeunesse qui aurait pu être la sienne. Aussi choisit-il d'aider en priorité les gamins de son pays d'origine :

« Parce que les enfants constituent l'avenir. Bien sûr, beaucoup de causes sont justifiées et nobles, mais celle des enfants est pour moi le nerf de la guerre, c'est impératif. Au-delà du fait que j'adore les gosses, l'enfance marocaine est un peu délaissée sur le plan scolaire comme sur le plan médical. C'est l'avenir du pays que de s'ouvrir à l'extérieur à travers ses enfants. On a des génies, au Maroc, capables de pirater les plus grands systèmes informatiques… Pourquoi ne pas utiliser cette richesse à bon escient ? Je crois que la jeunesse marocaine est l'une des plus fertiles que je connaisse, mais elle n'est pas assez prise en considération. »

Le sort réservé aux enfants handicapés le révolte, notamment à ceux souffrant de trisomie. Sur 327 000 cas recensés au Maroc, seulement 500 peuvent être pris en charge, essentiellement grâce à une association casablancaise du nom d'Anaïs. Cette carence des pouvoirs publics provoque sa colère :

« Quand on m'a appris cette réalité, j'ai eu l'impression qu'on était en l'an 1427 ! Concernant ce handicap, les Arabes ont inventé le zéro et ils ont décidé d'y rester ! Cela me fait mal au cœur de constater qu'il n'y ait pas plus de choses faites pour les enfants handicapés. C'est un pays en voie de développement et je l'accepte, le Maroc va à son rythme, mais il n'existe aucun rythme encore en ce qui concerne ce handicap. Car qu'ils soient psychotiques ou handicapés moteur, vraiment ils sont laissés pour compte. Je suis allé visiter les locaux d'Anaïs et ça m'a bouleversé. Et j'ai l'intention de faire beaucoup pour les soutenir. »

Devenu parrain de l'Heure joyeuse, Jamel continue de prendre des nouvelles et d'y passer fidèlement à chacun de ses séjours à Casablanca. Mais son aide le conduit aussi à Marrakech. Au palace de la Mamounia, il participe à un gala au bénéfice d'un projet de relogement pour des familles indigentes. Cette fois, il s'agit d'un grand dîner gastronomique franco-marocain auquel il convie Gérard Depardieu, Cheb Khaled et Jean-Luc Delarue. L'opération rapporte 250 000 euros à l'Heure joyeuse.

48

Un riad

À Marrakech, Jamel fait l'acquisition, grâce à l'argent que lui a rapporté le tournage du film *Astérix*, d'un riad majestueux qu'il baptise « la Chabat House » ou, selon les jours, « le Palais Chabat » – merci Alain Chabat – et dont il fait cadeau à sa famille. L'investissement a été négocié par Nadia Mourine auprès du propriétaire, un parlementaire marocain, M. Berdaï, qui fixe le prix à cinq millions et demi de francs. Le vendeur ayant besoin d'argent frais notamment pour financer le mariage imminent de sa fille, Nadia obtient un rabais de deux millions de francs, s'assurant personnellement une commission de 350 000 francs.

À l'écart du centre-ville, dans un quartier résidentiel proche de la palmeraie, on ne voit que les murs extérieurs de la propriété située au bout d'une impasse. On y accède par un lourd portail en bois sculpté, qui ouvre sur une cour pavée occupée par un parking, puis un grand jardin avec piscine et cascade. La bâtisse se dresse sur deux niveaux. Au rez-de-chaussée s'étend un immense salon marocain creusé dans le sol, au plafond très haut soutenu par des colonnes, avec un escalier menant à une terrasse offrant une vue panoramique sur la ville. À côté, un couloir dessert une triple cuisine marocaine, six pièces dont quatre mini-duplex surmontés de tourelles avec chambre à l'étage et salle de bains en bas. Celle de Jamel, la plus grande, communique avec un boudoir et un bureau dans lequel trône un pupitre en bois précieux sculpté. Pour la décoration, le nouveau maître des lieux chine aux puces de Saint-

Ouen et engage sur place soixante artisans marocains qui s'installent durant huit mois dans les jardins de la demeure afin d'y fabriquer des meubles. Il prend également à son service les huit employés de maison hérités de l'ancien propriétaire pour y perpétuer « le théïage à la menthe », « le bouffage avec le tajine au *maksoul* », « le parlage » et « le dormage ». Sans oublier l'organisation de grandes fêtes dans la boîte de nuit aménagée dans le sous-sol du riad, où le plaisir n'est pas toujours sans signification politique. Depuis les attentats du 11 septembre 2001, Jamel tient à montrer à la terre entière que les musulmans ne sont pas tous « des barbus avec des machettes à la ceinture ». Pour cela, il invite, en mars 2002, 300 New-Yorkais afin de fêter l'anniversaire du rappeur Puff Daddy, alias P. Diddy :

« Ma démarche est de faire découvrir un pays musulman avec tout ce que cela implique. C'est ma manière à moi de leur dire [aux Américains, *NDA*] : oui, on est musulmans, pratiquants, mais pas intégristes pour autant. Depuis le 11 septembre, beaucoup d'Américains et d'Occidentaux ont fait l'amalgame. Puff Daddy était le prétexte : on savait en l'invitant qu'on parlerait de nous. Un coup de pub plus qu'autre chose, mais beaucoup de riads se sont vendus depuis, et des Américains ont investi au Maroc. Les fêtes données sont une manière opportune de créer des échanges. Je ne les organise pas à but personnel, je n'en ai pas besoin, je veux simplement fédérer. »

Le 16 mai 2003, cinq attentats islamistes ensanglantent Casablanca : quarante et un morts. Jamel est sous le choc : « C'était la première fois qu'on attaquait mon pays de cette manière. Après cette horreur, j'ai tout de suite décidé d'agir. Quoi de mieux qu'un match de foot ? » Il organise une grande manifestation sportive à résonance internationale au profit de l'Heure joyeuse, pour conjuguer ses préoccupations politiques avec son aide aux enfants démunis.

Le 4 juillet 2003, il débarque à Casablanca avec une équipe de footballeurs de niveau international : Willy Sagnol, Claude Makélélé, Youri Djorkaeff, Laurent Blanc, Luis Fernandez, Jean-Antoine Boomsong, Arsène Wenger – alors entraîneur d'Arsenal –, etc. (Ronaldo, qui réclamait 300 000 dollars pour sa participation, est resté chez lui.) Une sélection d'artistes les accompagne, notamment Doc Gynéco et Bruno Putzulu. Un match, organisé contre une sélection marocaine devant une foule en délire permet à l'Heure joyeuse d'engranger 100 000 euros pour financer un centre d'aide à l'éducation. « Remplir un stade après les attentats du 16 mai 2003 me paraissait ambitieux. Cela s'est fait sans problème, il était plein, les gens heureux. On a même dansé sur de la musique américaine mélangée à celle des Gnaouas, le tout retransmis par Eurosport dans vingt nations d'Europe. C'était ma réponse aux terroristes, on ne leur laissera pas prendre ce pays. »

Quelques mois plus tard, en février 2004, il récidive dans sa démarche diplomatique et humanitaire en dédicaçant, au bénéfice des enfants des rues, 10 000 paires de chaussures de sport de marque américaine, des Reebok Gold Medallist. Il y appose le mot *Amal* (espoir en arabe), histoire de montrer à l'Amérique qu'« Arabe » n'est pas synonyme d'intégriste.

« Je l'avoue franchement, le fait d'inscrire mon nom sur des Reebok accompagné du mot *Amal* écrit en arabe et validé par la société mère en Amérique, c'était un défi. À partir du moment où les gens savent que c'est pour la bonne cause, tout le monde est partant, il faut juste que le message passe. »

Commercialisées en France au prix de 120 euros, soit au moins cinquante pour cent plus cher qu'un produit de la même gamme, les chaussures sont parties comme des petits pains. Non content de remettre un chèque de 165 000 euros à l'association de Leila Cherif, Jamel participe le même jour à l'opération « Bien voir à l'école », au cours de laquelle près de 1 000 enfants reçoivent une paire de lunettes adaptée à leur vue.

49
Football

Le spectacle des gamins courant dans les terrains vagues après un ballon de football avec des chaussures de sport toutes neuves lui rappelle son enfance. Le temps où Jamel voulait devenir footballeur. À dix ans, il jouait parmi les herbes folles et les détritus, le long de la route derrière le gymnase Gagarine. Sur toutes les balles, c'était un attaquant teigneux, adorant dribbler, ne lâchant jamais le ballon : une impétuosité prometteuse. À onze ans, quand il prend une licence au Trappes-Saint-Quentin FC en équipe minime, certains voient en lui un réel espoir en dépit de son faible gabarit. Durant deux saisons, il participe aux tournois interquartiers organisés par Hospice Dangbeto, stagiaire chez les pros au grand club parisien du Racing, qui entraîne à Trappes les pupilles, parmi lesquels figure le petit Nicolas Anelka, voisin de Jamel. Hospice, lui, est du square Yves-Farges, quelques immeubles plus loin. Originaire du Bénin, il est né en 1970 à Grand-Popo, près de la frontière togolaise. Sa famille est arrivée en France lorsqu'il avait huit ans. Après avoir travaillé au service de la ville de Trappes, il partage son temps entre le club de foot, où il entraîne les plus jeunes, et ses évolutions au Racing, où il joue ailier. Un « semi-pro », et Jamel et Nicolas n'ont d'yeux que pour lui. Plus tard, ils feront du foot leur métier, se promettent-ils, comme Hospice et son frère Hippolyte, joueur professionnel au Racing. Mais le rêve de Jamel se brise le soir du 17 janvier 1990, en gare de Trappes, au passage du train rapide Nantes-Montparnasse.

À Trappes, on a encore la nostalgie du grand club de jadis, quand l'Étoile sportive des cheminots jouait les premiers rôles en Île-de-France. Sans revenir au passé mythique des années trente, lorsque l'équipe fanion représentait la Ligue de Paris, Hospice Dangbeto, devenu manager général, voudrait que le club revienne au niveau qu'il occupait à la fin des années soixante-dix, époque où les Trappistes se distinguaient en division d'honneur et décrochaient leur ticket pour les trente-deuxièmes de finale de la Coupe de France. Depuis, ils sont tombés trois divisions plus bas, en promotion d'honneur, chute liée au déclin économique et social de la ville, à la dilution des moyens financiers à travers la communauté urbaine, en dépit des efforts des dirigeants qui se sont succédé. Le dernier président en date, Daniel Demoineret, élu pour son influence à la tête de l'Union commerciale, dépense en vain toute son énergie dans la pêche aux petits arrangements locaux, se bat pour l'assainissement des comptes et se noie dans les problèmes de buvette où son autorité d'ancien militaire de carrière ne parvient pas à émerger. Le club part à vau-l'eau et Hospice Dangbeto ne voit qu'une solution au naufrage : faire appel aux deux célébrités de la ville, Nicolas Anelka et Jamel Debbouze. Il se rend à Londres pour convaincre Anelka, qui vient de signer à Arsenal, de s'associer à un projet avec Jamel Debbouze, et demande à ce dernier de partager avec son ex-voisin du Moulin-de-la-Galette le titre de président d'honneur.

Quand Daniel Demoineret finit par jeter l'éponge, le manager général Hospice Dangbeto persuade les membres du conseil d'administration du club de désigner Jamel Debbouze comme nouveau président, Nicolas Anelka ne pouvant s'investir suffisamment en raison de ses obligations de joueur international. Jamel est accueilli comme le sauveur, car on espère bien qu'il mettra ses relations à contribution pour apporter des fonds et redorer le blason du football à Trappes. De fait, le nouveau président nourrit de grandes ambitions. Pour les concrétiser, il sollicite Michel Denisot à Canal Plus, le président du PSG Laurent Perpère, le promoteur sportif Jean-Claude Darmon, le P-DG de Tati Fabien Ouaki…

L'argent afflue. Michel Denisot s'engage sur un contrat de trois ans et les joueurs arborent le sigle de Canal Plus sur leurs maillots ; Tati signe pour deux ans, le PSG redynamise un partenariat en sommeil depuis longtemps, Jean-Claude Darmon signe un chèque de 15 000 euros. Le budget passe de 68 600 à 182 000 euros.

« Les effets ne tardent pas à se faire ressentir, estime Hospice Dangbeto. On passe de 420 à 760 licences, le club se restructure pour l'encadrement d'une trentaine d'équipes, autant d'entraîneurs brevetés, un staff de cinq cadres diplômés à la direction technique, une école de football réunissant 200 enfants, réactivée vers le centre de préformation du PSG, un projet éducatif sur plusieurs années. »

La jeunesse régénère le club. Malheureusement, malgré les efforts pour renforcer l'équipe fanion, les résultats se font attendre. Elle rate sur le fil, à plusieurs reprises, l'accession en division d'honneur régionale et les supporters, guère sensibles aux efforts consentis en faveur des plus jeunes, commencent à s'impatienter. Certains dirigeants aussi. Retenu par ses tournées ou ses tournages, Jamel Debbouze brille trop souvent par son absence à leurs réunions. Hospice Dangbeto, qui assure la navette entre le club, les plateaux de télévision ou les bureaux de Kissman, a beau se faire le porte-parole de la star, ils sont frustrés. Certes, pour l'anniversaire des soixante-dix ans du club, le dimanche 16 avril 2002, Jamel invite Luis Fernandez, Mouss Diouf, Doc Gynéco, Éric et Ramzy, Djamel Bourras, Stomy Bugsy, Djamel Bensalah… Le stade Jean-Guimier est plein comme un œuf, mais le vernis a vite fait de craquer, les lendemains déchantent… Jamel devient une illusion : il est de moins en moins présent, sinon totalement absent. Tellement étranger que désormais, il n'habite plus la région de Trappes. À Élancourt, il a en effet cédé sa maison du chemin de la Coudriette à ses parents. Il est maintenant domicilié à Paris, dans le distingué quartier de Saint-Germain-des-Prés.

Lorsqu'il devient président d'honneur du Trappes-Saint-Quentin FC en 1999, Jamel exprime, dans une interview accordée à *Paroles de jeunes*, le journal de la municipalité (numéro de février-mars 1999), toute sa fierté de vivre à Trappes : « J'ai envie de rester ici, avec ma famille, mes amis. Parce que j'y ai vécu des moments forts (...). Pour rien au monde je ne changerais mon enfance contre celle d'un autre. Garder mes repères, c'est important. Maintenant que j'ai la possibilité de partir, je n'irai pas parce que cela ne m'intéresse pas. »

À la même époque, dans une interview au magazine *Les Inrockuptibles*, il assure à nouveau « ne pas quitter Trappes » car, précise-t-il, « j'ai besoin du regard des mecs de Trappes. Quand j'ai fait un sketch qui n'a pas très bien marché, je me fais tailler dans mon quartier, c'est une force catastrophique. Le regard des mecs de Trappes me fait flipper grave. J'en prends plein mon grade pendant trois semaines et c'est chiant. Ces mecs, ils sont un vrai moteur pour moi, le seul repère ».

Mais il se défend de rester fidèle à sa ville seulement pour rechercher la compagnie de ses copains. Il ne se voit pas vivre ailleurs, tout simplement :

« Je suis incapable d'habiter autre part. Quand j'ai envie de rigoler, j'ai qu'à aller chez Halani, au bar des Merisiers. Tu te mets au comptoir et t'es mort de rire tellement ça charrie. Ensuite je vais au Grec, chez Bouaf. Tu ne peux pas t'ennuyer, il y a une vraie solidarité entre les gens, j'ai toujours dans la tête le bruit de la cité : des cris et des rires qui résonnent. Ce qui est important, c'est de rentrer tous les soirs à Trappes. Si un jour je viens habiter sur Paris, je suis mort. Je tombe dans la coke, les drogues et les putes. Les mecs de mon quartier et de ma famille me gardent les pieds sur terre. »

En dépit de ces belles déclarations, Jamel et Paola ont déserté Trappes quelques semaines plus tard pour s'installer dans leur nouvelle maison, dont la construction s'achevait dans un quartier résidentiel, chemin de la Coudriette à Élancourt. En mai 2003, il abandonnera définitivement la banlieue pour vivre à Paris. Il emménage à Saint-Germain-des-Prés, rue du Four, dans un loft en rez-de-chaussée au plafond garni de poutres apparentes.

« De Trappes, je suis passé à la fameuse rive gauche, à une minute à pied du Flore. J'ai mis deux ans à trouver. Si un appart m'intéressait, je n'intéressais pas le propriétaire. Tu peux avoir le salaire que tu veux, tu peux avoir fait *Astérix*, mais si tu t'appelles Jamel… Les premiers soirs, je n'ai pas pu dormir. À cause du silence. Pas un bruit chez moi, pas de voisins qui s'engueulent, pas de jeunes qui mettent le bordel. Le grand silence, quand on vient de Trappes, c'est le luxe suprême. »

50

À Saint-Germain-des-Prés

Home cinéma et play-station pour tout le monde : un loft, c'est fait pour recevoir beaucoup de gens. La tranquillité des premiers jours n'est que passagère : tous les « cousins » rappliquent, le défilé des potes est incessant, à un tel point qu'il ne sait jamais à qui il a confié les clés – pour se rassurer, il en donne un double à sa mère. « Toute ma vie j'ai voulu vivre comme ça », se réjouit Jamel, qui ne peut pas se passer de sa *smala* :

« On dit que c'est ma cour alors que pour moi c'est ma famille. Si ma célébrité et mon argent ont un sens, c'est grâce à eux. Mon argent sert à leur faire profiter de la vie. J'emmène quinze potes de mon quartier à Los Angeles, j'en emmène autant sinon plus quand je pars au Maroc… »

À Paris, les copains sont d'autant plus omniprésents que Paola n'est plus là. Jamel et Paola se sont en effet séparés, sans vraiment se le dire. Le déménagement de l'humoriste a mis une distance géographique entre lui et celle qui fut sa compagne durant près de dix années. Leur relation s'est effilochée au gré des caprices d'un Jamel devenu séducteur et jouant de sa nouvelle aura auprès des playmates du Tout-Paris, qui désormais le courtisent sans retenue. Flatté de plaire enfin à des filles qu'il n'osait même pas rêver tenir dans ses bras il n'y a pas si longtemps, Jamel succombe aux tentations. Il a beau savoir pertinemment que ce sont des aventures sans lendemain, il néglige de prendre les précautions élémentaires pour préserver Paola, qui ne tarde pas à découvrir la vérité. Voilà déjà plusieurs mois que la petite fiancée de Trappes a compris que son homme lui échappait. Le monde factice dans lequel il a plongé ne signifie rien pour elle. Paola préfère s'en aller sur la pointe des pieds…

Jamel, lui, a du mal à se résoudre à la séparation d'avec celle qui l'a aimé au temps des vaches maigres, qui l'a soutenu de son amour inconditionnel, l'a encouragé dans sa vocation d'artiste, a toujours été là quand il avait besoin d'elle, dans ses moments de doute. Paola a beaucoup pleuré, Jamel s'en est beaucoup voulu. Leur bel amour de jeunesse s'est brisé sur l'autel du *star-system*. La première passion de Jamel est restée ancrée dans ses Yvelines, laissant à son ex un goût amer au fond de la gorge, celui du café brûlé. Par amour pour elle, il a refusé quatre demandes en mariage ; incapable de l'oublier, il s'interdit de tomber amoureux d'une autre, préférant renouer avec les plaisirs triviaux du célibat.

À Saint-Germain-des-Prés, son cœur bat toujours pour sa banlieue. S'il mesure sa réussite à son nouveau cadre de vie dans le quartier de ses fantasmes, celui de l'intelligentsia, dont l'accès aux beaux appartements peut passer pour l'apanage de la réussite artistique, il ne renie cependant pas ses racines. Et encore moins ceux qui l'ont vu grandir. Il s'emploie à maintenir le contact avec les personnes qui lui ont permis de se construire et nourrit l'espoir de les aider à poursuivre l'action sociale au plus haut niveau avec elles. Il est fier d'inviter chez lui, un soir de juin 2003, Papy, directeur artistique du Déclic Théâtre et sa femme Marie-Pierre, Ali Chedli, le compagnon d'impro durant la tournée du Déclic Théâtre au Maroc, devenu directeur de la maison de quartier Théodore-Monod à Guyancourt, Norah Feïa, l'animatrice des Merisiers, Hospice Dangbeto, son partenaire du club de foot de Trappes. Fier de leur montrer son loft, mais aussi de leur présenter à cette occasion, tel un ambassadeur œuvrant pour sa banlieue, l'une de ses nouvelles relations, un homme utile à leur sacerdoce : ce soir-là, il a aussi invité le ministre de la Ville, Jean-Louis Borloo.

Ils sont sept autour d'un couscous que Jamel a fait préparer par sa mère Fatima.

– Alors, Borloo, s'exclame Jamel sans autre préambule, tu dis plein de choses à la télé, moi je voudrais que tu t'impliques sur le terrain. Ce soir, je t'ai réuni des gens de ma banlieue qui ont besoin d'être soutenus dans leurs projets. Je voudrais que tu fasses quelque chose pour eux !

– Je suis là pour ça, répond le ministre du tac au tac, je sors mon carnet.

L'atmosphère est détendue. Ali et Papy se font les complices de leur hôte pour mettre de l'ambiance, Hospice joue les observateurs tout en s'amusant des traits d'humour qui fusent autour de la table alors que Norah et Marie-Pierre peinent à cacher leur scepticisme sur l'utilité d'une telle rencontre : « Surtout notez bien, monsieur le ministre, notez bien et n'oubliez rien ! » Heureusement, Jean-Louis Borloo est un convive du genre cool et peu préoccupé de protocole. S'il est venu pour entendre s'élever quelques voix représentatives des difficultés de la vie en banlieue, cette soirée chez Jamel est aussi l'occasion pour le ministre de se détendre en bonne compagnie. Au diable les dîners guindés où l'appellent si souvent ses fonctions au sein du gouvernement Raffarin.

Tout comme Jamel, Jean-Louis Borloo est doué pour l'impro. Du temps où il était le maire de Valenciennes, sauveur du club de foot local, l'USVA (Union sportive Valenciennes-Anzin), il se distinguait déjà par une décontraction, une désinvolture devenue sa marque de fabrique. Lors des remises de médailles et autres cérémonies municipales, il arrivait souvent bon dernier, les cheveux en bataille, le costume en zigzag, les chaussures poussiéreuses, mais se faisait pardonner cette légèreté aussitôt qu'il prenait le micro, avec son irrésistible sourire de gamin pris en faute. Guère plus grand que Jamel par la taille, le ministre de la Ville cultive tout comme lui l'art et la manière de charmer par une spontanéité, une fraîcheur qui le feraient volontiers passer pour un candide si l'intensité du regard ne trahissait une formidable volonté de puissance.

Ce soir-là, chez Jamel, le ministre tout comme les autres invités parlent à bâtons rompus, échangent souvenirs et anecdotes concernant le quotidien dans les cités. Jean-Louis Borloo évoque ses efforts en faveur des quartiers difficiles de Valenciennes, laissant ses interlocuteurs témoigner de leurs expériences dans leurs domaines respectifs.

Mais au bout du compte, l'efficacité n'est pas au rendez-vous. Ce qui devait être un dîner de travail n'aboutit à aucun résultat concret, au grand regret de Norah, Ali, Papy et Marie-Pierre qui ne trouveront guère d'échos à leurs doléances pourtant exprimées avec passion. Seul Hospice tire son épingle du jeu et parvient à capter réellement l'attention du ministre. Prévoyant, le manager général du Trappes-Saint-Quentin FC est arrivé avec une mallette de projets scrupuleusement rédigés et présentés dans les règles de l'art. Notamment deux dossiers d'éducation par le sport : « Les talents de la cité » pour promouvoir des événements sportifs en salles associés à des manifestations culturelles, et « La charte citoyenne » pour encourager l'intégration des valeurs sportives dans la vie sociale. Si le premier projet, de trop longue haleine, ne peut aboutir, le second est doté par la suite d'une subvention de 80 000 euros au profit du Trappes-Saint-Quentin FC.

Pendant ce temps-là, à Trappes, on voit Jamel quitter en douceur la présidence du club de football. Pour ne pas donner trop de relief à sa désertion, le conseil d'administration démissionne en bloc. Mais les supporters trappistes se retrouvent avec la gueule de bois, comme à un lendemain de fête. À quoi donc a pu servir l'argent apporté durant trois ans par Jamel puisque l'équipe fanion continue à stagner dans les profondeurs ? Certains lui reprochent de n'avoir rien sorti de sa poche. Il n'a été qu'une mascotte que l'on tient désormais pour responsable de tous les maux. Un président de façade, instrumentalisé pour son image, qui n'a pas su évaluer l'ampleur du problème, dit-on. La soudaine médiatisation à outrance a levé des espoirs illusoires. Certains jeunes des quartiers s'imaginaient que le club croulait sous l'argent et qu'il n'y avait qu'à se baisser pour en ramasser et, pourquoi pas, racketter le président. Mais Jamel brillait par son absentéisme, se contentant de se tenir au courant, de prendre des décisions par procuration… et de faire protéger sa famille. Son successeur à la présidence, Mustapha Larbaoui, diplômé d'HEC, logisticien dans l'industrie pharmaceutique, issu d'une famille algérienne de huit enfants élevés dans un bidonville de la périphérie de Versailles, à Porchefontaine, doit faire face dès son élection, en septembre 2003, à un déficit budgétaire de 80000 euros, qui va l'obliger à différer la rétribution des éducateurs. Beaucoup ressentent le départ de Jamel comme l'aboutissement d'un immense malentendu, sinon une trahison.

À Trappes, il ne veut plus être sollicité pour tout et n'importe quoi : « contribuer à construire une nouvelle mosquée, aider les associations… Je ne suis pas Jésus ! Il y a des gens qui pensent que, parce que j'ai la chance de côtoyer certaines personnes, je vais pouvoir sortir tout le monde du trou. Bien sûr, quand je peux rendre service, je le fais avec plaisir. Mais j'essaie d'être comédien, pas assistante sociale. On ne peut pas tout faire ».

Jamel laisse dans la région ses parents. Il leur a proposé de les installer dans une banlieue plus chic, de revendre la maison qu'il leur a offerte à Élancourt, mais Fatima et Ahmed, qui ont quitté avec regret la rue du Moulin-de-la-Galette après y avoir vécu vingt ans, ne veulent pas s'éloigner de leurs repères. Ils ont leurs habitudes, ce que Jamel conçoit :

« Je leur ai proposé d'aller habiter dans un endroit paradisiaque. Où vous voulez, que je leur ai dit. Impossible, mon père veut aller au PMU tous les matins pour prendre son petit café avec ses amis. Ma mère, elle veut aller au marché le mardi et le vendredi pour rejoindre ses copines. Je ne peux pas leur imposer un autre mode de vie, ils seraient trop tristes. Ça ne leur dirait rien d'habiter Neuilly. »

Au marché de Trappes, même sous la pluie, Fatima a l'impression de retrouver quelques rayons de soleil de son Maroc natal.

Parmi les étalages de tissus, les odeurs d'épices, elle se mêle à une foule de femmes en foulard comme elle ; portant les robes traditionnelles, elle fait ses provisions de feuilles de menthe, de cannelle pour la pastilla, de pois chiches, de petits piments frais, de thé, de semoule, de dattes, de viande hallal, de légumes pour ses tajines, goûte aux parfums de son cher pays, dans l'attente d'y retourner dès que possible, à la faveur de visites familiales. Car elle s'y rend régulièrement grâce à son fils aîné qui a investi là-bas sans compter pour le plus grand bonheur de ses parents. Jamel n'a aucune gêne à évoquer son patrimoine :

« J'ai acheté une maison à mes parents, une autre à ma famille au Maroc, une autre à Marrakech puis à Casa. Mes frères ont eu, eux aussi, une voiture et un appartement chacun. »

51

Face au public

Kader Aoun « vanne » Jamel en l'accusant de s'embourgeoiser dans les beaux quartiers de Paris, comme il raille Ramzy pour s'être installé rue du Faubourg-Saint-Honoré. Car Kader se targue, lui, de rester fidèle à sa banlieue de Bobigny en Seine-Saint-Denis, où il puise son inspiration dans la vie quotidienne de son quartier aux murs tagués, la cité de l'Abreuvoir, même s'il donne ses rendez-vous dans le IIe arrondissement de Paris, rue Saint-Honoré, au très sélect hôtel Costes, lieu de prédilection des top models et des grands couturiers, à quelques pas de chez Ramzy. Mais Kader Aoun – « Mollah Kader » pour certains, « Général Aoun » pour d'autres – se dit être d'ici et d'ailleurs, il manie le sens de la dérision, emploie l'humour comme une arme, avec un regard politique. Et à son contact le regard de Jamel devient également politique. Kader s'applique à lui rappeler les repères de leur vécu en banlieue, comme on renvoie un footballeur dans ses buts : « Le fait d'avoir connu tous les deux la même galère, avant d'arriver là où on est, rend notre travail d'écriture extrêmement facile et intuitif, et les sujets qu'on traite très naturels. »

Ils collaborent en tête à tête depuis plusieurs mois à un nouveau *stand up* qui se veut encore plus épuré, plus authentique, plus fort. Du minerai à l'état brut, du *100 % Debbouze*. Un spectacle qui, comme le précédent *Jamel en scène*, s'inspire de l'expérience du diablotin de Trappes, découpée en tranches de vie, mais en évitant tout superflu : « Pas la peine d'en faire des tonnes, conseille

Kader. Raconte-nous juste ta vie, tes journées, tes frères, ton père, ta mère, ton quartier… C'est parce que tu seras vrai que tu feras marrer.» Jamel et Kader travaillent autant le texte que la respiration, conjuguent leurs efforts pour fluidifier l'expression. Une méthode que Kader compare à celui du footballeur Zidane: «Pour écrire les sketches, on utilise la même technique que Zizou au foot: son jeu paraît d'une simplicité enfantine, c'est épuré au maximum, mais ce jeu demande beaucoup de travail en amont. Et, avec le temps et l'expérience, Jamel a beaucoup plus d'aisance et de facilité sur scène.»

Selon les règles du *freestyle*, tout semble impromptu. «T'as pas l'impression que c'est écrit, t'as le sentiment que c'est ton cousin ou ton pote qui te raconte une histoire dans ton salon.» Mais l'improvisation n'est qu'apparente, le métier est remis sans cesse sur l'ouvrage: «Je n'ai jamais autant souffert que pour écrire *100 % Debbouze*, avoue Jamel. Si le texte semble très libre, le spectacle est écrit à la virgule près. Une exhibition totalement aboutie dans la forme, et très étudiée quant au fond: j'essaie de présenter la société actuelle en partant du point de vue d'un petit banlieusard qui a suffisamment de recul pour en parler. C'est important, car ça n'a pas toujours été le cas.»

Les textes prennent désormais une dimension politique. Ils s'attaquent au racisme ordinaire, à l'ascenseur social «bloqué au sous-sol et qui sent la pisse», stigmatisent l'information sur l'insécurité fabriquée par TF1 «qui vend de la peur», suggèrent la dépénalisation du cannabis, critiquent l'Éducation nationale et ses classes «où il n'y a que des derniers», dénoncent les «injustices judiciaires» avec l'affaire Omar Raddad, réfutent le terme «intégration» car Jamel se considère comme un «icissien» : « Nous faisons partie intégrante de la force française, traiter la banlieue comme un cas à part, c'est déjà être dans le faux, continuer à créer des clans, se tirer une balle dans le pied.» Il rappelle l'étymologie du mot «banlieue», lieu de bannissement où, puisqu'on traite les jeunes «comme des merdes, il ne faut pas s'étonner qu'ils se comportent comme des merdes »... Il déballe en vrac sur scène tout ce qu'il voit et entend, en se défendant d'être un porte-voix ou un porte-drapeau, jetant en pâture aux spectateurs une réalité aussi grinçante que risible.

Il vise un public immense : une tournée sur onze mois sillonnant toute la France, des chefs-lieux de canton aux principales villes de province, avec plusieurs retours sur la capitale, au Casino de Paris, au Bataclan, à l'Olympia, où on affiche déjà « complet », et enfin au Zénith, où plus de 5 000 personnes sont attendues trois soirs de suite, peut-être plus, car on envisage d'ores et déjà des prolongations... Pour Jamel, c'est la consécration. Une reconnaissance populaire qu'il doit au succès du *Fabuleux Destin d'Amélie Poulain* et d'*Astérix et Obélix, Mission Cléopâtre*, bien au-delà de la « jamelmania ». Il sait maintenant que son pouvoir est fort, très fort, et qu'il peut désormais faire partager « une conscience politique » : « Aujourd'hui, il y a énormément de gens qui viennent m'écouter et je représente une jeunesse, pas seulement musulmane. » Il constate que, partout où il va, « le public est vraiment pluriculturel et multiethnique : des Noirs, des Juifs, des Arabes, des Portugais, des Français d'origine, de sept à soixante-dix-sept ans... » Des franges souvent communautaristes, certes, mais aussi des gens comme tout le monde, une universalité avec son pourcentage d'intellos, de bobos, de fils et de filles de bonne famille. Un public qu'il aime réceptif, dont il voudrait apprécier toujours plus la qualité de l'écoute et du rire, avec lequel il aime établir une complicité.

Malheureusement, chaque soir, de Bretagne en Provence, de la Côte d'Azur aux Flandres, on glapit, on hurle, on s'époumonne avant même qu'il ait prononcé le moindre mot, comme si le contenu de son « message » était sans importance. Il suffit que le premier crétin venu s'esclaffe à gorge déployée sur un simple clin d'œil de l'artiste pour qu'une partie de la salle se mette à beugler comme un troupeau. Ce genre d'interruption intempestive a le don d'exaspérer Jamel. Mais le pire concerne les cinq ou six premiers rangs, là où les groupies de l'humoriste s'emparent des sièges dès l'ouverture des portes pour pouvoir mieux acclamer leur idole. À son entrée en scène, ce sont elles qui donnent le « la » en roucoulant à qui mieux mieux « Jamel, je t'aime ». Leur hystérie fait littéralement barrière entre Jamel et le reste du public, noyant dans ses décibels les quelques adeptes du second degré dont Jamel voudrait conquérir l'adhésion. Les « petites bouffonnes », comme il les a baptisées, lui pourrissent le spectacle. Au point que, une fois le rideau tombé, quand le théâtre s'est vidé, à chaque fois il réunit son équipe pour laisser libre cours à sa colère, allant même jusqu'à exiger qu'un service d'ordre lui prépare sa salle. Il veut que les premiers rangs soient occupés par un public trié sur le volet, de préférence des adultes, groupes de comité d'entreprise, étudiants, etc. ; bref, des gens qui savent se tenir pendant un spectacle. Mais l'amour des « bouffonnes » est toujours le plus fort. On a beau prendre des mesures préventives pour bloquer les travées d'avant-scène, rien n'y fait. Jamel en est quitte pour dépenser l'énergie qui lui reste après deux heures de spectacle dans des rages devenues rituelles.

Entre Jamel et son public, le malentendu s'installe. Comment refuser ces signes d'affection, même maladroitement exprimés ? Certes, Jamel n'hésite pas à s'interrompre pour sermonner les trublions, à en prendre un comme tête de Turc, mais ne se réclame-t-il pas du genre *stand up* qui veut que le public intervienne ? Ne se vante-t-il pas que, « chez lui », c'est différent de chez Pierre Palmade, de chez Muriel Robin, où, entre les rires disciplinés, l'on entend une mouche voler ? Ce que voudrait Jamel ressemble à la quadrature du cercle : conserver la dévotion des jeunes des quartiers, mais sans leurs débordements balourds, tout en attirant la sympathie des adultes plus matures dont il souhaite les réactions spontanées.

La tournée est éprouvante, mais le succès ne se dément pas. Plus de 3 000 personnes viennent remplir la patinoire de Bordeaux le 18 novembre 2004. Parmi l'assistance, un certain Michel Drucker qui prépare un prochain numéro de son émission « Samedi soir avec… », dont Jamel sera la vedette. L'animateur a le privilège d'accompagner l'humoriste avant et après spectacle :

« Je l'ai vu se faire masser pendant des heures avant d'entrer en scène. Durant son show, on a l'impression qu'il est deux fois plus en forme que quelqu'un de normalement constitué. Avec un bras, il arrive à nous faire oublier que l'autre est mort. Mais quand le rideau est tombé, que les projecteurs se sont éteints, je l'ai vu tellement épuisé que j'ai eu l'impression qu'il ne redécollerait plus. Comme un oiseau tombé du nid et dont les ailes ne battent plus. Comme frappé par le souvenir de sa tragédie à la gare de Trappes, cette bagarre qui a mal tourné… Pour donner le change, au cours des instants de relâchement qui font suite au spectacle dans les loges, Jamel en fait des tonnes, il déconne tout le temps, mais, à un moment, un voile passe, il ne rit plus, et pendant une poignée de secondes on voit que quelque chose ne va pas, cet accident est un drame qui le poursuivra toute sa vie. Jamel me bouleverse autant qu'il me fait rire. »

52

Genève

Jamel n'a pas renouvelé son contrat avec Show Devant Production, il s'est séparé de Jimmy Lévy pour s'en remettre, via son agent Bertrand de Labbey, à Backline, filiale d'Artmédia. Lors de la signature de son contrat avec son nouveau producteur, Jamel exige que ses frères Momo et Karim soient employés respectivement comme chauffeur et régisseur de plateau. Mais il y a un couac : Momo ne supporte pas d'être réduit à un rôle de larbin et développe rapidement une allergie contre son badge « Backline : chauffeur ». Il vient d'enregistrer un disque de rap et n'entend pas passer son temps à suivre Jamel par monts et par vaux, à n'en plus finir. Pour pallier ses absences on appelle en renfort le plus jeune frère, Rachid, puis Yannick, ancien camarade de classe de Karim, lequel trouve le moyen de se brouiller avec les Debbouze. C'est finalement le dévoué Abdel Salek, mari de leur sœur Hayat, qui devient le chauffeur attitré de la tournée. Pour mettre tout le monde d'accord, la production loue un bus à étage où personne n'est dépendant des autres, où chacun peut vaquer à ses occupations : on joue à la play-station ; Bif, qui a succédé à Boualem Talata pour assurer la protection, passe son temps aux dominos qu'il tient entre ses énormes mains ; Jamel expérimente des variantes sur le texte avec Kader ; des « cousins » chahutent entre eux dans une ambiance de colo non-stop, au fil des kilomètres, des jours et des nuits, des semaines et des mois, pour 250 spectacles à travers tout l'Hexagone. Le circuit organisé par Backline passe également dans les pays francophones, notamment la Belgique et la Suisse.

Le 14 mai 2004, Jamel donne rendez-vous à ses fans helvétiques à l'Aréna de Genève. Parmi les spectateurs, aux premiers rangs, Saphia Azzedinne, une jeune femme d'origine marocaine, qui occupe avec son fiancé deux places réservées à la presse. Rédactrice en chef du city magazine de luxe *Genève sur la Terre*, elle a pris rendez-vous avec l'humoriste pour l'interviewer le lendemain. Mince, brune, élégante, elle a entraîné son futur époux – important actionnaire de la multinationale Nestlé – à ce drôle de show, où elle se rend davantage par conscience professionnelle que par passion pour ce compatriote qui gesticule sur scène en bombardant le public de son étrange vocabulaire banlieusard. Et pourtant, le miracle opère. Dès les premières salves jameliennes les Suisses se gondolent, Saphia se laisse peu à peu gagner par l'euphorie de la salle et finit par se trémousser de plaisir avec la même exubérance qu'une « petite bouffonne » du 9-3. À la fin du spectacle, elle supplie son prétendant de l'accompagner dans la loge de l'artiste. Il obtempère, on ne résiste pas à un désir de Mlle Azzedinne.

Au milieu des fans surexcités, le couple attend son tour de serrer la main de Jamel, cette main gauche qui virevolte sur scène avec tant d'énergie qu'elle fait très vite oublier l'autre. Le cœur de Saphia bat la chamade au moment où un Jamel souriant s'incline spontanément devant elle pour un baisemain. Saphia est troublée. Ils échangent deux ou trois mots d'arabe, ils rient, ils sont sur un nuage, sur la même longueur d'ondes. Le fiancé n'existe plus. C'est le coup de foudre, rien à faire contre ce genre de cataclysme.

Jamel croyait ne plus pouvoir tomber amoureux depuis le départ de Paola. Multipliant les conquêtes sans lendemain, il avait fini par jeter l'éponge, lassé de céder aux élans des bimbos en string croisées dans les boîtes de nuit branchées. Régulièrement encore, la douceur perdue de Paola hantait ses nuits sans sommeil.

Il avait fini par se dire qu'il n'était pas doué pour les choses de l'amour. Et voilà cette jeune femme qui lui tombe du ciel, et, par la grâce de Dieu, le ramène à ses origines, à son Maroc si cher à son cœur. Ça non plus, ce n'est pas un hasard : c'est *Mektoub*, le destin. *Inch' Allah !* Jamel est à la fois heureux et angoissé. Tout est allé si vite qu'il est pris d'un vertige. Peut-être qu'une petite voix intérieure lui souffle alors : « Redescends sur terre ! Tu la revois demain, et demain est un autre jour... »

Comme convenu, la journaliste et l'artiste se retrouvent dans le bar chic d'un palace pour une interview en tête à tête et... leur premier rendez-vous. Ils se disent beaucoup de choses « off », se promettant de se revoir très bientôt. De fait, Saphia délaisse son très huppé fiancé helvète et prépare ses malles pour se rendre à Marrakech où Jamel l'a invitée à passer quelques jours à l'occasion de son vingt-neuvième anniversaire. Ce qu'elle ignore, c'est qu'il a également convié toute sa bande de potes, frangins, cousins, et même quelques « cousines » qui, comme elle, convoitent le pétulant célibataire. Jamel rêve depuis toujours de l'âme sœur, mais il a peur de l'engagement. Durant les derniers jours, il s'est forcé à chasser de ses pensées la belle Genevoise. Il n'a pas trente ans et l'idée du mariage l'intimide, même s'il se voit volontiers père de famille. Certes, la rencontre avec Saphia l'a ému, mais est-il vraiment prêt à franchir le pas ? Pour s'en assurer, Jamel a mis au point un *reality show* secret dont il serait le prince charmant, un petit concours entre elle et trois autres jeunes femmes, une Marocaine de la haute société et deux Parisiennes, à leur insu. Mis dans la confidence, les quelques invités mâles de la maison s'amusent du zèle déployé par les demoiselles pour plaire à leur hôte. Les unes jouent les babysitteuses avec les enfants de Karim, les autres s'affairent en cuisine ou au service de l'apéro ; bref, toutes cherchent à se rendre indispensables, rivalisant de dynamisme et d'efficacité. À la fin du séjour, Jamel a peut-être fait son choix, mais il n'en montre rien. Il faut retourner aux affaires, la tournée *100 % Debbouze* n'est pas terminée.

53

Île de la Réunion

Outre le Maroc, le spectacle est aussi programmé au Sénégal et dans les DOM-TOM. C'est ainsi que Jamel doit jouer les 3, 4 et 5 décembre 2004 dans l'île de la Réunion, au théâtre de Plein Air de Saint-Gilles. Quelques jours avant, la production envoie sur place en éclaireurs deux techniciens afin de préparer la scène, installer le matériel. Dès leur arrivée à l'aéroport de Saint-Denis, ils sont surpris par l'émotion que suscite la prochaine arrivée de Jamel dans l'île (les trois soirées affichent déjà complet). Non loin de là, dans la banlieue de Saint-Denis, au cimetière du quartier du Chaudron, une tombe abondamment fleurie de marguerites blanches et de roses rouges porte le nom de « Jean-Paul Admette Vaïty, 3 août 1974 -17 janvier 1990 » : le jeune Réunionnais décédé à l'âge de quinze ans en gare de Trappes, au passage du train rapide Nantes-Paris Montparnasse.

Au lendemain de la tragédie, les parents, Marlène et Michel Admette, ont ramené à la Réunion la dépouille de leur fils pour qu'il soit inhumé, le 29 janvier 1990, dans sa terre natale. Ils sont revenus ensuite en métropole pour tenter de reprendre leur existence habituelle et surtout se battre pour que la justice revienne sur son ordonnance de non-lieu. Ils ont fait appel, estimant que leurs témoins – qui auraient vu leur fils Jean-Paul courir après Jamel pour récupérer son blouson volé – ont fait l'objet de pressions afin qu'ils se rétractent, et ils demandent que ceux-ci soient réentendus. À trois reprises les témoins sont convoqués, mais refusent de déposer. Par arrêt en date du 24 mars 1993, la chambre d'accusation de la Cour d'appel de Versailles estime qu'il n'est pas possible d'obliger par la force publique des témoins défaillants à déposer, précisant que « le recours à ces formes particulièrement contraignantes pour de simples témoins éventuels devant être exceptionnel et ne se justifie pas en l'espèce ».

En janvier 2002, Marlène et Michel Admette finissent par renoncer et décident de regagner la Réunion, écœurés par la justice française, découragés par des avocats qui leur ont fait miroiter l'espoir de révéler les circonstances exactes du drame. Depuis, ils assistent désespérés, devant leur écran de télévision, à la réussite insolente du jeune Trappiste, alors que leur fils était promis, lui aussi, au plus brillant avenir. Marlène et Michel Admette ne peuvent s'empêcher de penser que leur Jean-Paul serait peut-être aujourd'hui une star du football comme Nicolas Anelka, et aussi riche et célèbre que Jamel Debbouze.

Cela fait maintenant bientôt trois ans que Marlène et Michel Admette ont quitté définitivement la métropole pour finir leur vie dans leur île de l'océan Indien. Mais ils savent qu'ils n'y trouveront pas la sérénité sans que soit établie la vérité sur la mort de leur fils : « Nous avons besoin de savoir, et après cela, seulement après cela, nous pourrons faire notre deuil. » Ils vivent donc l'annonce des prochains spectacles de l'humoriste Jamel Debbouze à Saint-Gilles comme une véritable provocation et organisent un comité d'accueil pour protester contre sa venue. Michel Admette, ségatier très populaire dans l'île de Bourbon où tout le monde fredonne ses succès, orchestre une campagne de presse. Il intervient sur Radio Freedom, où il accuse ni plus ni moins Jamel Debbouze d'assassinat, et alerte les journaux locaux à qui il remémore le drame de la disparition de son fils : « Aujourd'hui, demain et les jours suivants, nous dirons, nous expliquerons l'homme que Jamel Debbouze est vraiment. Il nous a pris notre vie. Et il ose prétendre venir à la Réunion, à quelques mètres de la tombe de notre fils ! »

Marlène Admette renchérit : « Imaginez-vous que cet homme-là n'a jamais daigné présenter des excuses jusqu'à maintenant. Il n'a jamais pris contact avec nous, et à cause de lui mon fils est mort comme un chien. »

À Paris, Jamel décide d'annuler les spectacles prévus. Il justifie sa décision auprès des organisateurs locaux, via son producteur, par un certificat médical. Backline n'annonce aucune date de report. Cependant, à 13 000 kilomètres au sud de l'Hexagone, devant le théâtre de Plein Air de Saint-Gilles qui affiche la suppression du spectacle, les Admette et leurs amis manifestent en brandissant des pancartes avec la photo de Jean-Paul et l'inscription : « Nous voulons la vérité sur la mort de notre fils. » Ils réclament des excuses de Jamel Debbouze et la réouverture du dossier par la justice. Ils déclarent à la presse : « Il a un mort sur le cœur... il a eu peur[1]. »

Quatre mois plus tard, dans son numéro de mars 2005, le mensuel de langue française *Israël Magazine* politise l'affaire. Sous le titre « Jamel rattrapé par son passé », le journal fait l'amalgame entre ce dernier et l'humoriste Dieudonné, coupable d'un dérapage antisémite lors de l'émission de Marc-Olivier Fogiel, « On ne peut pas plaire à tout le monde », sur France 3. Le 1er décembre 2003, Dieudonné s'était en effet déguisé en juif religieux faisant le salut nazi et criant « Isra Heil ! », déclenchant les rires plus ou moins crispés de l'assistance et les félicitations d'un Jamel emporté par sa spontanéité naturelle : « T'es le meilleur ! » Le lendemain, alors que Dieudonné est poursuivi pour diffamation raciale par la Licra (Ligue internationale contre le racisme et l'antisémitisme) et une demi-douzaine d'organismes juifs, Jamel doit se justifier sur sa réaction irréfléchie : « J'entendais mal, je le voyais mal ; je n'ai compris vraiment la situation qu'en visionnant l'émission. À mon avis, alors qu'il est sans doute le plus doué d'entre nous, il est devenu fou. » Le dérapage de Dieudonné est

1. *Le Journal de l'île*, 3 et 5 décembre 2004.

pourtant devenu un peu le sien – et l'on ne manque pas de le lui rappeler quand on cherche à l'accabler. Victime des retombées de son succès, Jamel s'apprête à payer chaque jour la rançon de la gloire, et même à passer aux yeux de certains pour une sorte d'assassin malgré lui. Et il se sait désormais l'otage à vie d'une bagarre de jeunesse qui a mal tourné.

Car bien que totalement innocenté par la justice, Jamel reste traumatisé par la tragédie de la gare de Trappes. S'il réussit à l'occulter, à la chasser de ses pensées durant ses journées par un emploi du temps effréné et une hyperactivité, les cicatrices se réveillent la nuit dans des rêves récurrents qu'il confie parfois à des proches. Souvent un cauchemar, toujours le même, vient le hanter : la star, ce n'est pas lui, la personne que les foules acclament, qui passe à la télévision, dont le nom est porté au sommet du firmament, non, ce n'est pas lui. Il n'est que le petit Arabe qui vole les baskets de ses potes dans les vestiaires du gymnase Youri-Gagarine, que le petit fort en gueule qui fait son cinéma dans les cages d'escalier… Un autre mauvais rêve le prend parfois comme un tourment kafkaïen : on frappe à sa porte un matin et on lui demande de tout rendre : « C'est fini, on s'est trompé, ce n'était pas vous, tout doit aller à un autre… » Il se réveille, le jour s'est levé, c'est le matin, mais personne ne vient frapper à la porte, on ne lui enlève rien, ni les chambres d'hôtels de luxe, ni les Ferrari, ni les salles pleines à craquer, hilares d'avance, avant même qu'il ait ouvert la bouche. Ni son bras mort à côté de lui, pour lui rappeler le prix qu'il a payé.

Or, pour la première fois depuis *Les Pierres bleues du désert*, depuis l'enfant triste de sa première apparition à l'écran, on lui propose un personnage sombre, cette fois pour un long métrage, un film en noir et blanc que Luc Besson a écrit pour lui : *Angel-A*. C'est l'histoire d'un imposteur immature et escroc, qui, après une tentative avortée pour mettre fin à ses jours, va trouver une forme de rédemption. Alors qu'il s'apprête à faire le saut de l'ange depuis la rambarde d'un pont, la vision d'une grande blonde aux allures de top model, également sur le point de se suicider, l'arrête net. Elle se jette dans la Seine, il la ramène sur la berge saine et sauve. Mais c'est elle qui déploie alors sur lui ses ailes tutélaires afin de lui apprendre à s'aimer. Pour ce personnage de *loser* aux frontières du désespoir, Jamel va explorer en lui des failles jamais entrouvertes. Il se défend cependant d'avoir le moindre point commun avec le suicidaire qu'il incarne :

« Moi, j'ai toujours reçu l'amour de ma mère et le soutien de ma famille. J'ai eu beaucoup de chance de ce côté-là. Un mec qui veut se suicider parce qu'il est au bout du rouleau, c'est un sentiment que je n'ai jamais ressenti. Chez les pauvres, j'ai connu toutes les classes ! Et je ne connais pas de pauvre qui ait envie de se suicider. »

Un rôle de composition, affirme-t-il, plus encore que dans *Le Fabuleux Destin d'Amélie Poulain*, même si, quand Angel-A demande au personnage incarné par Jamel d'apprendre à s'aimer, les larmes qui coulent sur son visage ne semblent pas être factices. « Besson est allé chercher en moi des choses que je ne soupçonnais pas. » On croit ressentir une vraie douleur dans cet emploi où il s'est investi avec beaucoup d'humilité. Quitte à se remettre totalement en question : « J'ai du chemin à faire, mais je vais m'y mettre, progresser sur le tas, de film en film. J'ai tendance à me précipiter et à avaler mes mots, j'ai toujours envie de dire sept choses en même temps. Besson m'a appris à canaliser mon énergie, à gérer ma course d'interprète comme un marathonien. Avant lui, à chaque scène, je me donnais à mort, d'un coup. Besson m'a enseigné la technique. Sans ça, on s'épuise, on ne tient pas la route. »

Jamel ne s'est pas encore vu dans *Angel-A*[1], le film est toujours au montage lorsque le mardi 27 octobre 2005, à Clichy-sous-Bois, deux jeunes meurent électrocutés dans un transformateur EDF après une course-poursuite avec la police – un troisième est grièvе-

1. Malgré 842775 entrées en France, le film connaît un bilan mitigé. Le personnage de Jamel, apparemment à contre-emploi, désoriente une partie du public habituel de l'humoriste.

ment blessé. Des voitures sont aussitôt incendiées, le feu s'étend à toutes les banlieues de France. Les médias du monde entier diffusent des images de « guerre civile » aux portes de Paris et un débat national s'engage sur l'intégration, les discriminations, l'égalité républicaine, l'exclusion sociale et géographique, les taux de chômage record, les ghettos… La discussion va à hue et à dia. Cependant, dans ce concert assourdissant, pas un mot de Jamel Debbouze, habituellement si prompt à faire entendre sa voix sur tout ce qui concerne les cités.

À Saint-Germain-des-Prés, il semble vivre dans un splendide isolement, les échos des violences urbaines viennent à peine battre les murs de ce VIe arrondissement qui a pourtant connu les déferlements de rue en d'autres temps… On le croirait passé dans un autre monde, celui de la France des nantis et des élites. Il a déménagé de la rue du Four pour s'installer 200 mètres plus loin dans un duplex au dernier étage du 1, rue de Fleurus, qui donne sur les jardins du Luxembourg, côté rue Guynemer, où habitent le couple Ockrent-Kouchner, les Badinter, Marie-France Pisier, à une époque Yves Simon, et même François Mitterrand (avant la rue de Bièvre) et beaucoup d'autres encore. Un merveilleux balcon sur le Luxembourg avec vue imprenable sur le Panthéon.

Mais Saphia s'est installée dans la vie de Jamel et, quelques mois plus tard, ils décident de déménager dans un appartement beaucoup plus grand, à un emplacement plus animé, juste face au magasin du Bon Marché, au-dessus du café le Babylone, au n° 12 de la rue du même nom, premier étage. Une situation rêvée pour Jamel, qui se retrouve au cœur de l'agitation urbaine dont le privait la rue de Fleurus, trop retirée. Saphia en revanche aurait préféré le charme discret et bourgeois du XVIe arrondissement – une option que Jamel rejette catégoriquement tant il est allergique à l'étiquette « NAP » (Neuilly-Auteuil-Passy).

Pendant ce temps-là, à Trappes, vingt-trois bus sont incendiés dans un dépôt et le gardien d'un lycée meurt asphyxié par les gaz des voitures en feu. La ville de Jamel Debbouze entre dans la ligne de mire des médias. Toutes les radios et télévisions sont à la recherche de la gloire locale pour recueillir ses commentaires. Point de Jamel, pas de son, pas d'image : il ne sort de son mutisme que deux mois plus tard, lors d'une interview accordée au magazine de cinéma *Studio* à l'occasion de la promotion du film *Angel-A* [1] :

« Tout le monde m'a invité aux journaux de 20 heures et aux autres émissions. J'ai tout refusé. C'est même la première fois aujourd'hui que je parle de ça avec un journaliste... Ça fait vingt ans que je dis que ça va péter. Et aujourd'hui, parce que ça crame, on ne trouve pas normal que je ne m'exprime pas ? Mais ça fait vingt ans que je vous préviens que ça va brûler. Je suis même surpris que ça n'ait pas brûlé avant. Pourquoi irais-je répéter à la télé ce que je ne cesse de dire ? C'est tellement évident ce qui cloche que c'est presque une insulte de devoir aller expliquer ça... »

Il justifie sa retenue par sa volonté de ne pas se laisser instrumentaliser en raison de son train de vie. Par crainte que l'on ne se serve de lui pour dire aux jeunes des banlieues : « Vous voyez, il a voulu s'en sortir, et il y est parvenu. Si vous le vouliez vraiment, vous aussi, vous pourriez vous en sortir. » Jamel refuse désormais qu'on cite sa réussite sociale en exemple : « Avec Zizou (Zinedine Zidane) et quelques autres, on est les exceptions qui ne confirment pas la règle. Je n'ai pas envie que l'on se serve de moi pour donner raison à Sarkozy. »

1. *Studio*, janvier 2006.

54
Indigènes

Le roi du Maroc est devenu un ami intime de Jamel Debbouze. Leur première rencontre date du 2 juin 1993, lorsque TF1 installe ses caméras à Rabat dans les jardins du palais royal Dar El Makhzen. Jamel se trouvait dans la délégation de jeunes Français d'origine marocaine conduite par Khalid El Qandili ; le prince Sidi Mohamed accompagnait son père, le souverain Hassan II. Leur relation a commencé par un échange de regards entre deux garçons intimidés : l'un, môme de banlieue, fils d'un travailleur immigré marocain ; l'autre, héritier de la couronne royale. Jamel, bien qu'âgé de dix-huit ans et demi, semblait encore adolescent ; le futur roi, vingt-neuf ans, trente-sixième descendant du Prophète, se tenait vertueusement dans l'ombre paternelle… Huit ans plus tard, Sa Majesté Mohamed VI installe Jamel Debbouze à la place d'honneur lors du 1er Festival international du film de Marrakech. Une manifestation capitale dans un pays en voie de développement, dont l'économie mise énormément sur l'industrie cinématographique.

Depuis plusieurs années, Jamel rêve d'impliquer son pays d'origine dans le septième art pour raconter le sacrifice méconnu, ou volontairement occulté, des soldats des anciennes colonies françaises durant la guerre contre l'Allemagne hitlérienne. Afin de montrer aussi qu'ils font partie intégrante de la nation, qu'ils lui ont beaucoup plus donné qu'une majorité passive de Français de métropole, « qu'ils sont cent fois plus français que les petits-fils de collabos ». C'est un projet sur lequel Jamel travaille depuis deux ans, au point qu'il a refusé plusieurs propositions de films afin de pouvoir s'y investir entièrement.

L'idée lui vient du réalisateur d'origine algérienne Rachid Bouchareb :

« Il est arrivé sans scénario et m'a raconté dans le creux d'une oreille une histoire que l'on ne retrouve pas dans les manuels scolaires. Ensuite, il m'a montré le certificat de décès de mon arrière-grand-père qui s'est battu pour la mère patrie, ce que je ne savais pas. Et ce n'est que par la suite qu'il m'a montré le scénario. J'ai été touché au plus profond de moi, parce que c'est une histoire que je ne connaissais pas ».

Des recherches effectuées à Vincennes aux archives du Centre de documentation historique des armées permettent en effet à Rachid Bouchareb de retrouver la trace d'un certain Saki Debbouze, enrôlé parmi les goumiers pendant la Première Guerre mondiale. Tout comme l'avaient été, pour la guerre de 39-45, les aïeux des acteurs Samy Nacéri (d'origine algérienne), Roschdy Zem (marocaine), Sami Bouajila (tunisienne), qui interprètent, aux côtés de Jamel Debbouze, ces tirailleurs qui se font massacrer pour « libérer la mère-patrie » du joug nazi.

« L'histoire nous réunit tous dans le même bain, explique Jamel. On raconte la vérité. On se bat pour être les plus crédibles possible et les plus positifs, sans se montrer revanchards ni dépasser la ligne, sans qu'on puisse nous reprocher de mettre les points sur les *i*. À aucun moment le film de Rachid Bouchareb ne cherche à incriminer la France, mais nous tenons juste à ce que nos petits-enfants puissent se souvenir qu'ils ont participé à la libération de la France et que le pays libérateur ce n'est pas seulement les États-Unis, mais vingt-trois autres pays. »

Indigènes est présenté en mai 2006 au cinquante-neuvième Festival de Cannes, où il décroche le Prix d'interprétation masculine, que se partagent les cinq principaux acteurs, dont Bernard Blancan, le « Gaulois » de l'équipée. Lors de la remise du trophée, Jamel se lance dans un grand numéro improvisé comme il en a l'habitude à Cannes, ou bien lors de la remise des Césars, où il a été deux fois nommé dans la catégorie second rôle masculin (pour Lucien dans *Le Fabuleux Destin d'Amélie Poulain*, puis pour Numérobis dans *Astérix et Obélix, Mission Cléopâtre*), mais jamais récompensé. Quelques mois plus tard, lorsque le film est présenté en avant-première à Trappes, le mardi 19 septembre 2006, dans la salle Jean-Renoir du Grenier à Sel, Jamel se montre beaucoup plus discret. La projection s'effectue en catimini, elle est réservée seulement aux scolaires et à des invités triés sur le volet. Jamel arrive et repart en rasant les murs. Le souvenir de la funeste soirée de la Merise rôde encore…

Il montre également le film aux anciens combattants rencontrés dans les foyers de travailleurs de la Sonacotra : « La sérénité de ces types m'a marqué. Pas revanchards une seule seconde. Moi, j'aurais eu les boules si je m'étais autant donné pour la France sans aucune reconnaissance… » Il explique *Indigènes* aux jeunes Beurs pour leur faire comprendre qu'ils ne sont « pas nés en France par hasard » : « Il y a des gens qui sont morts pour qu'aujourd'hui on puisse danser du rap. » Il le présente auparavant, le 5 septembre 2006, au président de la République Jacques Chirac, accompagné de son épouse Bernadette et du secrétaire d'État aux anciens combattant Hamlaoui Mekachera, afin de les sensibiliser sur l'urgence de revaloriser les pensions de ceux qui ont survécu parmi les 130 000 soldats oubliés de l'armée d'Afrique (110 000 Maghrébins, 20 000 Africains). Ces anciens combattants perçoivent en effet une pension militaire de dix à vingt fois plus faible que celle des vétérans français (de 66 à 150 euros par trimestre).

Le film, qui sort le 27 septembre 2006 dans 460 salles, a un impact médiatico-politique hors du commun. Jamel fait la couverture du *Nouvel Observateur* du 28 septembre 2006, sur fond de drapeau tricolore, sous le titre « Pourquoi j'aime la France ». *Indigènes* réveille les consciences, appelle au « devoir de mémoire », à la « dignité retrouvée », suscite les réactions de multiples personnalités, la plupart favorables, mais parfois aussi sarcastiques, comme celle du philosophe Alain Finkielkraut : « *Le Nouvel Obs* a fait de Jamel Debbouze la nouvelle Marianne d'une France idyllique et réconciliée, ce n'est pas digne d'un magazine né sous les auspices de Pierre Mendès France… » Ou franchement négatives, comme celle de Nicolas Sarkozy : « Un film pour bobos parisiens. En mettant Jamel Debbouze en couverture, *Le Nouvel Observateur* a fait sa plus mauvaise vente de l'année. Aucun succès ! », s'exclame-t-il devant les députés UMP.

Mais si *Indigènes* fait néanmoins un triomphe en France, le film de Rachid Bouchareb se heurte à un mur lorsqu'il est présenté à Hollywood, sous le drapeau de l'Algérie, pour l'Oscar du meilleur long métrage étranger, pays d'origine du réalisateur à la double nationalité franco-algérienne. Une bannière dont le choix crée une vive polémique, car chacun sait que le film a été réalisé aux trois quarts grâce à la participation du Maroc. « Cette œuvre n'aurait jamais vu le jour sans la haute sollicitude et contribution de Sa Majesté le roi Mohamed VI », affirme dans le journal *L'Opinion*[1] le producteur Abdou Achouba, qui fustige l'appropriation abusive par l'Algérie. Quelques semaines auparavant, lors de la sortie du film à Alger, Jamel avait vu son visa refusé en raison, croit-on savoir, de ses positions sur la marocanité du Sahara. À Hollywood, le 25 février 2007, à la soixante-dix-neuvième cérémonie des Academy Awards, il n'a pas plus de succès : *Indigènes* ne fait pas le poids face au film allemand de Florian Henckel von Donnersmarck, *La Vie des autres*. Lors de la remise des Oscars, le ludion français, qui a offert le voyage en Californie à toute son équipe et une partie de sa famille, a l'outrecuidance d'adresser la parole à son idole de toujours, Eddie Murphy. Ce dernier le remet à sa place avec mépris : « Voyez avec ma responsable de publicité. »

1. *L'Opinion*, 22 février 2007.

55

Un autre homme

Après avoir posé en habit de Napoléon, posture dominatrice et regard impérieux, pour la couverture du magazine *Rolling Stone* de décembre 2003, où il dialogue à bâtons rompus avec le journaliste Guillaume Ley [1], vieille connaissance de l'école primaire Auguste-Renoir de Trappes, Jamel se fait photographier en septembre 2006 pour *Paris-Match* en tenue de producteur, téléphone à l'oreille, chapeau mou enfoncé sur le crâne et pieds sur le bureau. Avec le triomphe au Festival de Cannes du film *Indigènes* qu'il a coproduit, il affiche sans complexe sa réussite financière. Sa société Kissman Productions s'est agrandie et vient de quitter Montparnasse pour s'installer, le 18 mai 2006, dans un immeuble haussmannien, au 83, rue Monceau, à quelques encablures du parc du même nom, dans le VIIIe arrondissement de Paris. On y accède par un porche jalonné de huit colonnes avec des chapiteaux helléniques, qui donne sur un rez-de-chaussée de 250 mètres carrés. Un couloir d'une vingtaine de mètres dessert un large salon et plusieurs bureaux, dont celui de Jamel, le plus grand, doté d'un écran plasma, et qui sert de salle de jeux pour les enfants de Karim durant les vacances. Un escalier conduit au sous-sol, où se trouvent un studio de mixage occupé par DJ Abdel, une salle de montage pour petits films et une salle de répétition pour le *Jamel Comedy Club*, programmé sur Canal Plus. L'ensemble est de

1. Fils de Marie-Noëlle Ley, puéricultrice du centre de PMI de Trappes.

grand standing, tellement que Kader Aoun juge les locaux trop sélects. Jamel n'a pas ce genre de prévention, il plastronne entre lambris, parquet et plafonds moulurés, se présente en bon P-DG qui jongle avec les filiales de sa société Kissman : Kissfilms (coproducteur d'*Indigènes*), Debjam (producteur du *Jamel Comedy Club* sur Canal Plus), Kissclub (pour les éditions musicales), K Events, etc., sans oublier ses affaires au Maroc où il est représenté par Myriam Abitzer.

Chat échaudé craint l'eau froide : il tire les leçons de l'affaire Nadia Mourine et place des amis sûrs à tous les postes : « Je délègue à ceux auxquels je fais le plus confiance. » De préférence des membres de sa famille, ses frères, mais aussi, par exemple, sa belle-sœur Attica (épouse de Karim), responsable des ressources humaines. Au total, ils sont une vingtaine de personnes. Lui ne s'intéresse qu'à l'« artistique », dit-il. « Incapable de gérer les salaires, de m'occuper de la comptabilité. Ça ne m'intéresse pas, même si, en tant que P-DG de Kissman, je suis obligé d'y jeter un coup d'œil pour être dans la légalité. »

En fait, Jamel s'est taillé dans le tout-Paris une solide réputation d'homme d'affaires rompu à toutes les astuces du métier depuis son fameux contrat pour *Astérix*. C'est un négociateur avisé qui ne laisse aucune part au hasard, comme l'atteste l'accord signé avec la société Tessalit de Jean Bréhat pour coproduire *Indigènes*. Selon les termes du contrat en date du 9 décembre 2004, Tessalit prend tout à sa charge : l'établissement du budget du film (14 475 986 euros), son financement, la couverture de tous les besoins de trésorerie, la régie de fabrication (préparation du film, tournage, finition), la gestion de la commercialisation, les assurances, les garanties, etc. L'apport de Kissman – qui prend cinquante pour cent des bénéfices – est limité à la somme symbolique de 50 000 euros, alors que celui de Tessalit se chiffre à un million. En échange, le contrat stipule que « la société Kissfilms apporte le bénéfice de ses relations privilégiées avec l'industrie cinématographique marocaine, ce qui a facilité la conclusion d'un accord de coproduction franco-marocaine permettant ainsi d'assurer une partie du tournage au Maroc».

Il est vrai que le coût du film est couvert à soixante-dix pour cent par l'État marocain, qui fournit des studios, plusieurs sites du tournage en décors naturels, les milliers de figurants recrutés dans les rangs de l'armée marocaine, le matériel militaire aéronautique et aéronaval, la logistique, les transports (Royal Air Maroc), etc. Pour le reste, Jamel Debbouze est allé frapper à toutes les portes, notamment à celles des responsables des principaux partis politiques: François Hollande pour le Parti socialiste, Nicolas Sarkozy pour l'UMP ainsi que Jean-Paul Huchon, patron du conseil régional d'Île-de-France, et d'autres présidents de région. Outre son rôle de VRP, Jamel accepte également de payer de sa personne: au lieu de son cachet habituel de 2000000 d'euros par film, il s'est contenté de 300 euros pour chaque journée de tournage, le tarif minimum syndical – soit un salaire total de 18000 euros, alors que les autres principaux acteurs se sont tous alignés sur un cachet égalitaire de 130000 euros. Beau geste d'abnégation.

Indigènes fait 3172515 entrées. Il a coûté peu, très peu à Kissman, et rapporte très gros. «Mais tout l'argent gagné par Kissman est réinvesti dans d'autres aventures artistiques», promet le producteur Jamel, qui a créé sa société pour avoir l'assurance de ne pas être obligé, face à l'avenir, «de faire de la pub pour une lessive». Car il nourrit de plus nobles ambitions. Au-delà d'une bonne affaire financière, *Indigènes* est un coup politique. Un combat identitaire qui s'ajoute au thème récurrent de *100% Debbouze*, à ses participations au sein des milieux associatifs ou encore à sa présence aux côtés des squatters de Cachan. Jamel croit plus que jamais à la politique parce qu'il se sent désormais entendu, sinon écouté: audience du film de Rachid Bouchareb, sensibilité exprimée par le président Chirac, vote unanime de l'Assemblée nationale, le 15 novembre 2006, pour la revalorisation des pensions des anciens combattants des ex-colonies –, et il ne compte pas en rester là.

« La politique, pour moi, c'est l'issue. Il n'y a pas d'autre alternative. C'est savoir comment vivre les uns avec les autres. C'est indispensable. Il faut qu'on existe là aussi. Je ne parle pas seulement des immigrés, des rebeus ou des Blacks, mais des banlieusards. C'est cette population dans son ensemble qui est mise au ban de la société. Ces exclus-là, il faut qu'ils aient une voix qui leur ressemble », lance-t-il haut et fort dans une interview donnée à Pierre Lescure pour le magazine *Medias*[1]. Il prend aussi position dans l'hebdomadaire altermondialiste *Politis*[2] – dont il participe à la relance par une aide financière –, en prenant ouvertement parti en faveur de la candidate Ségolène Royal.

Dans la perspective de l'élection présidentielle de 2007, il s'est associé au rappeur Joeystarr et au footballeur Lilian Thuram au sein du collectif « Devoir de mémoire » pour inciter les jeunes à s'inscrire sur les listes électorales : « Nous devons faire prendre conscience aux gamins des quartiers que la seule manière d'être efficace, ce n'est pas de brûler les Fiat Panda mais d'aller voter[3]. » Et voter de préférence contre Nicolas Sarkozy, l'ex-ministre de l'Intérieur qu'il ne manque pas de fustiger chaque fois qu'une occasion se présente : « Je suis dégoûté quand j'entends Sarkozy dire qu'il veut nous nettoyer au Kärcher. Il nous parle comme si on était de la merde. Je me mets dans le lot, même si je suis bien loti aujourd'hui. » Et il ajoute, à ce propos, dans les colonnes de *Politis* : « Moi, je n'ai pas découvert la misère et l'injustice quand j'étais en banlieue, mais quand j'ai été pour la première fois dans le VIe arrondissement de Paris. Quand j'ai découvert le velours. »

Pendant toute la campagne électorale, chaque soir dans le *Jamel Comedy Club*, ainsi qu'à la télévision chez Marc-Olivier Fogiel[4], il fait mine de se mettre dans ses starting-blocks pour être

1. *Medias*, décembre 2006.
2. 25 janvier 2006.
3. À Trappes, 1 200 nouvelles inscriptions sur les listes électorales sont enregistrées en 2006.
4. « T'empêches tout le monde de dormir » sur M6, le 1er avril 2007.

prêt à détaler hors de France en cas de victoire de Nicolas Sarkozy à la magistrature suprême… Cinq semaines plus tard, le dimanche 6 mai, Nicolas Sarkozy est élu président de la République. Le dimanche 27 mai, Jamel Debbouze profite de la tribune offerte par la remise des prix du soixantième Festival de Cannes pour proclamer : « J'annonce que j'ai décidé de me rallier officiellement à Nicolas Sarkozy, je retire tout ce que j'ai dit depuis un an. C'est quand vous le voulez, monsieur Sarkozy, pour un jogging républicain au bois de Boulogne avec Faudel et Mireille Mathieu ! Vive la République, vive la France ! » Quelques jours plus tôt, Jamel aurait reçu un coup de fil du roi du Maroc en personne afin de l'inviter à contribuer au maintien des bonnes relations entre le palais royal Dar el-Makhzen et le palais de l'Élysée.

56

Le Jamel Comedy Club

Jamel continue de brûler les étapes, faisant carrière plus vite que son ombre, obtenant richesse et célébrité en un temps record. Il a beau répéter, avec son sens coutumier de l'exagération, qu'il a ramé des années durant en remplissant péniblement des petites salles de trois personnes, c'est un bolide du show-biz. Il est loin le temps où Smaïn, jouant volontiers les parrains, lui proposait de faire ses armes dans le café-théâtre de ses débuts, le Caveau de la bolée, pour assurer les premières parties de ses spectacles, le tout à un rythme de sénateur. Jamel avait alors pris ses jambes à son cou, persuadé que Smaïn, pas si bon Samaritain que ça, craignait déjà la concurrence et cherchait à le mettre sous l'éteignoir. Depuis, il poursuit sa route sur les chapeaux de roue.

De janvier à mars 2006, il repart sous la bannière de *100 % Debbouze* avec deux projets en tête : tester en public des improvisations en vue d'un nouveau *one man show* et donner leur chance à de petits jeunes en première partie de spectacle. Rendez-vous est pris dans soixante-deux salles de théâtre de province, de Suisse et de Belgique, de Villefranche-sur-Saône à Namur en passant par Saint-Malo. Les débutants sont recrutés par Kader Aoun en vue de la création d'une sorte d'académie du *one man show*. Très vite, Jamel abandonne son projet personnel au profit de l'aventure collective. La star de l'humour, de la télévision et du cinéma, deuxième personnalité préférée des jeunes après Zidane, décide, à tout juste trente et un printemps, de passer le relais.

Le 15 juillet 2006, Canal Plus diffuse le premier volet d'une série d'émissions groupées sous le label de *Jamel Comedy Club*. Douze jeunes Français de toutes origines ethniques (un Asiatique, quatre Blacks, quatre rebeus, un métis antillais et deux « Gaulois »), de tous horizons urbains (dans les limites de la banlieue parisienne), des deux sexes (neuf garçons pour trois filles) sont sélectionnés pour leur capacité à « tchatcher » librement, un micro à la main, durant cinq minutes. Le concept est bien sûr inspiré du *stand up* à l'américaine, calqué sur les modèles de *Def Comedy Jam*[1] et *Bad Boys of Comedy*[2], comme l'explique Kader Aoun, le producteur exécutif de l'émission : « Un comédien s'adresse directement au public avec des propos très politiques sans vouloir faire dans le rébarbatif. » Bref, le style Jamel décliné par différents confrères et consœurs potentiels, issus tout comme lui de Paris et/ou de sa banlieue, car c'est dans ces limites géopolitiques que, selon l'éminence grise Kader Aoun, il y a la meilleure matière première d'un bon *stand up* :

« Une personne venue des classes moyennes n'est pas aussi exposée pour se prendre des gifles. Je suis contrôlé par la police depuis l'âge de six ans et j'ai vu ma mère se faire contrôler par la police devant moi ! Au bout d'un moment, forcément, on finit par avoir envie de prendre un stylo, un micro et de le raconter ! Les personnes qui nous accompagnent sur ce projet (le *Jamel Comedy Club*) n'ont pas toutes les moyens de s'inscrire au cours Florent, mais le talent est là et elles ont des choses à dire. »

L'idée séduit les médias, qui acclament la générosité, voire l'abnégation de Jamel, prêt à céder la place aux jeunes alors qu'il est encore loin d'être un croulant. Durant tout l'été 2006, les gamins qui n'ont pas la chance de s'envoler à bord de long-

1. Créée par le producteur de hip-hop Russell Simmons, cette série d'émissions télévisées consacrée au *stand up* a lancé de nombreuses stars afro-américaines : Chris Rock, Jamie Foxx, Chris Tucker…

2. Parrainé par le producteur de rap P. Diddy, c'est également une série d'émissions télévisées consacrée au *stand up*.

courriers pour des vacances aux antipodes se consolent devant Canal Plus chaque samedi soir en rigolant des facéties du *Jamel Comedy Club*, rêvant peut-être d'atterrir un jour eux aussi dans l'écurie Debbouze. Car le propre du *stand up* est de « désacraliser la scène, comme le dit Kader Aoun, la rendre moins inaccessible », en libérant le comédien de la figure imposée qu'est le sketch et en ne lui autorisant qu'une seule chose : tenir le micro dans la main et se prendre pour un… prédicateur !

Pour Jamel, cette expérience inédite de « lanceur de talents » est jouissive :

« Ma démarche est purement égoïste. Je voulais retrouver cette dynamique de travail que je ressentais quand j'ai commencé sur les scènes ouvertes des petits théâtres parisiens où j'ai rencontré Gad Elmaleh, Éric et Ramzy, Dany Boon… Cette sensation d'être dans *Vol au-dessus d'un nid de coucous,* c'est-à-dire avec des fous, ça me rassure. Et quel plaisir de voir ces gamins émerveillés devant un rideau rouge ! »

Jamel prend son nouveau rôle d'éducateur plutôt au sérieux et y trouve également son intérêt personnel :

« Donner des conseils, c'est enrichissant, ça remplit. Ça me permet de me rectifier à travers eux. C'est la première fois que j'éduque. C'est un truc qui vous freine, vous pose, vous calme. »

Si, comme la *Star Academy*, le *Jamel Comedy Club* a pour vocation d'envoyer les jeunes talents sur le terrain, de les confronter à un public qui a payé sa place pour s'éclater, pas question de se laisser enfermer dans les charmes obscurs de la télé-réalité. Dès la rentrée scolaire, le programme très concret de l'année 2006-2007 est distribué. Premier exercice, de septembre à décembre : travaux pratiques au théâtre de Dix-Heures à Paris, histoire de s'échauffer le gosier et d'accrocher le chaland. Les affiches présentant les bonnes bouilles des douze recrues constellent les couloirs du métro parisien. On distingue déjà celles de Patson, Fabrice Éboué, Thomas N'Gijol, les trois leaders de l'équipe qui présentent chacun leur propres spectacles, respectivement baptisés : *Le Patson show*, *Alléluia* et *A block*.

Les neuf autres lascars (Claudia, Dedo, Amelle, Yacine, Noom, Frédéric Chau, Comte de Bouderbala, Wahid et Blanche) se partagent plus modestement le « plateau d'artistes », à raison d'un passage de cinq minutes chacun, emmenés par le trio de tête. Ces derniers ont un peu plus d'expérience de la scène au départ, d'où le privilège d'un « temps de parole » globalement plus généreux. Un peu comme en politique.

Deuxième examen du contrôle continu : le Casino de Paris, quatre semaines du 30 janvier au 23 février 2007, avec Jamel en Monsieur Loyal. Enfin, en mars et avril, le *Jamel Comedy Club* repart à la conquête de la province et de la Belgique pour une vingtaine de dates dans des salles imposantes de 1 000 à 1 500 places, parfois carrément des Zéniths. Une sorte de consécration avant l'heure, où la locomotive Jamel pilote la troupe à toute vapeur.

Au fil du temps, les douze disciples de Jamel se forgent une image aux yeux de la foule. Certains observateurs leur reprochent un esprit communautariste coupable d'exacerber les tensions entre les tribus urbaines aux origines ethniques diverses. Un nouveau malentendu entre le public et les artistes, Jamel en tête, révélé lors de la tournée *100 % Debbouze*, rebondit à la manière d'un boomerang. Ce qui énerve toujours autant Jamel :

« Je hais tous les communautarismes ! La seule communauté, c'est celle de l'homme. On m'a trop exclu pour que j'exclue aujourd'hui. Je suis plus proche d'un Juif intelligent que d'un Arabe con. »

Mais les fans des quartiers issus de l'immigration, qui composent la majeure partie du public, n'y voient que du feu, confondant allègrement premier et deuxième degré. Fabrice Éboué, l'Antillais de la bande, a beau souligner : « On est la première génération à pouvoir se permettre de plaisanter sur les Noirs, les Blancs, les Jaunes. On a la légitimité ! Si Bigard faisait les mêmes blagues, on le taxerait de raciste », la plupart des spectateurs ne l'entendent pas de cette oreille, rejetant l'autodérision que pratiquent avec plus ou moins de finesse certains apprentis comiques. Fusent alors dans la salle des « Vive le Maroc ! », des « Algérie !

Algérie ! ». C'est alors que Jamel dégaine du tac au tac : « Voilà ce que c'est, quand tu laisses la parole aux Arabes, ça devient vite le marché de Barbès ! » Il arrive que certains mots comme « alcool » ou « porc » déchaînent des réactions violentes dans les rangs, ponctuées d'insultes, voire de menaces, du genre : « Tu iras en enfer ! » Jamel se charge alors de « moucher » aussi sec les importuns avec des envolées lyriques dont il a le secret : « Dans un théâtre, il y a les "bouchistes" qui parlent, et les "oreillistes" qui écoutent ! »

Thomas et Fabrice, spécialistes de la vanne anticommunautaire, ont parfois du mal à s'imposer. « Ça vous ferait quoi, à vous les musulmans, de travailler un 11 septembre ? », tente Fabrice, sûr de son coup qui, pourtant, tombe souvent à plat. « Le message a plus de mal à passer en province qu'à Paris ou dans les grandes métropoles comme Marseille », constate Philippe Alix, technicien du son qui accompagne Jamel depuis ses débuts et continue avec le *Jamel Comedy Club* :

« Bien souvent, la volonté de casser le communautarisme aboutit à l'effet inverse. Au Summum de Grenoble par exemple, salle située en périphérie de la ville à proximité des cités peuplées par les inconditionnels de Jamel, on trouve naturel de "gueuler" lorsque certains tabous sont malmenés. Jamel persiste et signe car il est persuadé qu'il peut éduquer son public, mais sur une salle de 1 500 personnes, si ça en fait évoluer dix, c'est bien le maximum ! Jamel n'est pas Bedos, il est prisonnier d'un auditoire dont la référence est la cité, le quartier, la banlieue, la tribu. »

Mais la provoc ne va jamais très loin, le show reste consensuel, à l'image d'un Jamel qui ne peut s'empêcher d'être en conflit avec lui-même sur cette question. « Lorsque *Télérama* a publié (en août 2006) une enquête intitulée "Et la provoc bordel ?", il était vexé de ne pas être classé parmi eux, affirme Philippe Alix. Et pourtant, sur scène, il ne s'attaque jamais frontalement à une personnalité. Quand, en février 2007, Ségolène Royal vient au Casino de Paris en pleine campagne électorale, il n'ose plus la qualifier, selon son habitude, de “prof remplaçante” et se contente du gentil sobriquet de Mary Poppins. Même attitude avec ses têtes de Turc Joeystarr et Ophélie Winter… »

Si la provoc n'a guère cours sur scène, dans les coulisses, en revanche, quelques grincements de dents se font entendre. Les « petits » du *Jamel Comedy Club* s'estiment lésés par leur nouveau patron, Karim Debbouze, placé par Jamel à la tête de DebJam, société qui emploie les artistes et le staff technique de la troupe. Les douze humoristes en herbe reçoivent en tout et pour tout un cachet de quatre-vingts euros bruts par soirée, soit cinquante-six euros dans leur porte-monnaie, alors qu'on joue à guichets fermés. Leur hébergement n'est prévu qu'en tournées, où les hôtels sont certes haut de gamme, car pris en charge par les producteurs locaux. Au Royal Windsor de Bruxelles, des voix s'élèvent pour réclamer moins de confort et plus de salaire : « Paie-nous davantage, quitte à ce qu'on aille coucher dans un Formule 1 ! »

Inversement, le côté « colonie de vacances » de la tournée oblige certains à partager une chambre avec un autre. Ce qui n'est pas du goût de Patson, qui préfère encore dormir dans le couloir plutôt que subir les ronflements intempestifs de son voisin. Mais lorsque les shows sont donnés à Paris et sa région, on rentre chez soi avec les moyens du bord, certains attrapant *in extremis* le dernier RER pour regagner la banlieue.

Après avoir vainement réclamé une augmentation, Sami, dit « Comte de Bouderbala », doit quitter la troupe la mort dans l'âme. D'autres rongent leur frein en attendant des jours meilleurs, tandis qu'une majorité silencieuse accepte la modeste rémunération en se consolant à l'idée que le tremplin offert par Jamel Debbouze vaut tout l'or du monde. On resigne donc pour une deuxième saison avec Canal Plus, inscrite au programme de l'été 2007.

57

Amour

Le petit rebeu handicapé et pas épais est devenu un vrai Casanova. Toutes les filles sont folles de lui. Déjà à Trappes, du temps de ses premiers succès d'improvisateur, les plus jolies collégiennes se disputaient le privilège de porter son cartable, ce qu'il trouvait bien naturel. Si d'aventure une fille, faisant fi de son statut de star, lui résiste encore, il redouble de prodiges pour la séduire, transformant la virtuelle conquête en un challenge pour lequel il multiplie ses charmes et ses assauts, comme s'il ne supportait pas l'idée qu'une femme lui échappe. Mais le plus souvent, nul besoin de tant d'efforts. Le bougre n'est pas un Apollon, certes, mais il a un charisme à faire craquer sœur Emmanuelle elle-même. En mûrissant, il s'est virilisé, sapé chic et branché ; il a appris à jouer de son regard de braise, réussi à discipliner sa tignasse en cessant de la noyer dans le gel et, pour la touche finale, à ouvrir son col de chemise pour laisser deviner juste ce qu'il faut de toison. Il est devenu un *sex symbol*, ni plus ni moins, capable de rivaliser avec George Clooney ou Brad Pitt.

Ainsi équipé, Jamel peut conquérir la planète « meuf » sans risquer de se prendre une veste. Il peut continuer à faire des ravages dans son rôle de séducteur sans trop se laisser perturber par les exigences d'une Paola ou d'une Saphia. Avec ces deux-là, il a été question de mariage et d'enfants, mais cette heure n'a pas encore sonné. Malgré les efforts de Mlle Azzedinne, qui crut bon annoncer leurs noces pour le printemps 2006 afin de lui forcer la main…

Certes, l'humoriste est encore amoureux transi de la belle Genevoise, dont il partage la vie à Saint-Germain-des-Prés depuis bientôt deux ans. À l'été 2006, en Bretagne, au festival des Vieilles Charrues de Carhaix, il se confie à un proche avec des trémolos dans la voix: «Ma meuf, ma meuf, je suis fou d'elle! Elle est la femme de ma vie...» Pour les beaux yeux de sa fiancée, il a accepté d'acheter au frère de celle-ci une palmeraie en mauvais état au Maroc. Il envisage même de produire un spot de télé-achat pour vanter une invention de leur mère, un chouchou qui agrippe si bien les cheveux qu'il vaut tous les liftings de la terre. Pour finir la saison 2006 en beauté, Jamel emmène Saphia en Floride, à Miami, dans un sublime palace au bord de l'océan. Mais de mariage, point.

Arrive la rentrée, chargée bien sûr, avec la suite du *Jamel Comedy Club*, le tournage d'*Astérix aux Jeux olympiques*, les projets d'émissions sur Fun Radio et la promotion du film *Indigènes*. Au milieu de cette effervescence, à la fin de l'automne, Kissman Productions reçoit un coup de téléphone au sujet d'un gala de charité organisé par l'association Rêves, dont la vocation est de soutenir les enfants atteints de maladies graves. Jamel fait partie des bienfaiteurs de cette œuvre caritative, il est de ceux qui réalisent les rêves des petits malades. Aux Vieilles Charrues par exemple, l'humoriste a joué son spectacle *100% Debbouze* devant 35000 personnes en le dédiant à un jeune garçon atteint d'un cancer. Il a retrouvé ensuite son petit protégé dans sa loge et lui a offert ses baskets dédicacées. Depuis, l'enfant a connu une rémission spectaculaire de son mal. Cette fois, la fibre charitable de Jamel est sollicitée afin d'animer une soirée programmée le 25 avril 2007. Au bout du fil, l'interlocuteur tient à préciser que la journaliste Mélissa Theuriau sera présente en qualité d'ambassadrice de l'association, et il insiste pour que cette information soit communiquée à Jamel.

Après ce premier contact pour l'organisation du gala de Rêves, Jamel Debbouze et Mélissa Theuriau se retrouvent au Festival du film de comédie de l'Alpe-d'Huez, en janvier 2007. De retour à

Paris, il n'est plus tout à fait le même. Il s'est trouvé une nouvelle occupation : passer des heures sur son portable à tapoter frénétiquement des textos. « Il y a sûrement une fille là-dessous », commente un proche…

Certes, chaque soir, Jamel retourne sur les planches du Casino de Paris, aux côtés des « petits » du *Jamel Comedy Club*, mais après le spectacle, au lieu de rentrer sagement rue de Babylone, rive gauche, il reste sur la rive droite, destination l'hôtel Crillon, place de la Concorde.

En mars, la presse fait ses gros titres sur la romance de Jamel et Mélissa, qui fait la couverture de *Paris-Match*. La journaliste qui a refusé de jouer les jokers de Claire Chazal au 20 heures de TF1, se contentant d'être rédactrice en chef de « Zone interdite » sur M6, et animatrice d'« Un jour, une photo » sur Paris Première, a succombé aux charmes de l'humoriste. Ce *coming out* par media interposé ne ressemble guère à Jamel qui, jusqu'à présent, s'est toujours protégé contre les paparazzades, parvenant à cacher au public ses conquêtes, en particulier dans le monde du show-biz. Sacrée par les lecteurs du magazine *FHM* comme la femme la plus sexy de l'année 2007, la journaliste affiche une belle réussite professionnelle et n'a rien à attendre d'un Jamel en termes de notoriété. Si elle l'aime, c'est pour ce qu'il est vraiment, et non pour ce qu'il représente. Jamel, lui, est au septième ciel. En pleine idylle avec Melissa Theuriau, il pose pour un photographe sur le toit du Crillon, le palace qui abrite son nouvel amour (en attendant une prochaine installation du couple dans un appartement bien à lui). Il est torse nu, un portable à la main, au pied d'un immense drapeau aux couleurs de la France. *Hamdullah !*

Épilogue

À Marrakech, l'emplacement où devraient s'élever les studios de cinéma est toujours un terrain vague occupé par les herbes folles, battu par les vents. Rien n'a été bâti, aucun emploi créé. Jamel s'est démené pour ce projet, mais en vain : « D'un point de vue géopolitique, les gens ne sont pas en confiance au Maroc. Ils se méfient des pays musulmans, nous avons une très sale réputation à travers la planète, il faut lutter en permanence pour expliquer qu'on ne doit pas faire d'amalgame. »

Malgré le soutien de Luc Besson, intéressé lui aussi par la création de ces studios, Jamel a l'impression de se lancer à l'assaut d'un Everest. « Mais je ne compte pas lâcher l'affaire. Quitte à ce que cela prenne une vie, je monterai des studios à Marrakech. La démarche est compliquée car il faut constamment se justifier. En France, je dois me justifier sur le fait que je suis immigré. Au Maroc, c'est la même chose. Je ne suis chez moi nulle part. Alors, je considère que je suis chez moi partout. »

À Casablanca, rue Ahmed-Naciri, près du boulevard Abdelmoumen, dans ses bureaux de HiCom Productions, Saïd Naciri est sceptique. L'homme qui permit à Jamel de faire ses premiers pas dans la *stand up comedy* à l'occasion d'une tournée internationale en avril 1995 est aujourd'hui l'un des acteurs et réalisateurs les plus populaires du Maroc. Alors qu'il construit lui-même des studios de cinéma à Casablanca, il attend avec impatience que Jamel s'investisse réellement à son tour dans le cinéma marocain :

« Des trente hectares de terrain, d'une valeur de 120 000 euros l'hectare, que la wilaya de Marrakech lui a offerts pour la construction de studios cinématographiques, il n'a rien fait. Il n'a rien fait non plus pour la promotion de notre cinéma à travers le monde, ni pour tous les Marocains qui l'ont lancé et espèrent le voir un jour tourner un film ici. Je ne suis pas le seul à l'avoir aidé, il y a aussi Nabil Ayouch, Khalid El Quandili, Ahmed Ghayet, et bien sûr Naïma Lemcherqui. »

À Casablanca, Naïma Lemcherqui, la plus grande dame du cinéma et du théâtre marocains, n'a pas oublié son « petit Jamel » des *Pierres Bleues du désert*. Il dit qu'elle est son « porte-bonheur » et il lui a promis un grand rôle dans un film français. En attendant, elle a accepté de camper une nouvelle fois sa mère, dans *Indigènes*. Mais on ne la voit que quelques secondes, au début du film, lorsqu'elle fait ses adieux à son fils Saïd, alias Jamel, qui part pour le front.

En France, dans le VIIe arrondissement de Paris, rue de Bellechasse, au ministère des Anciens Combattants, le secrétaire d'État Hamlaoui Mekachera remet à sa juste place le rôle du film *Indigènes* dans le processus de revalorisation des pensions d'anciens combattants des vingt-trois pays des ex-colonies.

« Au moment de l'indépendance des différents pays, il avait été décidé le gel [1] des pensions versées à leurs anciens combattants. Si les gouvernements qui se sont succédé depuis le début des années soixante ont parfois envisagé de mettre fin à cette cristallisation ressentie comme une injustice par le monde combattant, ils ne sont jamais passés à l'acte. Et notamment, en dernier lieu, le gouvernement Jospin, qui s'y est opposé pour des raisons de priorité budgétaire. À sa réélection en 2002, le président Chirac m'a immédiatement confié la mission de débloquer la situation. Nous avons procédé à la revalorisation des pensions en question sur la base d'une parité du pouvoir d'achat. Avec sa nouvelle pen-

1. Dit « cristallisation ».

sion ainsi revalorisée, l'ancien combattant dakarois, par exemple, pouvait désormais s'offrir dans la monnaie de son pays le même poids de sucre qu'un ancien combattant parisien dans la monnaie en vigueur en France. Or, très vite, cette mesure s'est révélée frustrante. C'est pourquoi, dans son discours du 14 juillet 2006, le président Chirac avait annoncé que les pensions seraient réajustées de manière que chaque ancien combattant reçoive exactement la même somme nominale calculée en euros, qu'il soit de Dakar ou de Paris. Cette nouvelle revalorisation a été mise en œuvre plusieurs mois avant la sortie d'*Indigènes*, le film ayant seulement contribué à accélérer un processus déjà bien entamé. »

À Trappes, la RN10 traverse toujours la ville telle une balafre et le flot de la circulation ne cesse d'augmenter. Le paysage n'a pas changé, sauf quelques réhabilitations pour masquer la réalité sociale d'un chômage endémique (plus de vingt-deux pour cent en 2007 chez les jeunes), la démolition des barres d'immeubles les plus insalubres pour reconstruire ailleurs et déplacer les problèmes humains (soixante-dix-huit pour cent de logements sociaux). Sauf encore la construction d'une gigantesque mosquée, la deuxième de France par sa dimension (4 000 mètres carrés) et sa fréquentation : douze classes coraniques et un centre culturel. Elle se dresse en plein cœur de la cité, derrière le square Anatole-France, entre l'école primaire et maternelle Jean-Cocteau et le groupe scolaire Gustave-Flaubert, et elle réunit les fidèles des sept communes de « la communauté d'agglomérations de la ville nouvelle de Saint-Quentin-en-Yvelines » [1]. Quatre mille musulmans en font leur lieu de rencontre et de convivialité lors de la fête de l'Aïd El Kebir, à la fin du ramadan.

Le trafic des véhicules automobiles continue de faire vibrer jour et nuit les fenêtres du Déclic Théâtre. Là non plus, rien n'a changé. Le théâtre d'improvisation n'est toujours pas reconnu comme une

1. Trappes, Guyancourt, Élancourt, La Verrière, Voisins Le Bretonneux, Montigny Le Bretonneux, Magny-Les Hameaux.

activité culturelle, il est dédaigné par les pouvoirs publics, même si le talent d'un certain Jamel Debbouze, et de beaucoup d'autres encore, est né ici. Il n'est reconnu ni par l'Éducation nationale ni par le ministère de la Culture ni par celui de la Jeunesse et des Sports, seulement par… la Fondation Abbé Pierre, qui lui offre la plus grande part de son financement.

Alain Degois, alias Papy, continue de se battre pour récupérer les subventions afin de pouvoir toujours accueillir les jeunes des quartiers comme autant d'enfants égarés auxquels on offre une chance de se sentir valorisés ou de se révéler à eux-mêmes. À défaut, une consolation à l'échec scolaire. Le combat de Papy ne connaît pas de répit :

« Le Déclic Théâtre devrait être une association d'utilité publique. Je voudrais que notre expérience se démultiplie ailleurs en France, nous avons un savoir-faire, je suis prêt à former des gens pour cela. J'ai même imaginé un projet de Conservatoire des cultures urbaines qui rassemblerait toutes les pratiques culturelles typiques de nos cités, de nos quartiers, comme le rap, l'impro, le slam. Il y a chez nos jeunes une fabuleuse mine d'or dont sont issus Jamel, bien sûr, mais aussi Grand Corps Malade, Jacky Ido, MC Jean Gabin, etc. La culture de demain, elle se trouve là. Malheureusement, notre système institutionnel est totalement sclérosé. Quand je vois certains spectacles de danse abscons, subventionnés à coup de millions, mais donnés qu'une ou deux fois par an, et que je me retrouve, moi, avec mes 600 gamins faisant de l'impro pour 20000 balles annuelles, j'ai envie de taper très fort et très longtemps le poing sur la table ! »

Le Déclic Théâtre reste un vivier de talents : Cédric Egain, Sophie Aram, Arnaud Tsamère, Marco, le duo Zeu Dogz, les Frères Tamouille (Papy et le musicien Stéphane Sanseverino) et bien d'autres qui y ont trouvé leur vocation comme Jamel Debbouze. Cédric Egain, l'ancien pion du collège de la Clé-de-Saint-Pierre, a renoncé à devenir prof pour rester sur les planches. Comme ses ex-condisciples du théâtre d'impro, il suit chaque étape de la carrière de Jamel depuis le début de sa notoriété, depuis le temps où « il devenait difficile de jouer à ses côtés car il n'y en avait que pour lui. Quoi qu'il fasse, c'était l'ovation, à un tel point qu'il s'en excusait auprès de nous. Mais il ne s'en est pas tenu au personnage de petit Beur de banlieue de ses débuts, il a su se renouveler, contrairement à Smaïn. Tout en parlant de ses origines, il a réussi à séduire les Français de tous horizons, même les Bretons du bord de mer qui n'ont jamais eu une barre d'immeuble dans leur paysage. Je le vois devenir un grand comédien français, sans s'éloigner du *one man show* car il a besoin de rester en contact avec le public, et on aimerait le voir au théâtre dans une pièce très contemporaine. Ce serait une nouvelle étape pour me remettre une claque dans la gueule... ».

Issue de secours n'existe plus. Passionné depuis l'adolescence par le fait religieux, Rachid Benzine a abandonné l'économie pour la théologie. Islamologue, il enseigne aujourd'hui à Sciences-po Aix-en-Provence et donne des conférences universitaires sur l'herméneutique du texte coranique à travers l'Europe et le Moyen-Orient. Il continue de poser sur Jamel le regard du grand frère, celui que ce dernier n'a jamais eu à la maison :

« Jamel doit aller désormais sur un créneau plus intellectuel et culturel, davantage sur le tragique et les grandes œuvres. Pour cela, il faudrait qu'il lise les textes philosophiques et littéraires. »

Au quartier des Merisiers, Norah Feïa se consacre toujours avec générosité à sa mission d'animatrice du centre social. En 1999, Jamel lui a présenté Jean-Pierre Bacri pour le scénario d'un film sur la vie en banlieue dont le tournage n'a jamais eu lieu. Ils se sont immergés une journée entière dans l'univers des Merisiers, le quotidien des jeunes de la cité, leurs espoirs et leurs désillusions, leur grandeur et leur misère. Ce jour-là, Jamel a fait un aveu à Norah : adolescent, il est tombé amoureux d'elle, amoureux fou en secret, mais n'a pas eu le courage de lui avouer sa flamme. Depuis, le temps a passé, Jamel n'a plus donné de nouvelles ; accaparé qu'il est par sa vie de star, il est devenu inaccessible. Cela fait une éternité qu'on ne l'a plus revu dans la cité, où nul ne sait comment le retrouver. Pourtant, Norah ne désespère pas de le voir revenir un jour vers elle pour recueillir les milliers d'anecdotes qu'elle collectionne sur la vie aux Merisiers: «Je rêve qu'il monte un spectacle à partir de mes souvenirs d'animatrice à Trappes, en hommage à tous les jeunes qui vivent ici. Certains ont aujourd'hui plus de trente ans, l'âge de Jamel, et continuent à tenir les murs…»

À Saint-Denis, 40000 fans de rap et de R'n'B se sont rassemblés au stade de France le 21 septembre 2002 pour un mégaconcert produit par Nadia Mourine – alors poursuivie pour escroqueries par Jamel Debbouze – et son associé Karim Aklil. Baptisé *Urban Peace* (paix urbaine), cet événement réunit sur une scène de 1 500 mètres carrés et pour un budget de 1,6 millions d'euros[1] plus d'une vingtaine d'artistes phares, de Joeystarr et Kool Shen, les deux ex-complices de NTM, à Disiz la Peste en passant par Fonky Family, 3e Oil, Rohff, Kery James, Pit Baccardi, Saïan Supa Crew, Laidy Laistee, Lord Kossity et autres Neg' Marrons. L'un des objectifs de cette manifestation est de prouver que les musiques en vogue chez les jeunes n'engendrent pas nécessairement la violence. Dans la foulée de ce succès, Nadia Mourine est sollicitée pour relancer deux établissements chics et branchés du VIIIe arrondissement de la capitale, le Ho Bar ! (avenue de Friedland) et le Regine's (la boîte de nuit créée par la chanteuse, rue de Ponthieu), des missions qui l'occuperont également durant les trois années d'interdiction de quitter le territoire français prononcées à son encontre au début de l'instruction de son procès.

En 2004, celle qui nie aujourd'hui avoir jamais possédé des dons occultes mais n'en demeure pas moins très croyante, accomplit le pèlerinage à La Mecque. Elle s'y rend en compagnie de sa mère et de son frère Mouss, y passe un mois et dans les conditions

1. *Stratégies*, 13 septembre 2002.

les plus ardues : marche dans la poussière et les cailloux sous un soleil de plomb, nuits à la belle étoile. À son retour des lieux saints, elle découvre les joies d'une activité inattendue : le golf, dans lequel elle s'investit corps et âme au point d'y révéler des talents de championne qui lui permettent, à plus de trente ans, de pratiquer ce sport à un niveau professionnel. De son côté, Fatima, plus fragile que sa sœur, est confrontée à de graves problèmes de santé.

Après plusieurs reports, le procès opposant les deux sœurs à Jamel Debbouze et Kissman Productions se tient le mercredi 16 mai 2007 devant la douzième chambre correctionnelle du tribunal de grande instance de Paris. Nadia et Fatima Mourine comparaissent, sous l'inculpation d'escroquerie, après cinq années d'instruction, trois confrontations avec Jamel Debbouze et neuf interrogatoires. L'accusation porte sur des détournements de 2 186 500 francs au détriment de Jamel Debbouze et de 874 000 francs au détriment de Kissman Productions. Le Crédit industriel et commercial se porte également partie civile. Le 6 juin 2007, Nadia et Fatima sont reconnues coupables des faits qui leur sont reprochés et condamnées à dix-huit mois de prison avec sursis et mise à l'épreuve pendant trois ans pour Nadia, et six mois de prison avec sursis et mise à l'épreuve pendant trois ans pour Fatima. Elles sont également condamnées à indemniser Jamel Debbouze à hauteur de 339 321,78 euros, ainsi qu'à 3 000 euros de préjudice moral et 2 000 euros de frais de procédure. Nadia seule est condamnée à indemniser les autres parties civiles : la société Kissman Productions à hauteur de 133 251,59 euros, et 2 000 euros de frais de procédure. Quant au CIC, il doit percevoir 1 000 euros au titre du préjudice moral et 500 euros de frais de procédure.

Les deux sœurs, qui n'ont cessé d'affirmer durant toute l'instruction avoir agi conformément à la volonté de Jamel Debbouze sans jamais détourner d'argent à leur profit, ont fait appel de ce jugement. Si étonnant que celui puisse paraître, ce procès, qui concerne la star la plus en vue du moment en France, n'a fait l'objet d'aucune couverture médiatique. Pas l'ombre d'un journaliste à l'audience.

À Champigny-sur-Marne, Jacques Massadian, qui a lancé la carrière de Jamel en lui ouvrant les portes de Radio Nova, de Canal Plus, puis l'a aidé à monter Kissman Productions, s'est éteint à l'âge de soixante-quatre ans, le 19 avril 2007. Trois mois avant sa mort, le sachant très gravement malade, Jamel Debbouze lui a promis de prendre en charge matériellement les études de son dernier enfant.

Paris, août 2007.

Sources

Outre les sources citées en note, auxquelles il faut ajouter le Centre national de la cinématographie, nous avons dépouillé les organes de presse suivants :

Afrique Magazine (2004), *Alger Info international* (décembre 1995), *Elle* (décembre 2003), *France-Soir* (janvier 2000), *Hommes et Migrations* (2003), *La Vie économique* (janvier 2000), *Le Figaro* (janvier 2000, décembre 2003, décembre 2006), *Le Film français* (septembre 2002), *Le Journal du dimanche* (juin 1999, janvier 2000, septembre 2006, novembre 2006, janvier 2007), *Le Matin du Sahara et du Maghreb* (mai 1995, juillet 1995, septembre 1995, novembre 1995, juin 2003, janvier 2004, février 2004, juin 2004, octobre 2004, janvier 2005, mai 2005, décembre 2005, mai 2006, septembre 2006, octobre 2006, novembre 2006), *Le Monde* (août 1997, janvier 2000, septembre 2006, octobre 2006, avril 2007), *Le Nouvel Observateur* (octobre 1998, décembre 2002, décembre 2003), *Le Parisien* (septembre 1995, décembre 1998, janvier 2000, avril 2004, septembre 2006, avril 2007, juin 2007), *Le Petit Quentin* (mai 1995, janvier 1999), *Le Reporter* (janvier 2000), *Le SIC* (avril 1995), *Le Temps du Maroc* (novembre 1995), *Les Inrockuptibles* (1998, 1999, 2002, 2004), *L'Événement du Jeudi* (février 2000), *L'Express* (juillet 2002), *L'Humanité* (janvier 2000), *Libération* (janvier 2000, avril 1999, décembre 2003, août 2006, octobre 2006, février 2007), *Marie-Claire* (2001), *Maroc Hebdo International* (octobre 2004), *Maroc Soir* (avril 1993), *Matin magazine* (avril 1993), *Paris-Match* (mars 2007), *Première* (2006), *Rivages le magazine des Marocains dans le monde* (janvier 1994), *Rolling Stone* (2003), *Studio Magazine* (2000), *Télé-Câble-Sat hebdo* (février 2007), *Télérama* (avril 1999, septembre 1999, juillet 2006, août 2006, janvier 2007), *Toutes les nouvelles des Yvelines* (juillet 1994, avril 1995, mai 1995, septembre 1998, janvier 1999, novembre 1999, novembre 2001), *Voici* (août 2006, mars 2007, mai 2007), *VSD* (janvier 2000, septembre 2006, décembre 2006, mars 2007, avril 2007).

Bibliographie et filmographie

LIVRES

Abel El Quandili et Hafid Hamdani, *Le Grand Frère des banlieues*, Tarik Éditions, 2006

Raymond Lavigne, *Trappes, mémoires d'avenir*, Villes de Trappes, 1997

FILMS

1994 : *Les Pierres bleues du désert*, Nabil Ayouch (court métrage)

1996 : *Y a du foutage dans l'air*, Djamel Bensalah (court métrage)

Les Deux Papas et la Maman, Smaïn et Jean-Marc Longval (apparition)

1998 : *Zonzon*, Laurent Bouhnik

Dr. Dolittle, Betty Thomas : voix de Rodney, le cochon d'Inde (doublage)

1999 : *Le ciel, les oiseaux et... ta mère !*, Djamel Bensalah

2000 : *Granturismo*, Denis Thybaud (court métrage)

Les Petits Souliers, Eric Tolédano, Olivier Nakache (court métrage)

Dinosaure, Disney Studios : voix de Zini, le lémurien (doublage)

2001 : *Le Fabuleux Destin d'Amélie Poulain*, Jean-Pierre Jeunet

2002 : *Astérix et Obélix, Mission Cléopâtre*, Alain Chabat

Le Boulet, Frédéric Forestier et Alain Berbérian

2003 : *Les Clés de la bagnole*, Laurent Baffie

2004 : *She hate me*, Spike Lee

2005 : *Angel-A*, Luc Besson

2006 : *Indigènes*, Rachid Bouchareb (Prix d'interprétation masculine collectif au Festival de Cannes 2006)

30 janvier 2008 : *Astérix aux Jeux olympiques*, Frédéric Forestier et Thomas Langmann

En cours de tournage : *Parlez-moi de la pluie*, Agnès Jaoui

Remerciements

Jacques Massadian, Bernard Hugo, Gérald Monniot, Djamal Yalaoui, Mustapha Larbaoui, Guillaume Ley, Laurence Debril, Alexandre Marqué, Alain Degois dit Papy, Marie-Pierre Degois, Marie-Annick Le Faou, Aline Peignault, Sylviane Ahr, Delphine Jouffroy-Vasseur, Myriam Coutelle, Alain Dehame, Marie-Noëlle Ley, Mouloud Ioulain, Olivier Lecoq, Stéphane Mahier, Slievan Harkin, Hamed Debbouze, Agathe Poinga, Éliane Bléteau, Abdesslam Ould, Raymonde Baumer, Gilles Hugo, Nathalie André, Nicolas Moscara, Barbara Rosenthal, Silvie Alric, Marie-France Noblet, Rachid Benzine, Abdi Benzine, Khalid El Quandili, Naïma Lemcherqui, Saïd Naciri, Ahmed Ghayet, Guillaume Durand, Philippe Alix, Ali Chedli, Michel Drucker, Yassir Benmiloud, Ameur, Fatima-Ezzahra Saadane, Nour El Yakinn Louiz, Norah Feïa, Daniel Demoineret, Sébastien Vézon, Hospice Dangbeto, Pauline Boyer, Marc Boyer, Marlène et Michel Admette, Salvatore Gambino, Marco Marciano, Leïla Cherif, Bernard Zekri, Cédric Egain, Faouzi Diouri, Nadia Mourine, Fatima Mourine, Laurent Bouhnik, Mohamed Aïssaoui, Jimmy Lévy, Hamlaoui Mekachera, Michèle Darmon, Armelle Collomp, Farida Cherkaoui, François Sorton.

Table

RÉALISATION : PAO ÉDITIONS DU SEUIL
IMPRESSION : S.N. FIRMIN-DIDOT AU MESNIL-SUR-L'ESTRÉE (EURE)
DÉPÔT LÉGAL : JANVIER 2008. N° 97194 (86649)
IMPRIMÉ EN FRANCE